Jürgen Nowak

Sprache als Macht im digitalen Zeitalter

Bibliografische Information der Deutschen Nationalbibliothek

Die Deutsche Nationalbibliothek verzeichnet diese Publikation in der Deutschen Nationalbibliografie; detaillierte bibliografische Daten sind im Internet unter http://dnb.d-nb.de abrufbar.

Für mein Matriarchat
Monika, Claudia, Annika, Laura, Paula, Gudrun

www.wochenschau-verlag.de

Umschlagbild: C. Castilla – stock.adobe.com
Gedruckt auf chlorfrei gebleichtem Papier
Gesamtherstellung: Wochenschau Verlag
ISBN 978-3-7344-1431-2 (Print)
E-Book ISBN 978-3-7344-1432-9 (PDF)
DOI https://doi.org/10.46499/1936

Inhalt

Vorwort

Sprache als Macht, als Machtinstrument in der Gesellschaft, besonders in der Politik? Unter Machtmitteln versteht man im Allgemeinen (1) das staatliche Gewaltmonopol, ausgeübt durch die Polizei, (2) die Machtausübung durch Reichtum und Vermögen, die man für bestimmte Ziele einsetzen kann, und (3) die Machtausübung durch Toppositionen in hierarchischen Organisationen wie in Unternehmen, Verwaltungen und Bürokratien sowie Verbänden. Warum ist die Sprache als Machtinstrument zu sehen?

Vor dem Aufkommen der internetbasierten Social Media war Sprache ein Mittel zur Face-to-Face-Kommunikation: Sprache wurde genutzt, um miteinander zu reden, öffentliche Reden zu halten, wissenschaftliche Diskurse zu führen und schriftliche Informationen in Büchern, Zeitungen, in der Werbung, auf Flugblättern zu verbreiten. Alle sprachlichen Mitteilungen hatten eine*n Autor*in oder den Namen einer Organisation als Quellenangabe. Heute ist es für jeden Menschen problemlos möglich, anonym Nachrichten zu senden.

Die Verwendung von Sprache hat eine neue Qualität, eine innovative Dimension im digitalen Zeitalter des 21. Jahrhunderts gewonnen: Internet, E-Mails, Facebook, Instagram, Twitter, Messengerdienste, Fake News, Cybermobbing, Hasssprache, Verschwörungsmythen, Informationskriege und Cyberkriminalität haben die Kommunikation in der Gesellschaft radikal verändert.

Liebe Leser*innen,

an manchen Stellen finden sich in diesem Buch längere Zitate. In diesen Fällen habe ich versucht abzuwägen, ob es besser ist, diese Texte mit eigenen Worten zusammenzufassen oder Ihnen den Originaltext zugänglich zu machen, ohne ihn durch meine subjektive Erkenntnisbrille zu filtern.

Für ihre Kritik, ihre Anregungen und Korrekturen danke ich folgenden Personen: Prof. Dr. Hermann Bullinger, Diplom-Sozialwirt Markus Bieker, der Lektorin Jessica Zeltner und dem Team des Wochenschau Verlags.

Jürgen Nowak
Berlin, im Februar 2022

Einleitung

Sprache und Macht sind verbunden, bedingen sich gegenseitig, sind abhängig voneinander (wer Sprache hat, hat Macht = ist mächtig; wer Macht hat, hat Sprache = wird gehört, kann sich verständigen). Sprache und Macht bedingen sich wechselseitig, denn sie haben gemeinsame gesellschaftliche Eltern: Sprache ist über unsere individuelle Sozialisation ein Teil unseres menschlichen Verhaltens, und Macht ist Ausdruck der sozialen Ungleichheit in der Gesellschaft. Die gemeinsame Brücke zwischen Sprache und Macht wird von vier Pfeilern getragen, die sie beide miteinander verbinden:

1. *der wechselseitige Zusammenhang von Sprache und Denken;*
2. *der wechselseitige Zusammenhang von Sprache und Emotionen,* die sich auch in unseren Worten, Bildern und Metaphern widerspiegeln;
3. *der Prozess des Framings,* also die Bildung eines diskursiven Deutungsrahmens, um Informationen einen Sinn zu geben, z.B. durch Visualisierung, Ideologisierung, Narrative und Mythen;
4. *der wechselseitige Zusammenhang von objektiver sozialer Realität und subjektiver individueller Konstruktion der gesellschaftlichen Wirklichkeit* in unseren Köpfen.

Diese Verbundenheit von Sprache und Macht ist nicht „neutral", sondern wird durch politische Diskurse und Machtstrukturen geprägt. In unseren Worten und in unseren gesellschaftspolitischen Begriffen schwingen Vorstellungen und Assoziationen mit, die jede*r Einzelne anders verstehen kann.

> Politische Sprache ist als *Soft Power* zu verstehen. Sie prägt unsere Vorstellung von Wirklichkeit und hat daher „realitätskonstituierenden Charakter". Begriffe sind nicht „neutral", sondern vielfach Gegenstand sogenannter semantischer Kämpfe, in denen es darum geht, diese mit bestimmten Inhalten zu füllen oder Sachverhalte mit bestimmten Begriffen zu bezeichnen. (Mikfeld/Turowski 2014, 18; Herv. i. O.)

Es ist ein gravierender semantischer Unterschied, ob man abwertend von „Asylanten" oder neutral von Flüchtlingen bzw. Geflüchteten spricht. Die Wahl solcher Begriffe beinhaltet auch normative und emotionale Elemente. Es geht um Meinungsführerschaft, Deutungshoheit und Narrative, wie man die Gesellschaft und die Politik verstehen sollte. Der Zusammenhang von Sprache und Macht wird vom Sprachwissenschaftler Josef Klein (* 1949) zusammenfassend so formuliert:

> Sprache ist Bedingung für Machtausübung und selbst eine Macht. […] Die Macht von Personen, Gruppen und Institutionen ist Akteursmacht, welcher Sprache als Instrument dient. Politisch wirkt Sprache also zweifach: als anonyme Struktur und als rhetorische Praxis. […] Sprache ist eine mächtige Lenkerin, die Denken, Empfinden und Werten in einer Weise vorprägt, von der man sich oft nur durch Erfahrung oder erhebliche Anstrengung befreien kann. […] Poltische Akteure nutzen Sprache in der Öffentlichkeit als Instrument der Machtausübung oder zur Legitimierung ihres Machtanspruches […]. (2010, 1 f.)

Figurationsanalyse

Da das Thema Sprache und Macht in seiner Komplexität nicht monokausal untersucht werden kann, werden viele Wissenschaftsdisziplinen einbezogen, um die wechselseitige Vielfalt zwischen individuellem Handeln und Verhalten und gesellschaftlichen Bedingungen zu erklären. Auf der Grundlage der von ihm entwickelten *Figurationsanalyse* überwindet der deutsch-britische Soziologe **Norbert Elias** (1897–1990) die klassische Dichotomie des soziologischen Denkens, d. h. die Zweiteilung in Mikro- und Makrosoziologie bzw. Individuum und Gesellschaft: entweder eine Analyse aus der individuellen Betrachtung des Einzelnen „von unten" oder eine Analyse aus gesellschaftlicher Vogelperspektive „von oben". Der Mensch ist beides. Erstens ist er als Persönlichkeit unteilbar, also ein Individuum, und zweitens ist er gleichzeitig ein Mitglied der Gesellschaft, d. h. von ihr abhängig, wirtschaftlich, politisch, sozial, rechtlich usw. Nach Elias wird jeder Mensch durch seine Geburt in bestimmte Funktions- und Strukturzusammenhänge hineingestellt, an die er sich anpassen muss und die er auch gleichzeitig zu gestalten versucht. In diesem Menschengeflecht ist

> jeder der Menschen, die da auf den Straßen fremd und scheinbar beziehungslos aneinander vorübergehen, mit einem Wort, durch eine Fülle von unsichtbaren Ketten an andere Menschen gebunden, sei es durch Arbeits- oder Besitzketten, sei es auch durch Trieb- und Affektketten. […] Er lebt und er lebte von klein auf in einem Netzwerk von Abhängigkeiten […]. (Elias 1987, 31)

Elias nennt diese Handlungsketten und Funktionskreisläufe Interdependenzketten, die nach seiner Ansicht in den letzten Jahrhunderten immer länger und damit komplexer geworden sind. Er sieht das meist als Polarität konstruierte Gegenüber von Individuum und Gesellschaft in einem engen Verflechtungszusammenhang. Die Dichotomie von Individuum und Gesellschaft hebt er in dem Begriff Figuration auf, um die wechselseitigen Abhängigkeiten von Individuum und Gesellschaft zu erfassen.

> Der Begriff der Figuration dient dazu, ein einfaches begriffliches Werkzeug zu schaffen, mit dessen Hilfe man den gesellschaftlichen Zwang, so zu sprechen und zu denken, als ob „Individuum" und „Gesellschaft" zwei verschiedene und überdies auch antagonistische Figuren seien, zu lockern. Wenn vier Menschen um den Tisch herumsitzen und miteinander Karten spielen, bilden sie eine Figuration. Ihre Handlungen sind interdependent. (Elias 1976, 141)

Diese Methode der figurativen Analyse verbindet die Sprache des Individuums auf der mikrogesellschaftlichen Ebene wechselseitig mit den politischen Machtprozessen auf der makrogesellschaftlichen Ebene, d.h.:

- Einerseits ist mein individueller Sprachgebrauch abhängig von den gesellschaftlichen Einflüssen bzw. von meiner Wahrnehmung und meiner eigenen Konstruktion der gesellschaftlichen Wirklichkeit und umgekehrt.
- Andererseits kann ich versuchen, die gesellschaftlichen Verhältnisse durch meine Sprache in den politischen Diskursen zu beeinflussen, d.h., den Diskursrahmen durch das sogenannte Framing zu ändern.

Abschließend werden die figurativen Zusammenhänge von Sprache, Denken, Emotionen, Framing und Macht in einer Abbildung als figuratives Netzwerkmodell dargestellt, um durch die Rückkopplungen die wechselseitigen Wirkungen aufzuzeigen.

Teil A Wissenschaftliche Grundlagen von Sprache als Macht

Teil A ist der wissenschaftliche Theorieteil des Buchs. Wissenschaftliche Theorien haben den Anspruch, die empirische Wirklichkeit der Natur und der Gesellschaft in ihren Regelmäßigkeiten abzubilden. Allerdings gilt stets der Vorbehalt, dass es nur eine relative Wahrheit auf Zeit ist, bis aktuelle wissenschaftliche Forschungen zu neuen Erkenntnissen gelangen. Die im Teil A dargestellten wissenschaftlichen Erkenntnisse zeigen diesen wissenschaftlichen Fortschritt seit der Antike bis heute; er ist natürlich niemals abgeschlossen.

Teil A umfasst vier Kapitel: einen Überblick zu sprachphilosophischen Theorien von der Antike bis heute (1. Kapitel), die politikwissenschaftlichen Theorien zur Machtbildung (2. Kapitel), eine Vielfalt an neuro- und sozialwissenschaftlichen Theorien als Analyse der Mechanismen gesellschaftlicher Prozesse (3. Kapitel) und schließlich die veränderten gesellschaftlichen Rahmenbedingungen im 21. Jahrhundert (4. Kapitel).

1. Sprachphilosophische Erkenntnisse

*Ausgangspunkt der Analyse ist eine zusammenfassende Darstellung unterschiedlicher Erkenntnisse von der Antike bis heute. Einige Philosoph*innen sehen Sprache als Weltansicht bzw. als Spiegel des Geistes oder der Kultur, andere als Mittel für den Alltagsgebrauch oder als Vehikel für Hass(-reden) und wiederum andere verbinden Sprache mit Bewusstsein oder Emotionen.*

Das erste Kapitel liefert eine Einführung in eine Vielzahl sprachphilosophischer Theorien der letzten 2300 Jahre der europäischen Kultur. Diese Erkenntnisse bilden die Grundlage für die Analyse des wechselseitigen Zusammenhangs von Sprache und Macht. Es ist nicht Aufgabe dieses Buchs, eine umfassende Darstellung der Sprachphilosophie zu geben – dafür gibt es umfangreiche Werke –, aber die sprachphilosophischen Erkenntnisse geben uns wertvolle Hinweise, wie man „Sprache als Macht“ untersuchen und erklären kann.

Obgleich es seit dem Altertum stets Philosoph*innen gegeben hat, die sich zur Sprache geäußert haben, hat sich die Sprachphilosophie erst im 20. Jahrhundert als Teilgebiet der Philosophie etabliert. Heute sind es vier sprachphilosophische Themen, mit denen man sich wissenschaftlich auseinandersetzt: (1) Sprache und Denken, (2) Sprache und Welt, (3) Sprache, Mensch und Gesellschaft sowie (4) Sprache und Sprechen (vgl. Posselt/Flatscher 2018, 16). Im Sinne unserer Ausgangsthese von der Verbundenheit von Sprache und Macht durch Emotionen und Denken geht es um die Zusammenhänge von Sprache, Denken und Welt. Dazu werden sprachphilosophische Erkenntnisse von vierzehn Philosoph*innen analysiert.

Ursprung und Wandel der Sprache

Die Paläolinguistik beschäftigt sich mit der Frage nach dem Ursprung und der Entwicklung der Sprache. Für die Mono(glotto)genese spricht die vorherrschende Antwort der Paläoanthropologie, dass Ostafrika die Urheimat aller Menschen sei, dort habe sich der Mensch entwickelt und sich von dort durch jahrhundertelange Wanderungen über die ganze Erde verbreitet (vgl. Leakey 1997, 111 ff.). Zwei Fragen leiten sich daraus ab: Erstens, wie ist die Sprache entstanden, und zweitens, gab es für alle Sprachen der Welt eine Ursprache als einzige Quellsprache? Auf beide Fragen gibt es keine empirisch abgesicherten Antworten.

Für die Entstehung der Sprache gibt es verschiedene Hypothesen, aber keine lässt sich beweisen: Eine geht auf die Bibel zurück, eine andere auf Johann Peter Süßmilch. Des Weiteren könnte die Entstehung der Sprache nach Tomasello in den Ursprüngen der menschlichen Kommunikation liegen.

Die Bibel

Die einfachste Antwort auf die Frage nach dem Ursprung der Sprache gibt uns das Christentum in der Bibel, wie es bei dem Evangelisten Johannes im Neuen Testament (Johannes 1,1) steht: „Im Anfang war das Wort, und das Wort war bei Gott, und Gott war das Wort" (Bibel, Neues Testament 1999, 110). Und im Alten Testament gibt es bei Moses 1,11 das Narrativ „Der Turmbau zu Babel": „Es hatte aber alle Welt einerlei Zunge und Sprache". Da die Menschen aber eine Stadt und einen Turm zum Himmel bauten, war Gott erzürnt: „Wohlauf, laßt uns herniederfahren und dort ihre Sprache verwirren, dass keiner des andern Sprache verstehe!" (Bibel, Altes Testament 1999, 12).

Da das Neue Testament in (Alt-)Griechisch geschrieben wurde, steht für ‚Wort' im Original *λογος*, was nicht nur ‚Wort, Rede, Erzählung' bedeutet, sondern auch ‚Behauptung' und ‚Lehrsatz'. Daher auch die vielen Wissenschaftsdisziplinen wie Soziologie, Psychologie, Politologie, Archäologie usw.

Eine schöne literarische Wiedergabe des Turmbaus zu Babel findet sich bei der türkischen Schriftstellerin **Elif Shafak** (* 1971):

> Die Menschen waren so neugierig auf Gott, dass sie in den Himmel hinauf einen Turm bauten, um Gott zu sehen. Die Bauarbeiten schritten rasch voran, und alle Arbeiter waren tüchtig am Werk. Doch als sie in den siebten Himmel vorstießen, gab Gott jedem Arbeiter eine andere Sprache. Da keiner mehr den anderen verstand, wurde der Turmbau eingestellt. Denn Gott wollte nicht gesehen werden. (2020, 155)

Johann Peter Süßmilch

Der Berliner Pfarrer und Bevölkerungsstatistiker **Johann Peter Süßmilch** (1707–1767) verfasste eine Schrift mit dem Titel „Versuch eines Beweises, daß die erste Sprache ihren Ursprung nicht von Menschen, sondern allein vom Schöpfer erhalten habe" (1766). Mit dieser Schrift setzte sich sein Zeitgenosse Johann Gottfried Herder auseinander und widersprach ihr (zu Herder s.u.).

Michael Tomasello: Die Ursprünge der menschlichen Kommunikation

Der amerikanische Anthropologe, Verhaltensforscher und Neurowissenschaftler **Michael Tomasello** (* 1950) bildete eine Theorie zum Ursprung der menschlichen Kommunikation. Dank der Kooperation der Menschen entwickelten sie die Sprache. Er geht von der anthropologischen Perspektive aus, dass „menschliche Kommunikation ein grundlegend kooperatives Unternehmen ist, [...]". (Tomasello 2017, 17). Vor dem Beginn unserer Fähigkeit, sprachliche Laute zu äußern, liegen die gestischen Signale, um Intentionen (Absichten) und Aufmerksamkeit gegenüber anderen Menschen zu erreichen. Nach Tomasello (ebd., 99; Herv. i. O.) gibt es drei allgemeine Typen von Kommunikationen in der Gestik des Zeigens und des Gebärdenspiels:

> **Auffordern:** Ich will, daß Sie etwas tun, *um mir zu helfen* (um Hilfe oder Information bitten);
>
> **Informieren:** Ich will, daß Sie von etwas Kenntnis nehmen, weil *ich glaube, dass es Ihnen helfen oder Sie interessieren wird* (Hilfe anbieten, einschließlich Information);
>
> **Teilen:** Ich will, daß Sie etwas Bestimmtes fühlen, damit *wir Einstellungen/Gefühle miteinander teilen können* (Teilen von Emotionen oder Einstellungen).

Als implizite Voraussetzung für dieses menschliche Verhalten nimmt er ein Kooperationsmodell an:

> Die finale Erklärung dafür, was Menschen dazu befähigt, miteinander auf so komplexe Weisen durch so einfache Gesten zu kommunizieren, lautet, daß sie miteinander auf einzigartige Weise sozial interagieren. Etwas konkreter: Menschen kooperieren miteinander auf eine Weise, die wir von keiner anderen Spezies kennen, wobei diese Kooperation Prozesse geteilter Intentionalität beinhaltet. (ebd., 83)

Ähnlich argumentiert der Sprachwissenschaftler **Harald Haarmann** (* 1946), wenn er Ursprung und Entstehung der Sprache(n) eng mit der kulturellen Entwicklung des Menschen verbindet. Er fragt: „[W]as motivierte den Menschen, seine sprachliche Kommunikation zu verfeinern und komplex auszubauen? Warum hat die Evolution nicht nur einen einzigen Bauplan für Sprache produziert, sondern eine Vielzahl von Konstruktionsmustern?" (2010, 31).

Seine Antwort sucht er in der Identitätsforschung, denn diese Identität sieht er als mentale Kraftquelle, als Motor für sein Handeln, als Triebkraft, sich in Gruppen zu organisieren, sozial zu handeln und sich Kultur zu schaffen, d. h., sie dient primär als Überlebensstrategie. Für die Kooperation braucht man die Sprache.

Fazit: Die Sprachentwicklung beruht auf der Kooperation des Menschen.

Exkurs: Sprachwandel

Für den Sprachwandel, also die Frage, warum sich eine Sprache immer wieder lautlich oder semantisch verändert, konnte man bisher keine unmittelbare Ursache finden. Der Germanist und Linguist **Rudi Keller** (* 1942) spricht „von der unsichtbaren Hand“ des Sprachwandels (2014, 87 ff.). Er übernimmt die im Kapitalismus beliebte These von Adam Smith (vgl. Kapitel 8 zur Ideologisierung der Wirtschaftssprache) von der „invisible hand“, die hinter dem Rücken der Bürger*innen die Wirtschaft steuert. Es geht hier um die figurative Analyse der Wechselseitigkeit zwischen individuellem Mikrohandeln und gesellschaftlichem Makroverhalten, d. h., eine, zwei, drei und immer mehr Personen übernehmen den Gebrauch und die Gewohnheit, sich sprachlich auf eine bestimmte Weise auszudrücken. Nach und nach schließen sich andere Personen an, weil zum Beispiel ein Wort populär geworden ist. Es kommen aber auch neue Worte hinzu, weil sie neue Gegenstände, Berufe, Tätigkeiten etc. bezeichnen, dafür geraten andere Worte in Vergessenheit, weil es die Gegenstände, Berufe, Tätigkeiten usw. nicht mehr gibt. Sprachwandel lässt sich nicht rational erklären.

Aristoteles: Der Mensch als politisches und sprachliches Wesen

Wie so viele Wissenschaftsdisziplinen hat die Analyse der Sprache ihre ersten Wurzeln in der griechischen Philosophie. In Bezug auf ihre Erkenntnisse zur Sprache vertraten die griechischen Philosophen Platon, Sokrates und Aristoteles unterschiedliche Auffassungen.

Aristoteles

Der griechische Philosoph **Platon** (428/427–348/347) reflektierte in seinem Werk „Kratylos“ mit Sokrates als Dialogpartner über die „[...] Richtigkeit der Benennungen“. Er untersuchte nicht die Sprache an sich, sondern die Worte, ging also der Frage nach, ob man über diese das Wesen der Dinge zeigen kann. Das wird letztlich verneint.

Sokrates (470–399) antwortet:

> Sondern offenbar muß etwas anderes aufgesucht werden als Worte, was uns ohne Worte offenbaren kann, welche von diesen beiden die richtigsten sind, indem es uns nämlich das Wesen der Dinge zeigt. Es ist doch möglich, wie es scheint, Kratylos, die Dinge kennenzulernen ohne Hilfe der Worte, wenn sich dies so verhält. (Platon 2019, 567)

Platon vertritt eine „instrumentalistische Sprachauffassung, insofern Sprache lediglich als (unzuverlässiges) Werkzeug angesehen wird“ (Posselt/Flatscher 2018, 29). Die Gegenposition zu Platon vertritt sein Schüler Aristoteles.

Der griechische Philosoph **Aristoteles** (384–322) äußerte sich zwar nicht explizit zur Sprache an sich, aber in seiner Philosophie findet sich eine soziale Komponente, d. h. eine „Hinwendung zur Sprache als Bestimmung des Menschen“ (ebd., 39). Er sieht den Menschen als gemeinschaftliches politisches Wesen *(ζώον πολιτικόν, zoon politikon)* und als sprachliches Wesen *(ζώον λόγον έχον, zoon logon echon)* (vgl. ebd., 36).

> Daß aber der Mensch mehr noch als jede Biene und jedes schwarm- oder herdenweise lebende Tier ein Vereinswesen ist, liegt am tage. [...] Nun ist aber der Mensch unter allen animalischen Wesen mit der Sprache begabt. [...] Das Wort aber oder die Sprache ist dafür da, das Nützliche und das Schädliche und so denn auch das Gerechte und das Ungerechte anzuzeigen. Denn das ist den Menschen vor den anderen Lebewesen eigen, daß sie Sinn haben für Gut und Böse, für Gerecht und Ungerecht und was dem ähnlich ist. (Aristoteles 1995, 4 f.)

Hannah Arendt übernimmt in ihrem Buch „Vita activa“ (1958/dt. 1960) diese Position von Aristoteles in dem Kapitel „Der Mensch, ein gesellschaftliches oder ein politisches Lebewesen“, indem sie argumentiert:

> Von den Tätigkeiten, die in allen Formen menschlichen Zusammenlebens anzutreffen sind, galten nur zwei als eigentlich politisch, nämlich Handeln *(πράξις)* und Reden *(λέξις)* (2017, 35).

Für Aristoteles ist die Sprache eng mit seinen Vorstellungen von der Gemeinschaft in der Polis und von der Gerechtigkeit verbunden. Hier liegt der Unterschied zu Platon.

> Sprache wird demnach nicht nur und nicht primär dazu benutzt, Dinge zu benennen, sondern vor allem dazu, sich darüber zu verständigen, wie ein Zusammenleben aussehen soll. [...] Er fragt nicht mehr nur nach dem Erkenntniswert der Sprache, sondern legt bereits die Frage nahe, wie Sprache den Menschen als *zoon politikon* – wörtlich als Lebewesen in Gemeinschaft – in konstitutiver Weise bestimmt. (Posselt/Flatscher 2018, 37; Herv. i. O.)

Diese philosophische Position von Aristoteles ist bereits sehr nahe an Wilhelm von Humboldts Analyse und Verständnis von Sprache (siehe unten).

Aristoteles und Cicero: Rhetorik

Cicero

Sprache und Macht waren schon im antiken Griechenland ein wichtiges Thema der Philosophie, und zwar in der Rhetorik. Die Rhetorik erlebte im demokratischen Athen eine Hochblüte, denn die Bürger, d. h. die freien Männer – keine Frauen und keine Sklav*innen! – trafen sich in der Volksversammlung auf der Agora, dem öffentlichen Markt, um über die Politiker Gericht zu halten, wenn man sie eines Verbrechens anklagte. Per Los entschieden die Laienrichter.

In der Antike gab es die sieben freien Künste (lat. *septem artes liberales*) als Kanon an Studienfächern: Das *Trivium* (Dreiweg) der sprachlichen und logisch-argumentativen Fächer (Grammatik, Dialektik, Rhetorik) und das *Quadrivium* (Vierweg) der mathematischen Fächer (Arithmetik, Musik, Geometrie, Astronomie).

Die Erfindung, Entstehung und Entwicklung der Rhetorik sind eine Leistung der Griechen. In den altorientalischen Kulturen findet sich kein solcher Ansatz, aber schon in den ältesten Zeugnissen der griechischen Literatur, den homerischen Epen (vgl. Flashar 2013, 139). So heißt es in der „Ilias" als Heldenideal, „daß aus dir ein gewandter redner und ein guter kämpfer wird" (Homer 2008, 190). Und über den bekanntesten Helden Odysseus schreibt Homer in Versform:

> setzte er aber mit seiner kräftigen stimme zu reden an,
> brachen die worte aus seiner brust, so dicht wie der schnee
> im tiefsten winter – und wir saßen nur da mit offnem Mund
> und hörten bald auf, uns über sein auftreten zu wundern. (ebd., 70)

Diese Redekunst formuliert Aristoteles in seinem Werk „Rhetorik" wissenschaftlich:

> Die Rhetorik sei also als Fähigkeit definiert, das Überzeugende, das jeder Sache innewohnt, zu erkennen. [...] Von den durch die Rede geschaffenen Überzeugungsmitteln gibt es drei Arten: Sie sind zum einem im *Charakter* des Redners angelegt, zum anderen in der Absicht, den Zuhörer in eine bestimmte *Gefühlslage* zu versetzen, zuletzt in der Rede selbst, indem man etwas nachweist oder zumindest den *Anschein* erweckt, etwas nachzuweisen. Durch den Charakter geschieht dies, wenn die Rede so dargeboten wird, dass sie den Redner *glaubwürdig* erscheinen läßt. (Aristoteles 2018, 17; Herv. d. Verf.)

Die kursiv gedruckten Worte sind auch heute in Politik und Gesellschaft aktuell. Aristoteles unterscheidet drei Arten von Reden:

Redegenus	Ziel	Bereich	Zeitstufe
Gerichtsrede	das Gerechte	Anklage/Verteidigung	Vergangenheit
Ratsrede	das Gute	Mahnung/Warnung	Zukunft
Festrede	das Schöne	Lob/Tadel	Gegenwart

Tab. 1: Redearten nach Aristoteles (ebd., 145)

„Eine Rede besteht nämlich aus dreierlei: einem Redner, einem Gegenstand, worüber er spricht, und einem Publikum; und der Zweck der Rede ist nur auf ihn, den Zuhörer, ausgerichtet" (Aristoteles 2018, 31).

Der zweite Redetypus, die Ratsrede, ist für den auftretenden Volksredner in den öffentlichen Versammlungen von großer Bedeutung. Die aristotelische Rhetorik besteht aus analytischem und politischem Wissen und ist als Theorie der öffentlichen Rede nach den Kategorien der Ethik und Politik entwickelt. „Für Aristoteles soll der Redner über ethische Grundgegebenheiten informiert sein, diese in seine Rede einbeziehen und vor allem selber eine bestimmte ethische Haltung verkörpern, ohne die philosophischen Prämissen selber ableiten zu müssen" (Flashar 2013, 151). Seine Rhetorik beruht auf Wissen, Einsicht und Ethos.

Aristoteles geht auch auf die Psychologie der Zuhörer ein: „Ähnlich genau und reich an Beobachtungen ist Aristoteles in seiner Zuhörerpsychologie, denn der Redner muß wissen, wie seine Rede auf die je nach Alter und sozialer Schicht verschiedene Zuhörerschaft wirkt" (Höffe 1981, 88). Dieses Zitat erinnert an die heutigen Debatten der Politiker*innen, denn die Reden sind stets an die eigenen Wähler*innen gerichtet, um diese zu überzeugen und für sich zu gewinnen.

Der römische Philosoph, Redner und Politiker **Marcus Tullius Cicero** (106–43) führte die Rhetorik von Aristoteles in seinem Werk „De Oratore", „Über den Redner", weiter (1976). In der Rhetorik geht es ihm um die Wirkungen der Rede auf das Publikum: Die These als richtig zu beweisen, die Sympathie der Hörer zu gewinnen und Gefühle zu wecken.

> So gibt es insgesamt drei Arten von Fragen, die zum Gegenstand einer Erörterung und eines Streites werden können: die Frage, was geschieht, geschehen ist oder geschehen wird. […] Des weiteren erwäge ich die folgenden zwei Fragen mit besonderer Sorgfalt: Die eine richtet sich darauf, was mich und meine Klientel empfehlen kann, die andere gilt der Beeinflussung des Publikums in meinem Sinn. (ebd., 277 f.)

Mit dem Beginn der Aufklärung im 17. und 18. Jahrhundert wurde die Rhetorik zugunsten der Rationalität und Wissenschaft bedeutungslos. Erst nach dem Zweiten Weltkrieg gab es wieder Anstöße, die Rhetorik aus der Nische herauszuholen und als „Ort der Rhetorik in der Politik“ zu verankern und „Dimensionen politischer Rhetorik“ und „politische Rhetorik als sprachliches Handeln“ zu entwickeln (vgl. Klein 2019). Der deutsche Sprachwissenschaftler **Josef Klein** (* 1940) sieht im Anschluss an Aristoteles die politische Rhetorik als Persuasionsrhetorik, die nicht nur überzeugen und überreden bedeutet, sie „schließt auch das Bestärken vorhandener Überzeugungen ein“ (ebd., 11).

Lateinisch *persuasio* meint Überredung und Überzeugung und kommt vom Verb *persuadere* ‚überreden, zu etwas bewegen, überzeugen‘, einem Kompositum zu suadere ‚raten, Rat geben, zureden‘ Zu dieser Wortfamilie gehört auch das Adjektiv *suavis* ‚süß, lieblich, angenehm‘, z. B. in der Redewendung *suaviter loqui* ‚angenehm sprechen‘ (vgl. Pons 2016: 682 und 889). Und jede*r Redner*in oder Politiker*in möchte die Zuhörer*innen durch angenehme Reden überzeugen oder überreden.

Thomas Hobbes: Missbräuche der Sprache

Der englische Staatstheoretiker **Thomas Hobbes** (1588–1679) ist nicht als Sprach-, sondern als politischer Philosoph bekannt. In seinem Hauptwerk „Leviathan“ befasst er sich aber in Kapital IV mit Sprache (1996, 23 ff.) und analysiert deren Gebrauch: „Der allgemeine Gebrauch der Sprache besteht darin, unsere geistigen Überlegungen in verbale zu übertragen oder die Kette unserer Gedanken in eine Kette von Worten [...]“ (ebd., 24). Er analysiert vier Arten des sprachlichen Missbrauchs:

> Erstens, wenn die Menschen ihre Gedanken infolge der schwankenden Bedeutung ihrer Worte falsch ausdrücken, wodurch sie als ihre Meinung ausdrücken, was sie nie gemeint haben, und so sich selbst täuschen. Zweitens, wenn sie Worte metaphorisch benutzen, das heißt in anderem Sinne als dem vorgesehenen, und dadurch andere täuschen. Drittens, wenn sie mit Worten für ihren Willen erklären, was nicht ihr Wille. Viertens, wenn sie sie gebrauchen, um einander zu verletzen; denn da die Natur die Lebewesen teils mit Zähnen, teils mit Hörnern und teils mit Händen bewaffnet hat, um einen Feind zu verletzen, ist es nur ein Mißbrauch der Sprache, ihm mit Worten zu verletzen. (ebd., 25)

In Kapitel 7 und 9 des vorliegenden Buchs wird dieser verletzende Sprachmissbrauch in der Praxis analysiert.

Gottfried Wilhelm Leibniz: Sprache als Spiegel des menschlichen Geistes

Der deutsche Universalgelehrte **Gottfried Wilhelm Leibniz** (1646–1716) war auf der Suche nach einer Universalsprache. Er beschäftigte sich mit historisch-etymologischen Untersuchungen und mit Studien zur Entwicklung formaler Zeichensysteme.

> Ihn interessierte in philosophischer Hinsicht die Sprache als Zeichensystem und als „Spiegel des menschlichen Geistes", der „mehr als alles andere die Tätigkeitsweise des Verstandes erkennen läßt" (Leibniz 1765) […] Sprache ist folglich nicht nur einfach der „Spiegel des Verstandes" (Leibniz 1697), sondern Sprache wirkt zugleich auf den Verstand zurück. Sprache, Verstandes- und Kulturentwicklung gehen folglich Hand in Hand und eine Verbesserung der Sprache verspricht eine Steigerung der geistigen und kulturellen Fähigkeiten einer Sprachgemeinschaft. (Posselt/Flatscher 2018, 53 und 55)

Obgleich Leibniz keine direkte Antwort auf den Zusammenhang von Sprache, Denken und Welt findet, so erkennt er doch die Bedeutung von sprachlichen Regeln und Ausdrücken: „Das große Verdienst Leibniz' besteht darin, dass er erstmals die Relevanz der Regelhaftigkeit der Sprache für die Bedeutung sprachlicher Ausdrücke mit ins Spiel bringt" (ebd., 60).

Nach Leibniz entwickelt sich – nach einer Zwischenstation bei Herder – mit Wilhelm von Humboldt die Sprachphilosophie mit einer anerkannten wissenschaftlichen Position weiter.

Johann Gottfried Herder: Geist und Sprache

Der deutsche Theologe Johann **Gottfried Herder** (1744–1803) entwickelt seine Sprachtheorie in der Auseinandersetzung mit der göttlichen Sprachursprungstheorie von Johann Peter Süßmilch, der behauptet, dass die „Sprache aufgrund ihrer grammatischen Vollkommenheit kein menschliches Machwerk sein" kann. „Sie muss den Menschen durch Gott gelehrt worden sein" (ebd., 65).

Für Herder ist die Sprache eine Erfindung des Menschen, der sinnliche Merkmale der Natur hört und als sprachliches Merkwort erkennt:

> Der Mensch, in den Zustand von Besonnenheit gesetzt, der ihm eigen ist, und diese Besonnenheit (Reflexion) zum ersten frei würkend, hat Sprache erfunden. […] Dies erste Merkmal der Besinnung war Wort der Seele! Mit ihm ist die menschliche Sprache erfunden! (2001, 31 f.)

> Der Mensch ist also als ein horchendes, merkendes Geschöpf zur Sprache natürlich gebildet, und selbst ein Blinder und Stummer, siehet man, müßte Sprache erfinden, wenn er nur nicht fühllos und taub ist. (ebd., 45)

> In allen Sprachen des Ursprungs tönen noch Reste dieser Naturtöne; nur freilich sind sie nicht die Hauptfäden der menschlichen Sprache. Sie sind nicht die eigentlichen Wurzeln, aber die Säfte, die die Wurzeln der Sprache beleben. (ebd., 9)

Für Herder macht die Sprache den Menschen zu einem geistigen Wesen. Er stellt die These auf, „dass die spezifisch geistige Auseinandersetzung des Menschen mit der Welt konstitutiv mit der Sprache verknüpft ist und umgekehrt" (Bertram 2011, 137 f.). Bei Herder finden sich bereits Hinweise auf die Sprachlichkeit des Zugangs zur Welt. „Weder gibt es Sprache ohne Welt, noch Welt ohne Sprache. […] Welt, Denken und Sprache stehen in einem intrinsischen Verhältnis" (Posselt/Flatscher 2018, 70).

Diesen Analyseansatz von Herder entwickelte Wilhelm von Humboldt mit seiner „Sprache als Weltansicht" weiter.

Wilhelm von Humboldt: Sprache als Weltansicht

„Sprache ist das bildende Organ des Gedanken."
(Wilhelm von Humboldt, zit. nach Trabant 2020, 10)

Der deutsche Sprachphilosoph **Wilhelm von Humboldt** (1767–1835) war ein vielseitig interessierter Mensch, der zunächst Rechtswissenschaften studierte, aber sich später mit Literatur, Philosophie und insbesondere mit dem Studium von Sprachen beschäftigte. 1809 initiierte er die Gründung einer Universität in Berlin, der heutigen Humboldt-Universität zu Berlin. Er gilt als Begründer der historisch-vergleichenden Sprachwissenschaft und leistete einen großen Beitrag zur Sprachphilosophie (vgl. Posselt/Flatscher 2018, 71 f.).

In seiner Theorie verbindet Humboldt Sprache und Denken. Sprache ist nicht nur ein Kommunikationsmittel, um sich miteinander zu verständigen, sondern eine produktive Kraft, um die Sprache zu verdeutlichen: „[…] ist es nach Humboldt erforderlich, Sprache, Denken und Welt aus ihrem wechselseitigen Bedingungsverhältnis heraus zu begreifen" (ebd., 72). Diese Wechselseitigkeit von Sprache, Denken und Welt formuliert Humboldt in einem Brief an Friedrich Schiller im September 1800 wie folgt: „Die Sprache ist daher, wenn nicht überhaupt, doch wenigstens sinnlich das Mittel, durch welches der Mensch zugleich sich selbst und die Welt bildet, oder vielmehr seiner dadurch bewußt wird, daß er eine Welt von sich abscheidet“ (zit. nach ebd., 72).In seiner Einleitung zu „Über die Kawi-Sprache auf der Insel Java“, einer Sprache aus der austronesischen Sprachfamilie, die indonesische und ozeanische Sprachen von Madagaskar bis zu den Osterinseln umfasst, analysiert er die wechselseitigen Bedingungen von Sprache, Denken und Welt:

> Die Sprache ist das bildende Organ des Gedankens. Die intellektuelle Tätigkeit, durchaus geistig, durchaus innerlich und gewissermaßen spurlos vorübergehend, wird durch den Laut in der Rede äußerlich und wahrnehmbar für die Sinne. Sie und die Sprache sind daher eins und unzertrennlich voneinander. […] Die unzertrennliche Verbindung des Gedankens, der Stimmwerkzeuge und des Gehörs zur Sprache liegt unabänderlich in der ursprünglichen, nicht weiter zu erklärender Einrichtung der menschlichen Natur. (Humboldt 1973, 45 f.)

Oder anders formuliert: „Nur in und durch die Sprache kann sich das Denken ausprägen“ (Posselt/Flatscher 2018, 73).

Jeder Mensch verbindet mit einzelnen Wörtern unterschiedliche Assoziationen (vgl. Elberfeld 2013, 55).

> Durch die gegenseitige Abhängigkeit des Gedankens, und des Wortes voneinander leuchtet es klar ein, dass die Sprachen nicht eigentlich Mittel sind, die schon erkannte Wahrheit darzustellen, sondern weit mehr, die vorher unerkannte zu entdecken. Ihre Verschiedenheit ist nicht eine von Schällen und Zeichen, sondern eine Verschiedenheit der Weltansichten selbst. Hierin ist der Grund, und der letzte Zweck aller Sprachuntersuchung enthalten. (Humboldt 1820/1905, 27)

Über die Sprache entdeckt man die Welt. Jede (National-)Sprache wird generational weitergegeben. In Bezug auf unsere Ausgangsthese, dass man mit Sprache Macht ausüben kann, gibt uns Wilhelm von Humboldt die sprachphilosophische Grundlage für die Argumentation, dass Denken und Sprache sich wechselseitig bedingen.

> Humboldt macht demgegenüber deutlich, dass die Bedeutung einzelner Worte nur vor dem Hintergrund einer ganzen, je schon sprachlich geprägten Weltansicht erschlossen wird. […] In diesem Sinne strukturiert Sprache unsere Welt, indem sie Deutungsmuster bereitstellt, die den Zugang zur Mit- und Umwelt präfigurieren. In welcher Weise diese Vorgaben schlagend werden, zeigt sich in der konkreten Ausgestaltung von Gesprächen mit anderen. (Posselt/Flatscher 2018, 79)

Fazit: Humboldt hat mit seiner Analyse der Sprache als Weltansicht eine bis heute noch anerkannte Theorie formuliert.

Friedrich Nietzsche: Sprache und Bewusstsein

Die Bedeutung des deutschen Philosophen **Friedrich Nietzsche** (1844–1900) für die sprachphilosophische Fragestellung ist erst in den 1970er Jahren entdeckt worden. In seiner Analyse greift er das antike Verständnis von Rhetorik auf, indem er Rhetorik und Sprache gleichsetzt. In seiner Schrift „Ueber Wahrheit und Lüge“ von 1873 kommt er zu folgendem Schluss:

> Nicht die Wahrheit geht der Sprache voraus und wird durch diese artikuliert, sondern Wahrheit selbst ist von Anfang an sprachlich verfasst. Sprache besitzt ein setzendes, normatives Moment, das mit den „ersten Gesetzen der Wahrheit“ auch die soziale Ordnung hervorbringt und stabilisiert. (ebd.)

Der Gegenpol zur Wahrheit ist nicht die Falschheit, sondern die Lüge. Sprache ist nicht Wahrheit, sondern sie ist relational in sozialen Beziehungen, Interessen, Trieben und Machtverhältnissen eingebunden. In seinem späteren Werk „Die fröhliche Wissenschaft“ (1882/1887) betont er die Koevolution von Sprache und Bewusstsein:

> Kurz gesagt, die Entwicklung der Sprache und die Entwicklung des Bewusstseins [...] gehen Hand in Hand. [...] Das Bewusstsein unserer Sinneseindrücke bei uns selbst, die Kraft, sie fixiren zu können und gleichsam außer uns zu stellen, hat in dem Masse zugenommen, als die Nöthigung wuchs, sie Anderen durch Zeichen zu übermitteln. (Nietzsche, zit. nach ebd., 93)

Diesen Zusammenhang von Sprache und Bewusstsein wird bei der Sprachanalyse des politischen Rechtspopulismus nachgewiesen, wenn man über Sprache politisches Bewusstsein schafft, das wiederum auf Sprache zurückwirkt (vgl. weiter unten Kapitel 7).

Ernst Cassirer: Sprache als Mittel der Gegenstandsbildung

Der deutsche, nach der Emigration 1933 schwedische Philosoph **Ernst Alfred Cassirer** (1874–1945) knüpft an die sprachphilosophischen Erkenntnisse von Wilhelm von Humboldt an. Er hat das Denken der kantischen Philosophie, die auf dem naturwissenschaftlichen Weltbild der Newton'schen Physik beruht, übernommen, um die Sprache als Mittel der Gegenstandsbildung zu entwickeln.

> Die Sprache tritt nicht in eine Welt der fertigen gegenständlichen Anschauung ein, um hier zu den gegebenen und klar gegeneinander abgegrenzten Einzeldingen nur noch ihre „Namen“ als rein äußerliche und willkürliche Zeichen hinzuzufügen – son-

dern sie ist selbst ein Mittel der Gegenstandsbildung, ja sie ist im gewissen Sinne *das* Mittel, das wichtigste und vorzüglichste Instrument für die Gewinnung und den Aufbau einer reinen „Gegenstandswelt". (Cassirer 1931, 124 f.; Herv. i. O.)

Einfacher formuliert: Unsere Sprache formt auch die Welt und die Gesellschaft. Der Schweizer Philosoph **Dominic Kaegi** (* 1963) formuliert in einem Aufsatz über Cassirer wie folgt:

Sprachliche Zeichen erfüllen die Funktion, Wirklichkeit darzustellen, wie sie uns in der natürlichen Wahrnehmung als eine Welt objektiver Sachverhalte und selbstständiger Gegenstände gegeben ist. [...] Sprache, so könnte man im Sinne Cassirers sagen, ist die symbolische Form der Lebenswelt. (1996, 355 f.)

Sprache lässt sich nicht in Begriffen der Logik und Semantik analysieren. Zwischen sinnlicher und geistiger Wahrnehmung besteht eine Wechselwirkung, oder mit den letzten Worten Cassirers in seinem Buch zur Sprache:

Der Gegensatz zwischen den beiden Extremen des Sinnlichen und des Intellektuellen faßt den eigentümlichen Gehalt der Sprache nicht, weil diese in all ihren Leistungen und in jeder Einzelphase ihres Fortschritts sich als eine z u g l e i c h sinnliche und intellektuelle Ausdrucksform erweist. (Cassirer 2010, 300; Herv. i. O.)

Hier wird im Anschluss an Humboldt der wechselseitige Zusammenhang von Sprache und Denken betont.

Ludwig Wittgenstein: Der Gebrauch der Sprache

Ludwig Wittgenstein

Der österreichisch-englische Philosoph **Ludwig Wittgenstein** (1889–1951) versuchte zunächst, eine logische Abbildtheorie der Sprache zu entwickeln, „inwiefern Sprache überhaupt in der Lage ist, Wirklichkeit adäquat zu repräsentieren" (Posselt/Flatscher 2018, 126). In Anschluss an Humboldt formuliert Wittgenstein: „Das Denken, die Sprache, erscheint uns nun als das einzige Korrelat, Bild, der Welt. Die Begriffe: Satz, Sprache, Denken, Welt stehen in der Reihe hintereinander, jeder dem anderen äquivalent". (Wittgenstein 2019, 294)

In seinen späteren Jahren rückt Wittgenstein von seiner Annahme einer logischen Isomorphie (Gleichgestaltigkeit) von Sprache und Welt ab und untersucht den situationsbezogenen Gebrauch der Sprache in unterschiedlichen Kontexten. In seinen „Philosophischen Untersuchungen“ bringt er zu Beginn einen wunderbaren Vergleich von Sprache und Stadt:

> Unsere Sprache kann man ansehen als eine alte Stadt: Ein Gewinkel von Gäßchen und Plätzen, alten und neuen Häusern, und Häusern mit Zubauten aus verschiedenen Zeiten; und dies umgeben von einer Menge neuer Vororte mit geraden und regelmäßigen Straßen und mit einförmigen Häusern. (2019, 245)

Diese Sprache ist wie die Stadt von Menschen gebaut, in der wir uns orientieren müssen (vgl. Bezzel 1988, 12): „Die Sprache ist ein Labyrinth von Wegen. Du kommst von einer Seite und kennst dich aus; du kommst von einer andern zur selben Stelle, und kennst dich nicht mehr aus“ (Wittgenstein 2019, 346; Herv. i. O.). Das Stadtbild verdeutlicht die Komplexität und Unüberschaubarkeit der Sprache, die geschichtlich entstanden ist. „Die Menschen sind im Netz der Sprache verstrickt und wissen es nicht“ (Wittgenstein, zit. nach Bezzel 1988, 14). Jedes Jahr wächst der Wortschatz, wie man es am Duden für die deutsche Sprache sieht. Die erste Auflage erschien 1880 und hatte 187 Seiten mit 27.000 Stichwörtern. In der neuesten, der 28. Auflage von 2020 stehen 148.000 Stichwörter, etwa 3000 mehr als in der vorigen Auflage, wie Dachbegrünung, genderneutral, Pflegeroboter und Reproduktionszahl. Rund 300 Stichwörter wurden gestrichen, z. B. Gattenliebe, Geldschrankknacker und Fernsprechgebühr.

Wittgenstein entfaltet eine Pluralität von Sprachspielen, die unterschiedliche Sprachformen haben: Befehle, Berichte, Rätselraten, Geschichtenerzählen, Singen, Theaterspielen, Vermutungen, Bitten, Danksagungen, Flüche, Grüße oder Gebete (vgl. Posselt/Flatscher 2018, 143). Die Pluralität spiegelt sich in der historischen Vielfalt wider und ist geschichtlich veränderbar. Wittgenstein weist darauf hin, „dass jede spezifische Gebrauchsweise von Sprache stets im Zusammenhang mit den jeweiligen konkreten Tätigkeiten und Praktiken betrachtet werden muss, in die sie eingebettet ist“ (ebd., 145).

Das Individuum entwickelt in seinem Sozialisationslernprozess einen „selbständigen und produktiven Umgang mit der Sprache und die Fähigkeit, an Sprachspielen teilnehmen zu können“ (ebd., 147). Diese Sprachspiele sind in den gesellschaftlichen Regeln von Gepflogenheiten, Gebräuchen und Institutionen eingebunden. Daher zieht Bezzel folgendes Fazit: „Sprache ist also ein Funktionszusammenhang, er existiert genau darin und dadurch, dass die Menschen handeln. Sprache ist Praxis. Sie existiert nicht als Entität zu einem bestimmten Zweck, sondern als Prozeß mit vielen Zwecken“ (1988, 15). Heute nennen wir das Framing (vgl. Kapitel 5).

Martin Heidegger: Der hermeneutische Sprachbegriff

Der deutsche Philosoph **Martin Heidegger** (1889–1976) knüpft an die sprachphilosophische Analyse von Herder an und entwickelt aus seinem hermeneutischen Verständnis heraus seinen Sprachbegriff. In der Hermeneutik als geisteswissenschaftlicher Methode geht es um das Verstehen und die Auslegung von Texten. Für Heidegger bedeutet es, das existenzielle Dasein und die Daseinsbewältigung zu verstehen. Die Bedeutung der Sprache ergibt sich für Heidegger aus seiner existenzphilosophischen Erkenntnis, wie er es in seinem Werk „Sein und Zeit" 1926 knapp formuliert hat, denn

> [d]ie fundamentalen Existenzialien, die das Sein des Da, die Erschlossenheit des In-der-Welt-seins konstituieren, sind Befindlichkeit und Verstehen. Verstehen birgt in sich die Möglichkeit der Auslegung, das ist der Zuneigung des Verstandenen [...] Daß erst jetzt Sprache Thema wird, soll anzeigen, daß dieses Phänomen in der existenzialen Verfassung der Erschlossenheit des Daseins seine Wurzeln hat. (1986, 160)

Das Fundament der Sprache ist die Rede, die für die Existenz des Menschen konstitutiv ist. „Rede ist das ‚bedeutende' Gliedern der Verständlichkeit des In-der-Welt-seins [...]" (ebd., 161). Da der Mensch in die Gemeinschaft hineinwächst, bedeutet das auch sprachliches Verstehen und damit auch Eingebettetsein in Traditionen (vgl. Bertram 2011, 151). Viele Jahre später, erst 1950 hielt Heidegger seinen Vortrag „Die Sprache" und äußerte sich konkreter:

> In jedem Falle gehört die Sprache in die nächste Nachbarschaft des Menschenwesens. Überall begegnet Sprache. Darum kann es nicht verwundern, daß der Mensch, sobald er sich denkend in dem umsieht, was ist, alsbald auch auf die Sprache trifft, [...] Das Nachdenken versucht, sich eine Vorstellung von dem zu verschaffen, was Sprache im allgemeinen ist. [...] Der Sprache selbst und nur ihr möchten wir nach-denken. [...] Der Mensch spricht, und er spricht je eine Sprache (Heidegger 1999, 168 und 170)

Diese Position hat schon Wilhelm Humboldt formuliert, d.h. Heidegger hat sie nicht verändert und weiterentwickelt.

Guy Deutscher: Im Spiegel der Sprache

Der israelische Linguist **Guy Deutscher** (* 1969) schließt in seinem Buch „Im Spiegel der Sprache" an Wilhelm von Humboldt an, indem er die Frage untersucht, „warum die Welt in anderen Sprachen anders aussieht" (2011). Er widerspricht der heute gängigen Auffassung, dass „unsere Muttersprache überhaupt keinen Einfluss auf die Art und Weise unseres Denkens ausübt, [...] und dass wir im Grunde alle auf dieselbe Weise denken" (15). Konträr dazu steht seine These, dass sich die Kultur in der Sprache widerspiegelt.

> In diesem Plädoyer für die Kultur werde ich die Auffassung vertreten, dass sich kulturelle Unterschiede auf tiefgreifende Weise in der Sprache widerspiegeln und dass eine wachsende Menge verlässlicher wissenschaftlicher Forschungsarbeiten jetzt solide Beweise dafür liefert, dass unsere Muttersprache die Art und Weise, in der wir denken und die Welt wahrnehmen, beeinflussen kann. (ebd.)

Ein gutes Beispiel für unterschiedliche kognitive Wahrnehmungen sind die Farben in den Kulturen. So waren und sind viele Kulturen „blaublind", d. h., sie kennen kein eigenes Wort für ‚blau', so z. B. weder der griechische Dichter **Homer** noch die hebräische Bibel (Altes Testament).

> Die Ochsen Homers sind weinfarben – die Bibel spricht von einem „roten Pferd" und einer „roten Kuh ohne Fehler". Homer beschreibt Gesichter, die grün vor „Furcht" sind – der Prophet Jeremia sieht alle Gesichter „grün werden" vor Entsetzen. Homer schwärmt von „grünem Honig" – die Psalmen schwärmten nicht weit davon: „Die Flügel einer Taube, mit Silber überzogen und ihre Schwungfedern mit grünem Gold". (ebd., 53)

Im Griechischen findet sich das Wort *χλωρός*, es bedeutet „grünlich gelb, fahl, bleich" (Gemoll/Vretska 2006, 863). Da die griechische Sprache kein Wort für ‚blau' kannte, wurde für die neugriechische Sprache das Wort aus dem Französischen *bleu* importiert: *μπλε*. Das französische bleu haben die fränkischen Eroberer aus dem Althochdeutschen *blao* nach Frankreich exportiert, unser ‚blau'. Blau geht auf die erschlossene indoeuropäische Wurzel *bhleuos* zurück, die ‚blau, gelb, blond' bedeutete. Die Farbzeichnungen waren früher oft nicht genau bestimmt (vgl. Pfeifer 1993, 146).

Die vietnamesische Sprache kennt für ‚blau' und ‚grün' nur ein Wort *xanh*. Wenn man die beiden Farben genau unterscheiden will, dann muss man *xanh* ergänzen: *xanh da tròi* ‚blau&grün wie der Himmel', also ‚blau', und xanh lá cây ‚blau&grün wie das Blatt einer Pflanze', also ‚grün'.

Die russische Sprache kennt für ‚blau' gleich zwei Wörter zur Nuancierung: *синний* ‚blau' und *голубой* ‚hellblau, himmelblau' für Fische.

Deutscher fasst seinen Denkansatz wie folgt zusammen: „Vielmehr fangen wir im 21. Jahrhundert an, ein Verständnis für die Unterschiede im Denken zu gewinnen, die durch kulturelle Konventionen und insbesondere durch das Sprechen verschiedener Sprachen geprägt sind" (2011, 265).

Kritisch ist anzumerken, dass Deutscher Sprache nur als Spiegelbild der Kultur sieht, aber nicht figurativ in dem Sinne versteht, dass auch Kultur Sprache beeinflusst. Es fehlt hier die „analytische Brücke“ zwischen der gesellschaftlichen Kultur auf der Makroebene und dem individuellen Denken auf der Mikroebene. Kultur und Sprache bedingen sich über das Denken und die Emotionen wechselseitig. Nachstehend finden sich Beispiele aus drei verschiedenen Sprachen.

Spanisch: Ser versus estar

Spanisch hat zwei verschiedene Verben für unser deutsches Wort ‚sein‘. Es ist ein Unterschied, ob man sagt: „Ich bin ein Deutscher“, also von Geburt an, und habe dauerhaft die deutsche Staatsbürgerschaft, oder ob ich sage: „Ich bin in Madrid“, wo ich mich zurzeit als Tourist aufhalte. Im Spanischen wird das durch zwei unterschiedliche Verben ausgedrückt: *Soy un alemán* versus *Estoy en Madrid. Soy* kommt vom Infinitiv *ser* ‚sein, werden‘ von lateinisch *esse* ‚sein‘, und *estoy* kommt von *estar* ‚sein, sich befinden‘ von Lateinisch *stare* ‚stehen‘ (ich stehe *sto*). Das heißt: Sie müssen stets überlegen, was Sie gerade ausdrücken möchten. Sie lernen anders zu denken, denn Sprache und Denken sind Weltansicht.

Französisch: Perfekt und passé defini

In der französischen Sprache unterscheidet man – zumindest in der Schriftsprache –, ob eine Handlung regelmäßig stattgefunden hat oder ob es eine (historisch) einmalige Handlung war, z.B. „Er hat das Spiel immer gewonnen“ versus „Er hat das Spiel gestern zum ersten Mal gewonnen“. Übersetzt ins Französische: *Il gagnait toujours le jeu* versus *Hier il gagna le jeu la première foi*. Der Unterschied ist im Suffix erkennbar.

Slawische Sprachen: Imperfektive versus perfektive Verben

Alle zwanzig slawische Sprachen haben ein gemeinsames Merkmal im Verbsystem, in dem sie unterscheiden, ob etwas regelmäßig oder einmalig geschieht. „Ich habe meiner Mutter jede Woche einen Brief geschrieben“ versus „Ich habe meiner Mutter gestern einen Brief geschrieben“. Das heißt auf Polnisch: Co *tydzień* ***pisałem*** *list do mojej matki* versus *Wczoraj* ***napisałem*** *list do mojej matki*. Der grammatikalische Unterschied wird meistens durch ein Präfix gekennzeichnet, hier *na* vor dem Verb *pisać*.

John Langshaw Austin: Sprechakte haben Wirkungen

Der britische Philosoph **John Langshaw Austin** (1911–1960) entwickelte eine „Philosophie der normalen Sprache". Seine sprachphilosophische Analyse kommt zu der Schlussfolgerung, dass eine sprachliche Äußerung stets eine Handlung ist und unmittelbare Folgen haben kann. Er unterscheidet drei Dimensionen:

1. **Lokution**: Eine Äußerung von Worten als Vokabular und Teil der Grammatik, die man auf ihre Wahrheit hin überprüfen kann.
2. **Illokution**: Die Rolle der Äußerung, z.B. eine Entschuldigung, ein Befehl oder eine Feststellung.
3. **Perlokution**: Eine Äußerung, die unmittelbare Folgen hat, z.B. eine Verpflichtung, ein Versprechen einzuhalten.

Das Wort Lokution bedeutet Redewendung oder Redensart und kommt von lateinisch *locutio* ‚das Reden, Sprechen, die Sprache' zum Verb *loqui* ‚sprechen, sagen' (Georges 2013, 2916 und 2921). Für unseren analytischen Zusammenhang von politischer Sprache und Macht ist der perlokutionäre Sprechakt am wichtigsten, denn Politiker*innen wollen überzeugen und überreden. „[...] [W]ir bringen sie [i. e. perlokutionäre Akte; Anm. d. Verf.] *dadurch* zustande, daß wir etwas sagen. Beispiele sind Überzeugen, Überreden, Abschrecken, auch zum Beispiel Überraschen oder Irreführen" (Austin 2019, 126; Herv. i. O.). Austin schließt in seiner Theorie die unmittelbaren Wirkungen der Worte auf das Individuum ein.

Judith Butler: Die Macht der Sprache als Verletzung und Hass

Die amerikanische Philosophin **Judith Butler** (* 1956) ist insbesondere durch ihre Arbeiten zu feministischer Theorie, Gender- und Queer-Studies sowie Politik bekannt geworden, setzte sich aber auch explizit mit dem Thema Sprache und Macht auseinander. Sie geht den Fragen nach, „wie Sprache verletzen kann" (2018, 9), worin „die Gewalt der Sprache" liegt (ebd., 21) und ob *„das Sprechen selbst eine körperliche Handlung ist"* (ebd., 22; Herv. i. O.). Sie ist von allen bisherigen Philosoph*innen die Einzige, die das Thema Sprache und Macht direkt miteinander verknüpft und analysiert. Während die sprachphilosophischen Fragen bisher in der Erkenntnistheorie und theoretischen Philosophie verortet waren,

> zeigt sich nun, dass sprachliche Reflexionen neben epistemologischen Fragen immer auch normative, ethische und politische Fragen implizieren, die das Problemfeld

> nachhaltig erweitern und uns dazu nötigen, scheinbar selbstverständliche Grundbegriffe wie Subjekt, Intention, Verantwortung, Handlungsfähigkeit etc. selbst noch einer kritischen Revision zu unterziehen. (Posselt/Flatscher 2018, 256)

Für Butler ist die Sprache bereits gedachte Handlungsmacht, so ähnlich wie es Niklas Luhmann mit seiner These „Kommunikation ist Gesellschaft und Gesellschaft ist Kommunikation" versteht (vgl. zu Luhmann Kapitel 2). Butler geht von folgender Prämisse aus: „Im Grunde schreibt man der Sprache eine Handlungsmacht zu, nämlich die Macht zu verletzen, wobei wir uns selbst in die Position der Objekte dieser Verletzung versetzen" (2018, 9).

Butler bezieht sich auf die Analyse von John Langshaw Austin und entwickelt sie weiter. Sprechen wird als körperlicher Akt gesehen. Sie thematisiert performative Äußerungen als körperliche Handlungen. Der Duden definiert performativ als „eine mit einer sprachlichen Äußerung beschriebene Handlung zugleich vollziehend" (Duden FW 2007, 1025). Ein Sprechakt als Handlung kann daher gewaltsam und verletzend sein. Diese Handlungsmacht beginnt bereits bei der Drohung. „Die Drohung kündigt nicht nur eine körperliche Handlung an oder verspricht sie, sondern ist selbst bereits ein körperlicher Akt, der in seiner Gestik die Umrisse der kommenden Handlung entwirft" (Butler 2018, 24 f.). Zur realen Umsetzung der Drohung „gehört ein Schauplatz der Macht, damit sich die performativen Effekte verwirklichen können" (ebd., 25). Diese Drohung ist ein Bestandteil von Hasssprache (vgl. Kapitel 9).

Sprache dient auch zur Benennung oder Beschimpfung einer*s anderen, d. h., Benennung kann eine verletzende Handlung bedeuten. Wer einer*m anderen einen Namen im Modus der Anrede geben kann, *„die dem anderen eine Prägung zuspricht und diese zugleich für ‚passend' oder ‚geeignet' erklärt"* (ebd., 52 f.; Herv. i. O.), übt zunächst eine einseitige Handlung aus. „Ein Name tendiert dazu, das Benannte festzuschreiben, es erstarren zu lassen, zu umgrenzen und als substantiell darzustellen" (ebd., 61).

Die deutsche Journalistin und Bloggerin **Kübra Gümüşay** (* 1988) hat dies als Sprachmacht des Glaskäfigs mit gesellschaftlichen Folgen der Ausgrenzung bezeichnet (vgl. dazu Kapitel 5).

Monika Schwarz-Friesel: Sprache und Emotion

Die Kognitionswissenschaftlerin **Monika Schwarz-Friesel** (* 1961) ist die erste Wissenschaftlerin, die den engen Zusammenhang von Sprache und Emotion untersucht:

> Nur ein sprachwissenschaftlicher Ansatz, der die enge Verflechtung von kognitiven und emotionalen Prozessen bei der (massenmedial) gesteuerten Sprachrezeption berücksichtigt, kann das Spektrum sowie die Spezifik sprachlicher Beeinflussung im Allgemeinen und der Persuasion im Besonderen beschreiben und erklären. (2013, 6)

Mit der Sprache drücken wir auch unsere Gefühle und Empfindungen aus, wenn wir wütend, böse, glücklich oder unglücklich, empört, erfreut oder verliebt sind. Sprache als kommunikatives Instrument fungiert als Mittel, emotionale Zustände zwischen den Menschen auszudrücken. Dieses Emotionspotenzial ist jedoch in einem Gesamtzusammenhang mit anderen wissenschaftlichen Erkenntnissen zu sehen. „Wir benötigen jedoch eine integrative Theorie, die alle Komponenten der Sprache aufeinander bezieht und das Emotionspotenzial von Texten berücksichtigt sowie systematisch emotionale, kognitive und sprachliche Aspekte aufeinander bezieht“ (ebd., 15). Die Emotionen fungieren als Zwischenglied zwischen Sprache und Denken. Dies wird an späterer Stelle noch durch die Instrumente der assoziativen Techniken von Framing, Visualisierung und Narrativen ergänzt (vgl. Kapitel 5 und 6).

Fazit: Figurative Zusammenfassung der Erkenntnisse der Sprachphilosophie

Ein analytischer Vergleich der unterschiedlichen der Sprachphilosoph*innen ergibt selbstverständlich Unterschiede, aber auch Gemeinsamkeiten zwischen ihnen. Aus der vergleichenden Analyse lassen sich fünf sprachphilosophische Cluster herausarbeiten:

1. **Mensch und Sprache gehören zusammen**
   Ausgangspunkt sind die analytischen Erkenntnisse von Aristoteles und Herder, dass Mensch und Sprache eine Einheit sind: Bei Aristoteles ist der Mensch ein gemeinschaftliches politisches Wesen *(ζώον πολιτικόν)* und ein sprachliches Wesen *(ζώον λόγον έχον)*; bei Herder hat der Mensch die Sprache erfunden.
2. **Sprache und Denken bedingen sich wechselseitig**
   Die Vermittlung von Sprache und Mensch erfolgt über und durch das Denken, wie es die analytischen Erkenntnisse insbesondere von Gottfried Wilhelm Leibnitz und Wilhelm von Humboldt zeigen. Sprache und Denken bedingen sich wechselseitig und erklären Weltansichten. Bei Leibnitz ist die Sprache ein Spiegel des Geistes; für Humboldt ist die Sprache das bildende Organ des Gedankens.

3. **Sprache und Kultur bedingen sich**
   Wilhelm von Humboldt, Ludwig Wittgenstein, Martin Heidegger und Guy Deutscher haben den Zusammenhang von Sprache und geschichtlicher Kultur betont: Für Humboldt ist die Sprache Weltan*sicht, für Wittgenstein ist es die Alltagssprache, Heidegger nennt es Tradition und für Guy Deutscher ist die Sprache ein Spiegel der Kultur.
4. **Sprache ist Handlung**
   Sprache löst durch ihre Sprechakte auch Handlungen aus, wie es die sprachanalytischen Erkenntnisse von Thomas Hobbes, Friedrich Nietzsche, John Langshaw Austin und Judith Butler zeigen. Bei Hobbes sind es die Missbräuche der Sprache, bei Nietzsche schafft die Sprache Normen und Bewusstsein, bei Austin können Sprechakte potenzielle Handlungen sein und bei Butler kann Sprache Gewaltakte auslösen und Hass verbreiten.
5. **Sprache und Emotion**
   Nach den kognitionswissenschaftlichen Erkenntnissen Schwarz-Friesels sind Emotionen Teil unserer Sprache, unseres Denkens und unseres Handelns.

Für diese Zusammenhänge wird in der Schlussbetrachtung dieses Buchs ein kybernetisches Theoriemodell mit einer Grafik entworfen, um Wechselseitigkeit, Interdependenzen und Rückkopplungen aufzuzeigen.

2. Politikwissenschaftliche Erkenntnisse

Die politische Philosophie bzw. die Politikwissenschaft hat sehr unterschiedliche Theorien zur Frage der Macht in der Gesellschaft entwickelt. Deren Erkenntnisse beruhen einerseits auf Annahmen über das menschliche Verhalten. Anderseits analysieren sie die Mechanismen, wie Macht in der Gesellschaft funktioniert.

Als zweiter wissenschaftlicher Beitragsblock für unsere Analyse von Sprache und Macht im digitalen Zeitalter ist der Begriff Macht zu untersuchen. In der politischen Philosophie bzw. der politischen Wissenschaft geht es um die politische Macht zur Ausübung von Herrschaft. Macht ist ein Grundbegriff der politischen Theorie. Die Wörter ‚Macht' und ‚Vermögen' (im Sinne von Herrschaft, Gewalt, Kraft, Stärke) leiten sich etymologisch vom Verb ‚mögen' ab (vgl. Pfeifer 1993, 88). Bis ins 17. Jahrhundert hinein herrschte die ursprüngliche Bedeutung des Worts ‚Vermögen' als ‚imstande sein zu etwas' vor. Dies trifft auf Politiker*innen zu, die etwas zustande bringen wollen, oder?

Dieses Kapitel behandelt die klassische Definition von Macht von Max Weber, das Machtverständnis von Niccolò Machiavelli, Macht als menschliche Natur nach Thomas Hobbes, Machtbalance nach Norbert Elias, Macht als Gruppenzusammenarbeit bei Hannah Arendt, Macht als Ortslosigkeit und Unsichtbarkeit bei Michel Foucault, Macht als Kommunikationsmedium nach Niklas Luhmann, diskursive kommunikative Macht nach Jürgen Habermas und strukturelle Macht nach Johan Galtung.

Max Weber: Macht als Chance, den eigenen Willen durchzusetzen

Für das Wort Macht gibt es in der wissenschaftlichen Literatur inzwischen viele Begriffsbestimmungen, aber die bekannteste ist noch immer die des Begründers der deutschen Soziologie, **Max Weber** (1864–1920), der definiert: „*Macht* bedeutet jede Chance, innerhalb einer sozialen Beziehung den eigenen Willen auch gegen Widerstände durchzusetzen, gleichviel worauf diese Chance beruht" (1972, 28; Herv. d. Verf.).

Max Weber

Die Machtverhältnisse in der Gesellschaft spiegeln sich auch in der Rechtsordnung wider, z. B. in Buch 3 des Bürgerlichen Gesetzbuchs (BGB), dem Sachenrecht, also der Regelung des Eigentums. „Jede (nicht nur die ‚staatliche') Rechtsordnung wirkt durch ihre Gestaltung direkt auf die Machtverteilung innerhalb der betreffenden Gemeinschaft ein, die der ökonomischen Macht sowohl wie auch jeder anderen" (ebd., 531).

Eng mit Macht verknüpft ist auch der Begriff der Herrschaft, den Weber wie folgt definiert: „Herrschaft soll heißen, für einen Befehl bestimmten Inhalts bei angehbaren Personen Gehorsam zu finden" (ebd., 28). Macht kann auf Beeinflussung, Überredung, Manipulation und im Extremfall auf nackter Gewalt beruhen (von Beyme 1984, 152).

Niccolò Machiavelli: Macht zur Kontrolle menschlichen Verhaltens

Der italienische Philosoph, Politiker und Schriftsteller **Niccolò Machiavelli** (1469–1527) gilt als der radikalste Vertreter einer politischen Machttheorie. In seinem Werk „Il Principe" – deutsch „Der Fürst" – von 1532, das zur Zeit des Kampfs um die Vorherrschaft in Oberitalien entstand und posthum erschien, entwickelte er bei seiner Beobachtung des menschlichen Verhaltens eine Negativliste des menschlichen Charakters:

> Man kann von den Menschen im allgemeinen sagen, dass sie undankbar, wankelmütig, unaufrichtig, heuchlerisch, furchtsam und habgierig sind; solange du ihnen Gutes erweist, sind sie dir völlig ergeben. [...] Er muss davon ausgehen, dass alle Menschen schlecht sind, und dass sie stets ihren bösen Neigungen folgen, sobald sie dazu Gelegenheit haben. (Machiavelli; zit. nach Herb 2008, 70)

Die Leitidee seines pessimistischen Menschenbilds ist *ambizione*: „Ehrgeiz, Ruhmsucht, Verlangen nach Besitz, Gewinn und Macht sind die Motive menschlicher Begehrlichkeit" (Herb 2008, 69). „Ein Mensch, der immer nur das Gute möchte, wird zwangsläufig zugrunde gehen inmitten von so vielen Menschen, die nicht gut sind" (Machiavelli 1963, 63). Bei Machiavelli verlieren Religion und Ethik des Altertums und Mittelalters ihre bisherige Denkvorherrschaft zum Thema politische Macht. Wegen dieser menschlichen Verhaltensweisen meint Machiavelli, dass man einen Fürsten braucht, der das Volk mit starker Hand lenkt. Das ist ein Gedanke, den später Thomas Hobbes aufgreift, denn dieser fordert ebenfalls den starken Staat als Schiedsrichter, um Bürgerkriege zu verhindern.

Niccolò Machiavelli

Thomas Hobbes: Macht als menschliche Natur

Der englische Philosoph **Thomas Hobbes** (1588–1679) entwickelte seine staatsphilosophische Theorie in den Wirren des englischen Bürgerkriegs. In seinem Hauptwerk „Leviathan oder Stoff, Form und Gewalt eines kirchlichen und staatlichen Gemeinwesens" (1651) formuliert Hobbes, dass das Machtstreben als ein menschlicher Grundtrieb verstanden werden muss:

> So setze ich als allgemeine Neigung der ganzen Menschheit an die erste Stelle ein ständiges und ratloses Verlangen nach Macht und wieder Macht, das erst mit dem Tod aufhört. Und die Ursache hiervon liegt nicht immer darin, daß ein Mensch sich intensivere Freude erhofft, als er bereits erreicht hat, oder dass er mit bescheidener Macht nicht zufrieden sein kann, sondern daß er sich Macht und Mittel zu einem guten Leben, die er gegenwärtig hat, nicht sichern kann, ohne mehr zu erwerben. (1996, 81)

Für Hobbes wird die conditio humana nicht durch Harmonie, sondern durch den Konflikt unter den Bürger*innen bestimmt. Macht ist eine Eigenschaft der menschlichen Natur: „Homo homini lupus" (Der Mensch ist dem Menschen ein Wolf). Verbunden mit der Konkurrenz um Reichtum, der Unsicherheit und der Ruhmsucht führt das zu Feindseligkeit und Krieg unter den Menschen. Wenn es keine öffentliche Macht gibt, führt es dazu, dass die Menschen sich, „[...] in jenem Zustand befinden, den man Krieg nennt, und zwar im Krieg eines jeden gegen jeden" (ebd., 104). Berühmt ist der lateinische Satz „Bellum omnium contra omnes" (Krieg aller gegen alle). Einen Zustand des Friedens will Hobbes durch seine Vertragstheorie erreichen. „Er monopolisiert Macht in den Händen des Souveräns. [...] Hobbes' Vertragstheorie beschreibt den rechtskonformen Weg zur Macht. Alle kommen vertraglich überein, zugunsten des Souveräns auf ihr prekäres Recht auf alles zu verzichten" (Herb 2008, 71).

Aus diesem Denkansatz entstand unser heutiges Gewaltmonopol des Staats, mit der gesetzgebenden Legislative, durchgesetzt durch die Exekutive, also Regierung, Verwaltung, Polizei etc. und die Judikative, rechtsprechende Organe wie Gerichte. Ein anderer Gedanke ist die Abwägung zwischen den Interessen der Allgemeinheit und den Persönlichkeitsrechten des Einzelnen. „Unter bestimmten Voraussetzungen ist die Einschränkung der Freiheit des Bürgers eines Staats zulässig, sofern sie der Allgemeinheit und damit dem Schutz des Einzelnen dient. Die Wahrnehmung dieser Schutzfunktion bildet eine Legitimationsgrundlage des Staates" (von Schlieffen/Nolting 2018, 188).

Dies hat das Bundesverfassungsgericht in verschiedenen Urteilen bestätigt, z.B. bei der Schutzhelmpflicht für Kraftradfahrer und der Diskussion über die zeitweiligen Einschränkungen in der Corona-Pandemie.

Norbert Elias: Machtbalance und Selbstzwang

Elias setzte sich mit dem Begriff Macht und dem gesellschaftlichen Zwang zum Selbstzwang auseinander.

Machtbalance

Elias entwickelte in seiner Figurationssoziologie den Begriff der Machtbalance. Macht ist für ihn die monopolartige Kontrolle über Ressourcen. Allerdings nimmt er an, dass es kein einseitiges absolutes Machtmonopol gibt, sondern stets ein wechselseitiges Abhängigkeitsverhältnis in den Machtbeziehungen, also Machtbalancen zum Beispiel zwischen Staaten, zwischen Eltern und Kindern oder zwischen Gruppen in der Gesellschaft. Im Rahmen seines prozesssoziologischen Denkens ist die Machtbalance der Kern zwischenmenschlicher Beziehungen als gegenseitige Abhängigkeiten der Individuen in Spannungen und Konflikten. Die deutsche Soziologin **Annette Treibel** (* 1957) formuliert es so:

> In den kontinuierlichen Macht- und Konkurrenzkämpfen unter den Menschen sind die Chancen nicht immer gleich verteilt: wer heute relativ machtlos ist, kann morgen schon relativ mächtig sein bzw. einen Machtzuwachs erfahren haben und dadurch die Machtbalance zu seinen oder ihren Gunsten verändern. (2006, 202)

Um diese Macht zu erreichen, benötigt man nicht nur Gruppenbildung und die Verfügungsgewalt über Ressourcen, sondern auch die „richtige“ Sprache, um andere zu überzeugen und für das Machtstreben zu gewinnen, wie es zum Beispiel Rechtpopulist*innen mit ihrer Sprachstrategie versuchen (vgl. Kapitel 7).

Gesellschaftlicher Zwang zum Selbstzwang

In Elias' umfangreichem Hauptwerk „Über den Prozess der Zivilisation“ analysiert er die langfristigen Transformationen der Gesellschafts- und Persönlichkeitsstrukturen seit dem Mittelalter bis ins 20. Jahrhundert, diese Transformationen beschreibt er als Prozess der Zivilisation. Grundlage seiner Analyse ist erstens die Herausbildung eines doppelten Monopolmechanismus, das militärische bzw. später das polizeiliche Zentralmonopol und das Steuermonopol (1976, 142 ff.), und zweitens, aufgrund der zunehmenden Arbeitsteilung und des weltweit expandierenden Handels, der Grad der Verflechtung der Individuen untereinander. Elias nennt das Interdependenzketten:

> Durch die Interdependenz größerer Menschengruppen voneinander und durch die Aussonderung der physischen Gewalt innerhalb ihrer stellt sich eine Gesellschaftsapparatur her, in der sich dauernd die Zwänge der Menschen aufeinander in Selbstzwänge umsetzen; diese Selbstzwänge, Funktionen der beständigen Rück- und Voraussicht, die in dem Einzelnen entsprechend seiner Verflechtung in weitreichenden Handlungsketten von klein auf herangebildet werden, haben teils die Gestalt einer bewußten Selbstbeherrschung, teils die Form automatisch funktionierender Gewohnheiten. (ebd., 331)

In diesem Punkt unterscheiden sich z. B. Elias und Michel Foucault. Dieser formuliert den Sachverhalt des Selbstzwangs radikal anders mit seiner Idee der sich ab dem 17. Jahrhundert entwickelten Disziplinarmacht (s. u.).

Hannah Arendt: Macht als Gruppenzusammenschluss

Die deutsch-amerikanische Philosophin **Hannah Arendt** (1906–1975) argumentiert ähnlich wie Elias, wenn sie den Zusammenschluss von Menschen zu einer Gruppe als Grundvoraussetzung für Macht definiert, d. h., niemand als Einzelner allein kann mächtig sein.

> Macht entspricht der menschlichen Fähigkeit, nicht nur zu handeln oder etwas zu tun, sondern sich mit anderen zusammenzuschließen und im Einvernehmen mit ihnen zu handeln. Über Macht verfügt niemals ein Einzelner: sie ist im Besitz einer Gruppe und bleibt nur solange existent, als die Gruppe zusammenhält. Wenn wir von jemand sagen, er „habe die Macht", heißt das in Wirklichkeit, daß er von einer bestimmten Anzahl von Menschen ermächtigt ist, in ihrem Namen zu handeln. (2019, 45)

Markante historische Beispiele sind die diktatorische Herrschaft bzw. die totalitäre Macht von Hitler und Stalin. Ohne die SS respektive den KGB als bedingungslos Unterstützende hätten die nationalsozialistischen Konzentrationslager bzw. die sowjetischen Gulags nicht so systematisch und skrupellos organisiert werden können.

Hannah Arendt

Michel Foucault: Macht als Ortlosigkeit und Unsichtbarkeit

Der französische Philosoph **Michel Foucault** (1926–1984) untersuchte einen neuen Typus der Macht im Übergang vom 18. zum 19. Jahrhundert. Seine Philosophie bewegt sich zwischen den drei Achsen des Wissens, der Macht und der Subjektivität. Das moderne Individuum ist der Disziplinarmacht unterworfen. Diese Macht ist keine Souveränitätsmacht des Staats als Inhaber des Gewaltmonopols, sondern sie ist dezentral „vielmehr als eine Verbindung vielfältiger Kraftverhältnisse anzusehen" (Sonntag 2001, 2).

> Foucault bezeichnet diesen neuen Typus als eine „Mikrophysik der Macht", eine Macht, die sich in einem Netz von Praktiken, die disziplinierend und normierend auf den Menschen wirken, ausbreitet und bis in die kleinsten Verästelungen des Gesellschaftskörpers wirkt. Dieses Netz der Praktiken sind die Disziplinen, die sich in allen Gesellschaftsbereichen, mit Hilfe neu und vermehrt eingerichteter Institutionen wie etwa Schulen, Hospitälern oder Gefängnissen ausbreiten können, und deren normierende Wirkung auch außerhalb der Institutionen auf die Menschen Einfluss ausübt. (ebd.)

In seinem Buch „Überwachen und Strafen" taucht der Begriff Disziplinarmacht nur ein einziges Mal auf, wenn er von der Disziplin und Zucht als Kunst der „der guten Abrichtung" spricht und zusammenfasst:

> Die Zuchtgewalt ist in der Tat eine Macht, die anstatt zu erziehen und zu entnehmen, vor allem aufrichtet, herrichtet, zurichtet – um dann allerdings um so mehr entziehen und entnehmen zu können. [...] Zweifellos liegt der Erfolg der Disziplinarmacht am Einsatz einfacher Instrumente: des hierarchischen Blicks, der normierenden Sanktion und ihrer Kombination der Prüfung. (Foucault 2016, 220)

Die hierarchische Überwachung ist das örtlich-räumliche Zusammenbringen der Menschen, z. B. Soldaten in einer Kaserne, Obdachlose früher in einem Arbeitshaus, Schüler*innen in einer Schule, um sie alle kontrollierend im Blick zu haben und zu überwachen. Die Normierung soll die Abweichung von der Regel bestrafen, und als das wichtigste Instrument ist die Prüfung die Kombination der beiden ersten Instrumente. „Die Prüfung kombiniert die Techniken der überwachenden Hierarchie mit denjenigen der normierenden Sanktion. Sie ist ein normierender Blick, eine qualifizierende, klassifizierende und bestrafende Überwachung" (ebd., 238).

Das ganze Bildungssystem ist letztlich auf Prüfungen aufgebaut: vom Grundschulübergang zu den Oberschulen bis zum Abitur und dessen Abschluss mit sehr guten Noten als Zugangsvoraussetzung zu einigen Numerus-Clausus-Fächern in der Universität.

Niklas Luhmann: Macht als Kommunikationsmedium

Der deutsche Soziologe **Niklas Luhmann** (1927–1998) definiert „Macht als Kommunikationsmedium" (2012, 11 ff.), indem er die Macht in den Rahmen seiner systemtheoretischen Gesellschaftstheorie einbettet. Er verbindet eine allgemeine Theorie der Kommunikation mit dem Konzept der Gesellschaftsdifferenzierung und der soziokulturellen Evolution.

> Statt dessen gehen wir von der Grundannahme aus, daß soziale Systeme sich überhaupt erst durch Kommunikation bilden, also immer schon voraussetzen, daß mehrfache Selektionsprozesse einander antizipativ und reaktiv bestimmen. Erst aus den Notwendigkeiten selektiver Akkordierung entstehen soziale Systeme, so wie andererseits solche Notwendigkeiten erst im sozialen System erfahren werden. (ebd., 12)

Einfach formuliert: Gesellschaft ist Kommunikation und Kommunikation ist Gesellschaft, denn jede soziale Handlung setzt kommunikatives Handeln voraus. Hier kann man das erste Axiom des Kommunikationsmodells von **Paul Watzlawick** (1921–2007) als Titel eines seiner Bücher ergänzen: „Man kann nicht nicht kommunizieren" (2016).

Auf der Grundlage seiner Prämisse der gesellschaftlichen Bedeutung der Kommunikation entwickelt Luhmann seine Machttheorie in einer komplexen Gesellschaft. Die erste und wichtigste Voraussetzung mediengesteuerter Kommunikationsprozessen ist, dass die beiden Partner*innen – er nennt sie *Alter* und *Ego* – jeweils eigene Selektionsleistungen, also Wahlmöglichkeiten, haben und sie darüber wechselseitig informiert sind. Es ist eine Situation mit doppelkontingenter Selektivität (Auswahl). Die Strategie ist es, bei der*m Anderen Unsicherheit zu erzeugen, weil man über mehr Alternativen als die*der Andere verfügt, und damit die Alternativen der*s Anderen zu beeinflussen.

> Sie ist größere Macht, wenn sie sich auch gegenüber attraktiven Alternativen des Handelns oder Unterlassens durchzusetzen vermag. [...] Die Macht des Machthabers ist größer, wenn er mehr und verschiedenartigere Entscheidungen zu machtmäßiger Durchsetzung auswählen kann; und sie ist außerdem größer, wenn er dies gegenüber einem Partner tun kann, der seinerseits mehr und verschiedenartigere Alternativen besitzt. (Luhmann 2012, 16 f.)

Macht bedeutet nicht den Willen der*s Anderen zu brechen, sondern ihren*seinen Willen durch Kommunikation zu neutralisieren, d. h. sie*er kann ihren*seinen eigenen Willen selbst nicht durchsetzen.

Jürgen Habermas: Diskurs und kommunikative Macht

Jürgen Habermas

Der deutsche Soziologe und Sozialphilosoph **Jürgen Habermas** (* 1929) unterscheidet zwei Formen der Kommunikation oder der ‚Rede': Kommunikatives Handeln und Diskurs. „Kommunikatives Handeln vollzieht sich in eingelebten und normativ abgesicherten Sprachspielen" (1971, 115). Dagegen erfordert der Diskurs einen Prozess, sich über einen Dissens eines Problems zu verständigen.

> In Diskursen suchen wir ein problematisiertes Einverständnis, das im kommunikativen Handeln bestanden hat, durch Begründung wiederherzustellen: in diesem Sinne spreche ich fortan von (diskursiver) Verständigung. [...] Der Diskurs dient der Begründung problematisierter Geltungsansprüche von Meinungen und Normen. (ebd., 115 und 117)

Solche Diskurse finden im Allgemeinen in den wissenschaftlichen Diskussionen, eher selten in den gesellschaftspolitischen Debatten statt. Habermas thematisiert in seiner Diskursanalyse die kommunikative Macht – ebenso wie das Recht –, die auf der Meinung beruht, auf die sich viele öffentlich geeinigt haben.

> Kommunikative Macht entsteht zwischen den Akteuren, welche gemeinsam die richtigen Normen für ein soziales Zusammenleben suchen; sie entfaltet sich durch normative Überzeugungen, die wir teilen, eben weil wir von deren Berechtigung freiwillig überzeugt sind. Habermas spricht vom „eigentümlich zwanglosen Zwang, mit dem sich Einsichten durchsetzen" [1981, 231; Anm. d. Verf.]. (Høibraaten 1999, 2 f.)

Habermas differenziert den Begriff der politischen Macht erstens in kommunikative Macht, um zur politischen Willensbildung zu kommen, z. B. durch Wahlen, und zweitens in administrative Macht, um politische Ziele in der Praxis umzusetzen.

> Die Konstituierung eines Machtkodes bedeutet, daß ein administratives System über Befugnisse zu kollektiv bindenden Entscheidungen gesteuert wird. Deshalb schlage ich vor, das Recht als Medium zu betrachten, über das sich kommunikative Macht

> in administrative umsetzt. Denn die Verwandlung von kommunikativer Macht in administrative hat den Sinn einer *Ermächtigung* im Rahmen gesetzlicher Lizenzen. (Habermas 1992, 187)

Der Rechtsstaat bedeutet, dass das administrative Machtsystem der Regierung an „die rechtsetzende kommunikative Macht" (ebd.) gebunden ist.

Johann Galtung: Strukturelle Gewalt

Der norwegische Mathematiker, Soziologe und Gründungsvater der Friedens- und Konfliktforschung **John Galtung** (* 1939) hat den Begriff der strukturellen Gewalt geprägt. Er benutzt nicht den Terminus ‚Macht', aber seine Definition von Gewalt ähnelt sehr der von Macht. „Gewalt liegt dann vor, wenn Menschen so beeinflußt werden, daß ihre aktuelle somatische und geistige Verwirklichung geringer ist als ihre potentielle Verwirklichung" (1975, 9).

Um den Begriff Gewalt nicht zu strapazieren, nennt Galtung die Bedingung der strukturellen Gewalt auch „soziale Ungerechtigkeit" (ebd., 13). Darunter versteht er Rassismus, Sexismus, Ethnozentrismus und alle Formen der Diskriminierung sowie die ungleiche Verteilung der Ressourcen bzw. die Entscheidung über diese, wie z. B. Einkommen, Vermögen, Bildungschancen, Lebenserwartung und Wohlstandsgefälle.

Fazit: Figurationsanalyse von Macht und Sprache

Der Zusammenhang von Macht und Sprache lässt sich schon in der Wortwahl bei der Formulierung der Machttheorien erkennen wie u. a. „den Willen durchsetzen" (Weber), „die Menschen sind habgierig" (Macchiavelli), „die Neigung der Menschheit als rastloses Verlangen nach Macht" (Hobbes), „Machtbalance" (Elias), „Disziplinarmacht" (Michel Foucault), „strukturelle Gewalt" (Galtung). Alle Definitionen von Macht werden natürlich sprachlich formuliert, d.h. alle Begriffe sind sprachlich-inhaltlich selbst „mächtig".

3. Neuro- und sozialwissenschaftliche Erkenntnisse

Im dritten Wissenschaftsblock bieten die Neuro- und Sozialwissenschaften ein breites Angebot an analytischen Methoden und theoretischen Erkenntnissen zur Sprache und ihrer Verwendung in der Gesellschaft. Das Kapitel umfasst folgende Themenfelder: kognitive Neurowissenschaft, Soziologie der Emotionen, Rationalität, Sprache und soziale Distinktion von Pierre Bourdieu, die gesellschaftliche Konstruktion der Wirklichkeit und den Homo socialis als conditio humana.

Kognitive neurowissenschaftliche Erkenntnisse

Die kognitive Neurowissenschaft ist der Zusammenschluss der Neurobiologie mit der Kognitionsforschung, „gewissermaßen die Erforschung von Gehirn und Geist“ (Thompson 2002, 417). Als Beginn der Kognitionswissenschaft gilt das Jahr 1960, als zwei renommierte Psychologen an der Harvard University ein Institut für Kognitionswissenschaft gründeten. Die wichtigsten Wurzeln liegen in der Psychologie, der Linguistik, der Computerforschung und der Philosophie (ebd., 418). Die Hirnforschung weist nach, dass die Sprache ein organisches Substrat insbesondere in der linken Großhirnrinde hat, d.h. dort liegen verschiedene wechselseitig verbundene Sprachregionen, die für unterschiedliche Funktionen wie u.a. Artikulation, Begriffsbildung und Entstehung der Sprache zuständig sind (vgl. Thompson 2001, 451 ff.). Das Gedächtnis bezeichnet die Fähigkeit, Wissen zu speichern und wieder abzurufen. Die Gedächtnisinhalte haben einen mehrstufigen Prozessverlauf:

> Die Eingangssignale in das Gehirn landen zunächst in einem *Kurzzeitspeicher*. Dieser hat eine sehr begrenzte Kapazität (weniger als ein Dutzend Elemente) und hält, falls weder eine Wiederholung stattfindet noch das Gehirn die Information als sehr bedeutend einstuft, nicht länger als eine Minute. Wird die Information im Gedächtnis behalten, so geschieht dies mittels eines Umwandlungsprozesses in ein stabileres Langzeitgedächtnis. (Kandel et al. 2011, 682; Herv. i. O.)

Im Lateinischen gibt es das Sprichwort „Repetitio est mater studiorum“, die Wiederholung ist die Mutter der Studien. Jede*r kennt das mühselige und anstrengende Lernen einer Fremdsprache oder eines Musikinstruments.

> Wir lernen, bestimmte Reize mit einer bestimmten, exakten Bewegungsabfolge zu verbinden, eine Tätigkeit, die beträchtliche Anstrengung und Konzentration abverlangt. Diese reizbezogenen Bewegungen müssen wir viele Male üben. Beherrschen wir die motorische Fertigkeit sicher, brauchen wir uns nicht mehr auf sie zu konzentrieren, sie hat Einzug ins Langzeitgedächtnis gehalten. (Thompson 2001, 371)

Daher ist es besser, lieber eine Stunde an sieben Tagen als sieben Stunden an einem Tag zu üben. Sprache ist zwar ein Mittel der sozialen Kommunikation, um Absichten und Handlungen zu äußern, aber sie beinhaltet noch mehr: „Dennoch ist Sprache kein rein neutrales Medium zum Austausch von Fakten und Beobachtungen über die Welt. Sprache organisiert unsere sinnliche Erfahrung und drückt unsere Selbstidentität aus: unsere Gedanken, Gefühle und Erwartungen" (Kandel et al. 2011, 649).

Die Teildisziplin Kognitive Psychologie beschäftigt sich damit, wie und was wir denken, d. h., sie will aufschlüsseln, wie die Wahrnehmung und die Interpretation unserer Umwelt als interne Prozesse im Gehirn ablaufen. ‚Kognitiv' kommt von lateinisch *cognoscere* ‚kennen lernen, erkennen'. Es geht um die drei Bereiche Wissen, Sprache und Denken.

Denken in zwei Systemen

Der israelisch-amerikanische Psychologe **Daniel Kahneman** (* 1934) entwickelte einen Ansatz, in dem er zwei kognitive Systemen unterscheidet, die er System 1 und System 2 nennt.

> - System 1 arbeitet automatisch und schnell, weitgehend mühelos und ohne willentliche Steuerung.
> - System 2 lenkt die Aufmerksamkeit auf die anstrengenden mentalen Aktivitäten, die auf diese angewiesen sind, darunter auch komplexe Berechnungen. Die Operationen von System 2 gehen oftmals mit dem subjektiven Erleben von Handlungsmacht, Entscheidungsfreiheit und Konzentration einher. (Kahneman 2011, 33)

Beide Systeme sind immer aktiv und arbeiten parallel, aber es gibt eine Arbeitsteilung zwischen ihnen. System 1 läuft automatisch und generiert fortlaufend Vorschläge für System 2: Eindrücke, Intuitionen, Absichten und Gefühle. Wenn das System 2 diese Vorschläge unterstützt, dann werden sie zu Überzeugungen. Wenn aber System 1 in Schwierigkeiten gerät, dann wird System 2 mobilisiert, um eine Lösung zu finden.

> System 2 wird aktiviert, wenn ein Ereignis registriert wird, das gegen das Weltmodell von System 1 verstößt. [...] System 2 wird hochgefahren, sobald es einen

> drohenden Fehler bemerkt. […] Kurz und gut, der größte Teil dessen, was Sie (Ihr System 2) denken und tun, geht aus System 1 hervor, aber System 2 übernimmt, sobald es schwierig wird, und es hat normalerweise das letzte Wort. (ebd., 38)

Das vorgelagerte System 1 funktioniert als Filter, das ständig Vorschläge für das System 2 generiert, welche Botschaften, Daten und Informationen zugelassen werden und welchen Glauben geschenkt wird. „Das Gehirn neigt zu Entscheidungen, die zu unseren Emotionen passen" (Mikfeld/Turowski 2014, 21).

Soziologie der Emotionen

Das Wort Emotion kommt aus dem Französischen und beruht auf dem lateinischen Verb *emovere* ‚hinausbewegen, erschüttern, aufwühlen'. Werden wir nicht oft von unseren Gefühlen aufgewühlt? Das Thema Gefühle spielt in der aktuellen deutschen (rationalen) Soziologie so gut wie keine Rolle. Mitte der 1970er Jahre forschten mehrere US-Soziolog*innen zur „Soziologie der Emotionen".

„Gefühl ist alles …"

Monika Schwarz-Friesel beschäftigt sich mit den Zusammenhängen von „Sprache und Emotion". Sie geht in ihrer Einleitung von folgender Prämisse aus:

> Emotionen sind für das menschliche Leben und Erleben konstitutive Phänomene. Menschen sind liebende und leidende und reflektierende Wesen, weil sie empfinden und fühlen. Emotionen bestimmen einen Großteil unserer Bewusstseinszustände sowie Denk- und Handlungsprozesse und spiegeln sich in allen Bereichen menschlicher Existenzerfahrungen wider. Mittels der Sprache drücken wir unsere intern und subjektiv erfahrenen Gefühle aus: In sprachlichen Äußerungen erhalten Emotionen eine bestimmte Repräsentation und werden somit für andere mittelbar. (2013, 1)

Monika Schwarz-Friesel

In den kognitiven Wissenschaften erfolgt eine „emotionale Wende", um das bisherige Bild des rationalen Menschen mit seinem determinierten Verstand zu relativieren. Diese emotionale Komponente lässt sich in den Sprachverarbeitungsprozessen, also in der Sprachrezeption und der Sprachproduktion nachweisen, d.h., es gibt zwischen ihnen und den Emotionen systematische Beziehungen.

Emotionen und Sprachproduktion bzw. -rezeption

Die Informationsverarbeitung erfolgt nicht nur rein kognitiv, sondern es besteht eine systematische Beziehung zwischen den Emotionen und den Prozessen der Sprachproduktion, die nicht kontrollierbar ist.

> Bei der Konzeptualisierung trifft der Sprecher eine thematische Auswahl. Er legt fest, worüber er sprechen will. Eine mentale Repräsentation wird aktiviert bzw. konstruiert. In die Konzeptualisierung fließen referenzielle und kommunikative Aspekt mit ein. Berücksichtigt werden der aktuelle situative Hintergrund, sein Weltwissen, seine Motive und Interessen. Hier sind auch emotionale Einflüsse einzubeziehen: die permanent gespeicherten, emotionalen Einstellungen sowie die aktuelle Gefühlslage des Sprechers, die selektiv bestimmte Gedächtnisinhalte präferieren lassen. (ebd., 127 f.)

Auch bei der Sprachrezeption, also beim Textverstehen spielen emotionale Prozesse eine Rolle, sprachliche Äußerungen können Freude, Ärger, Wut, Angst, Empörung, Glück oder Mitleid auslösen. Schwarz-Friesel nennt folgende Beispiele, die in Rezipient*innen (starke) Gefühle auslösen können: „Frauen gehören an den Kochtopf", „Ausländer raus", „Schlagt alle Juden tot", „Es herrscht ab 7 Uhr Feuerpause", „Morgen verändert sich das Wetter. Es wird regnen" (ebd., 129).

Emotionalisierung als persuasive Strategie

Diese Erkenntnis des Wechselspiels von Sprache und Emotionen kann nun bewusst als persuasive Strategie in den Massenmedien und heute noch „erfolgreicher" in den sozialen Medien angewendet werden. „Emotionalisierung involviert nicht nur die Rekonstruktion der emotionalen Befindlichkeit der Textweltreferenten, sondern auch die Aktivierung bzw. Konstruktion der Gefühle des Lesers. Diese Gefühlskonstruktion wird von den textuellen Manifestationen gesteuert" (ebd., 224).

Diese Wirkung wird durch Empathie und Identifikation erreicht. Die wichtigsten Strategien sind institutionelle Autoritäten und Persönlichkeiten als Sympathieträger. Diese Mittel benutzt etwa die AfD mit bestimmten Begriffen oder auch Antipathien („Merkel-Diktatur") oder auch die Wirtschaft in der Werbung, z.B. via Influencer*innen (vgl. Kapitel 7 und 8).

Gefühlsmanagement

Der amerikanische Soziologe **Jack Katz** (* 1944) hat insbesondere Emotionen im Alltag untersucht, und zwar anhand von Fallstudien alltäglicher Lebensmomente, u.a. im Kindergarten und im Verhalten von Autofahrer*innen, die er durch audiovisuelle Aufnahmen oder teilnehmende Beobachtungen auswerten konnte: das weinende Kind, das sich die Aufmerksamkeit der Erzieherin wünscht, oder die Wut des Autofahrers, wenn er im Verkehr von einem anderen Autofahrer geschnitten wurde (vgl. Katz 2015). Andere Autor*innen sprechen dann auch von Gefühlsmanagement als Strategie, um den Alltag zu bewältigen. „Ohne Emotionen wüssten wir gar nicht, dass und wie wir leben. Emotionen, wie Wut, Scham, Traurigkeit und Glück, begleiten unseren Alltag und geben ihm eine Gestalt" (Flam 2002, 165). Dieses Gefühlsmanagement wird auch machtpolitisch als emotionale Strategie eingesetzt:

> Die Mächtigen sind in der Lage, die Verhaltensregeln zwischen den Inhabern der verschiedenen sozialen Positionen zu ihrem Vorteil zu bestimmen. Dem steht gegenüber, dass jeder Mensch ein Bedürfnis nach sozialer Anerkennung und Autonomie hat. Wenn jemand diese Anerkennung und Autonomie wegen zu geringer Macht- und Statusposition in Begegnung mit anderen nicht bekommt, können sich negative Gefühle wie Enttäuschung, Scham, Traurigkeit, Apathie und vieles andere einstellen. Diese Gefühle werden durch die sozialen Macht- und Statusstrukturen produziert. (ebd., 150)

Josef Klein hat für die politische Rhetorik eine Typologie der Emotionen entwickelt. In Bezug auf Situationen finden sich darin folgende Begriffe:

„positive" Emotionen			„negative" Emotionen		
stark	**moderat**	**schwach**	**stark**	**moderat**	**schwach**
Euphorie	Hoffnung Zuversicht	Unbeschwertheit Erleichterung	Wut Angst Furcht	Sorge	Unbehagen
Begeisterung	Freude	Zufriedenheit	Verzweiflung	Traurigkeit	Deprimiertheit

Tab. 2: Typologie der Emotionen nach Klein (vgl. 2019, 48)

Fazit: Die emotionssoziologischen Erkenntnisse sind ein wichtiger Baustein, um die wechselseitige Figuration Sprache – Denken – Macht zu ergänzen.

Rationalität

Einen wichtigen Beitrag zur Erklärung des sozialen Verhaltens will das Rationalitätsdenken leisten, an dem sich die Menschen orientieren sollen. Die gesellschaftliche Wirklichkeit hingegen sieht anders aus. Zwei Punkten sind hier besonders kritisch zu sehen: erstens das strikte Festhalten am Rationalitätsglauben und zweitens die begrenzte Rationalität.

Rationalitätsideologie

Seit der englischen und französischen Aufklärung im 17. und 18. Jahrhundert hat sich in Abwendung von der Theologie das rationale Denken der Wissenschaften verbreitet, d. h., alle Entscheidungen in der Welt und in der Gesellschaft lassen sich mit Verstand und Vernunft erklären. Der deutsche Philosoph **Immanuel Kant** (1724–1804) formulierte das treffend:

> Aufklärung ist der Ausgang des Menschen aus seiner selbstverschuldeten Unmündigkeit. Unmündigkeit ist das Unvermögen, sich seines Verstandes ohne Leitung eines andern zu bedienen. Selbstverschuldet ist diese Unmündigkeit, wenn die Ursache derselben nicht am Mangel des Verstandes, sondern der Entschließung und des Muthes liegt, sich seiner ohne Leitung eines andern zu bedienen. Sapere aude! Habe Muth, dich deines eigenen Verstandes zu bedienen! ist also der Wahlspruch der Aufklärung. (1784, 481)

Dieses Rationalitätsdenken prägt zwar die Wissenschaften, aber es ist nichtsdestotrotz eine Ideologie. Der Begriff hat eine doppelte Bedeutung, meistens wird er als eine in sich geschlossene politische Weltanschauung verstanden, wie Kommunismus, Sozialismus oder Kapitalismus. Hier wird Ideologie in ihrer ursprünglichen Bedeutung als falsches Bewusstsein verstanden.

In der „Menschenwissenschaft" (Elias), also in allen Sozialwissenschaften, ist es problematisch, die soziale Wirklichkeit so zu analysieren, denn der Mensch denkt und handelt nicht immer rational, seine Gefühle beeinflussen seine Entscheidungen. Da unser Denken auch von unseren Gefühlen beeinflusst wird, spiegelt sich das auch in der Sprache wider, d. h. zwischen Sprache und Gefühlen besteht ebenfalls ein enger Zusammenhang.

Selbst nach der Migration in ein fremdes Land und der Notwendigkeit, eine neue Sprache zu lernen, lebt man in einem linguistischen Exil. Gümüşay fasst ihre eigene Mehrsprachigkeit wie folgt zusammen:

> Türkisch ist für mich die Sprache der Liebe und Melancholie.
> Arabisch eine mystische, spirituelle Melodie.
> Deutsch die Sprache des Intellekts und der Sehnsucht.
> Englisch die Sprache der Freiheit. (2020, 30)

Von Kaiser Karl V. wird folgendes Zitat überliefert: „Wenn ich mich im Gebet an Gott wende, dann auf Spanisch, mit meiner Geliebten spreche ich italienisch, mit meinen Freunden französisch; mit meinen Pferden spreche ich deutsch" (Die Zeit 1963). Der preußische König Friedrich II. (der Große) (1740-1786) sprach nur Französisch, aber mit seinen Hunden, mit denen er begraben wurde, sprach er angeblich nur Deutsch. Übrigens, die römischen Patrizier lernten fleißig Griechisch, denn die griechische Kultur war ihr Vorbild. Sie sprachen immer dann Griechisch untereinander, wenn sie wollten, dass ihre Sklav*innen sie nicht verstehen sollten.

Begrenzte Rationalität

In den Modellen der Betriebswirtschaftslehre zu Managementtheorien und unter den dominanten Männern im Topmanagement der Industrie werden Maskulinität und Rationalität gleichgesetzt.

> Egal ob man Taylorismus, Human Relations oder neuere Management-Ansätze näher betrachtet, propagiert wird stets die Meinung, dass die Manager hoch rational, immer selbstkontrolliert und kompetent sind. Frauen und Arbeitern werden Kompetenz und Rationalität abgesprochen. Sie werden als höchst emotional dargestellt, wobei es die Rolle des Managers ist, diese beiden sozialen Gruppen und ihre Emotionen unter Kontrolle zu halten. (Flam 2002, 181)

Der Selbstbehauptung von Managern als Entscheidungsträgern in Unternehmen, dass ihre betriebswirtschaftlichen Entscheidungen rational seien, widerspricht der amerikanische Wirtschaftswissenschaftler und Nobelpreisträger von 1978 **Herbert A. Simon** (1916–2001) und erklärt, dass Rationalität nur begrenzt sei *(bounded rationality)*:

> (1) Rationality requires a complete knowledge and anticipation of the consequences that will follow on each choice. In fact, knowledge of consequences is always fragmentary.
>
> (2) Since these consequences lie in the future, imagination must supply the lack of experienced feeling in attaching value to them. But values can be only imperfectly anticipated.
>
> (3) Rationality requires a choice among all possible alternative behavior. In actual behavior, only a very few of all these possible alternatives ever come to mind. (Simon 1966, 81)

Die Unvollständigkeit des Wissens, die Schwierigkeit der Bewertung und die begrenzte Auswahl an Entscheidungsalternativen erfordern deshalb eine individuelle Entscheidung, die sich am Konzept der Anspruchserfüllung orientiert.

Auf der Suche nach Entscheidungsalternativen, die mit nicht vorhersehbaren Kosten verbunden sind, entsteht ein Anspruchsniveau, mit dem sich die*der Entscheider*in zufriedengibt: Es wird nicht die optimale Lösung angestrebt, sondern lediglich eine befriedigende Entscheidung gewählt.

Der zweite Problembereich in der Entscheidungstheorie ist der Umgang mit Komplexität und Unsicherheit. Die kognitiven Fähigkeiten des Menschen begrenzen das organisatorische Handeln, d.h., es geht um die begrenzte Verarbeitung der Umweltkomplexität, und das verursacht auch Unsicherheit im Entscheidungsprozess.

Pierre Bourdieu: Sprache und soziale Distinktion

Pierre Bourdieu

Der französische Soziologe **Pierre Bourdieu** (1930–2002) untersucht in seinem Hauptwerk „Die feinen Unterschiede. Kritik der gesellschaftlichen Urteilskraft" (1998) die sozialen Klassenunterschiede der französischen Gesellschaft. Er knüpft an die Klassiker Marx, Durckheim und Weber an und will den klassischen Mikro-Makro-Dualismus überwinden: einerseits der mikrostrukturelle Subjektivismus, der von den Individuen ausgeht, und andererseits der makrostrukturelle Objektivismus, der durch empirisch messbare Indikatoren wie u.a. Scheidungsrate, Einkommensverteilung etc. definiert wird. Zu diesem Zweck erfindet er den Begriff *Habitus*, der die soziale Klassenherkunft mit dem sozialen Raum der Lebensstile der Individuen als „Einheit" verbindet. Anstelle des Klassenbegriffs verwendet er den Begriff *sozialer Raum*, der auch die Selbstwahrnehmung der Individuen in die Analyse miteinschließt. In einem Interview hat er sein Habitus-Konzept erläutert:

> Mein Versuch geht dahin, zu zeigen, daß zwischen der Position, die der einzelne innerhalb eines gesellschaftlichen Raumes einnimmt, und seinem Lebensstil ein Zusammenhang besteht. Aber dieser Zusammenhang ist kein mechanischer [...] Als Vermittlungsglied zwischen der Position oder Stellung innerhalb des sozialen Raumes und spezifischen Praktiken, Vorlieben usw. fungiert das, was ich Habitus nenne, d.h. eine allgemeine Grundhaltung, eine Disposition gegenüber der Welt, die zu systematischen Stellungnahmen führt [...] Es gibt mit anderen Worten tatsächlich [...] einen Zusammenhang zwischen höchst disparaten Dingen: wie einer spricht, tanzt, lacht, liest, was er liest, was er mag, welche Bekannte und Freunde er hat usw. All das ist eng miteinander verknüpft. (Bourdieu 1992, 31 f.)

Diese feinen Unterschiede zur Distinktion spiegeln sich auch in der Sprache wider. In Frankreich gibt es Elitehochschulen, in denen das kulturelle Kapital der Bildung erworben wird, um sozial aufzusteigen bzw. „oben zu bleiben" und sich gegen „die da unten" abzugrenzen. Damit

> geht einher die Durchsetzung von Legitimität und Zensur durch den herrschenden Gebrauch der Sprache, der von nahezu allen – einschließlich den Wortführern der Beherrschten – stillschweigend als legitimer Ausdruck politischer Gesinnung anerkannt wird. Durch Diskreditierung zerstört die herrschende Sprache den spontanen politischen Diskurs des Volkes. (Bourdieu 1997, 722)

Die distinktive Sprache bedeutet Macht- und Herrschaftsausübung. Mit wenigen Ausnahmen kommt die politische Elite Frankreichs von den Elitehochschulen und besetzt die höheren Positionen in Politik, Verwaltung und Justiz des Landes.

Gesellschaftliche Konstruktion der sozialen Wirklichkeit

„Die gesellschaftliche Konstruktion der Wirklichkeit" (Berger/Luckmann 2010) ist die wissenssoziologische Erkenntnis, dass sich der Mensch über seine Sozialisation die Wirklichkeit subjektiv aneignet, d. h. sich seine eigene Realität konstruiert.

> Die fundamentale Rechtfertigung des Interesses der Soziologie an der Problematik von „Wirklichkeit" und „Wissen" ist die Tatsache der gesellschaftlichen Relativität: was für einen tibetanischen Mönch „wirklich" ist, braucht für einen amerikanischen Geschäftsmann nicht „wirklich" [zu] sein. Das „Wissen" eines Kriminellen ist anders als das eines Kriminologen. (ebd., 3)

Es besteht stets eine Differenz zwischen einer objektiv vorgegebenen Wirklichkeit, auf die man sich in den Sozialwissenschaften intersubjektiv auf Zeit verständigt hat, und der subjektiven Wahrnehmung des Individuums. Für das alltägliche Erleben der Realität durch den Menschen heißt das:

> Er ist in die objektive Wirklichkeit seiner Gesellschaft eingefangen, obgleich diese Wirklichkeit ihm subjektiv in entfremdeter und verstümmelter Form zuteil wird. […] Das heißt: zwischen der gesellschaftlich bestimmten Wirklichkeit, in der er de facto wie in einer fremden Welt gefangen ist, und seiner eigenen subjektiven Wirklichkeit, die diese Welt nur sehr unzulänglich spiegelt, besteht eine beträchtliche Asymmetrie. (ebd., 177)

Diese individuell nicht zu verarbeitende gesellschaftliche Systemkomplexität wird laut systemtheoretischer Analyse durch die Bildung von Subsystemen reduziert, die sich durch Selbststeuerung regeln und erhalten (Autopoiesis). Die gesellschaftliche Konstruktion der Wirklichkeit beginnt in der familiären Sozialisation, denn die Kinder werden mit den Deutungen der sozialen Realität durch Eltern, Großeltern und Verwandte konfrontiert. Das ist eine generationale Kontinuität. Diese primäre Sozialisation ist die Grundlage für die darauffolgenden sekundären Phasen in der Schule und in den Peergroups mit gleichaltrigen Jugendlichen. Allerdings ist der Lernprozess der gesellschaftlichen Konstruktion der Realität nie abgeschlossen. „Über den weiteren Lebenslauf kann ein Gesellschaftsmitglied zu einem aktiven Konstrukteur der eigenen Wirklichkeit werden und dadurch auch die gesellschaftliche Wirklichkeit verändern“ (Bauer/ Hurrelmann 2020, 42).

Ein Argument dafür findet sich in der Literatur: Als Reaktion auf ihren Roman „Corpus Delicti“ (2009) erhielt die deutsche Schriftstellerin **Juli Zeh** (* 1974) immer wieder E-Mails von Leser*innen mit Fragen zum Text: zur Entstehungsgeschichte, zur Handlung, zu den Figuren und zur Interpretation. Diese Fragen haben Zeh zehn Jahre später dazu veranlasst, in Form eines fiktiven Interviews zu antworten (2020). Dabei kommt sie zu der Erkenntnis, dass die Leser*innen ihren Roman sehr unterschiedlich wahrnehmen und verstehen.

> Aber wie das so ist, als Autor hat man wenig Einfluss auf die Lesart der Rezipienten, und das ist gerade das Geniale an Literatur. Wenn ein Leser das Ende als offen empfindet und im Anschluss an die Lektüre darüber nachdenkt, was zum Schluss eigentlich genau passiert – umso besser. Ich habe immer wieder erfahren, dass ein Buch so viele Romane enthält, wie es Leser gibt. Plus einen weiteren, den der Autor geschrieben hat. Durch jeden neuen Leser kommt ein neuer Text in die Welt. Für mich ist das im wahrsten Sinne des Wortes wundervoll – nämlich voller Wunder. (58)

Was für die Schriftstellerin wie ein schönes Wunder literarisch wirkt, das erleben auch Bürger*innen und Politiker*innen im gesellschaftspolitischen Diskurs. Hunderttausend Leser*innen sind gleich hunderttausend Verständnisse des Romans, und hunderttausend Diskutant*innen haben hunderttausend verschiedene politische Meinungen. Und diese multiplen Wirklichkeiten werden durch gesteigerte Nutzung von Social Media immens verstärkt, denn diese können unter Umständen durch die repetitiven Verkündungen von „anderen Wahrheiten“ wie Fake News und Verschwörungsmythen die Menschen zu einer veränderten Wahrnehmung und damit auch zu einer anderen und neuen Konstruktion der gesellschaftlichen Wirklichkeit führen.

Diese soziologische Erkenntnis ist auch die Grundlage für die Analyse von Sprache als Macht. Denn wenn jedes Individuum seine eigene individuelle Wahrnehmung der Lebenswelt hat und damit seine eigene soziale Wirklichkeit konstruiert, dann geschieht das auch über die Sprache, die die Wirklichkeit beschreibt und im Bewusstsein abbildet. Das bedeutet im Umkehrschluss, dass über sprachliche Ausdrücke und Bilder auch Wirklichkeiten als Fake News geschaffen werden können (vgl. Kapitel 6).

Homo socialis als anthropologische conditio humana

Der Begriff Homo socialis (vgl. Nowak 2011) ist die Alternative zum Homo oeconomicus, der sich in seiner Kosten-Nutzen-Analyse angeblich individualistisch-egoistisch verhält und entscheidet. Diese Modelldenkfigur ist jedoch unzulänglich, um menschliches Verhalten im Alltag, aber auch Konsumverhalten zu erklären.

> Emotionen zu haben, gehört zur conditio humana. Emotionen sind ein Modus des Menschen, sich die Welt anzueignen, den Hiatus seiner Existenz zu überwinden: Emotionen haben die Funktion, den Menschen an die Welt zu binden, ihn in die Welt zu involvieren. Es gibt keine Form des menschlichen In-der-Welt-Seins ohne Emotionen. (Gerhards 1988, 72)

Der Mensch konstruiert die soziale Wirklichkeit nicht nur kognitiv-rational (vgl. oben zur Soziologie der Emotionen) in seiner Sprache, sondern auch emotional eignet er sich seine reale Welt an.

> Emotionen und sprachlich vermittelte Kognitionen unterscheiden sich voneinander durch die Tatsache, daß Emotionen eine simultane Form der Weltkonstruktion darstellen und Kognitionen eine sequentielle Form. [...] Emotionen und Kognitionen sind bewußtseinsmäßige Prozesse der Konstruktionen sozialer Wirklichkeit [...]. (ebd., 73)

Emotionen sind stärker als Kognitionen an die Körperlichkeit des Menschen gebunden, der Körper dient als Resonanzboden zum Ausdruck emotionaler Lagen. Emotionen „fühlt man körperlich“, z. B. Angstzustände, Zittern, Weinen, Schreien.

Die heutige Entwicklung der Menschheit war von Beginn an auf *Kooperation* aufgebaut, nur so konnte sie sich kreativ-innovativ bis heute entwickeln. Der österreichisch-amerikanische Mathematiker und Biologe **Martin A. Nowak** (* 1965) hat das Erfolgsgeheimnis der Evolution als kooperative Intelligenz bezeichnet. Seit der Veröffentlichung des Buchs „Über die Entstehung der Arten" (1859) von **Charles Darwin** (1809–1882) hat die Biologie eine dunkle Seite: den „struggle for existence", den „Kampf ums Dasein". Der Wettbewerb in der Natur steht im Zentrum der Evolution, der am besten Angepasste überlebte. Zusammenfassend formuliert:

> Jede Kreatur, die heute kriecht, schwimmt oder fliegt, entwickelte sich aus Vorfahren, die sich besser und erfolgreicher fortpflanzten als ihre unglücklichen Konkurrenten. Die anderen verpassten die Chancen, sich in die nächste Generation einzubringen. Sie unterlagen und starben aus. (Nowak 2013, 9)

Doch Konkurrenz erzählt nicht die ganze Geschichte der Biologie, sie ist nur die eine erkenntnistheoretische Dimension, die andere ist die der Kooperation in der Natur. „Um zu überleben, betreiben die Geschöpfe jedweder Spezies auf jeder Stufe der Komplexität auch Kooperation. [...] In der menschlichen Gesellschaft ist Kooperation allgegenwärtig" (ebd., 11).

Die Menschen sind Kooperator*innen, das stützt die Innovation, beflügelt die Kreativität und bringt originelle Ideen hervor:

> Kooperation agierte während der gesamten Evolutionsgeschichte als die Architektin der Kreativität, die immer wieder neue Geschöpfe hervorbrachte, von den Einzellern über mehrzellige Organismen und Ameisenhügel bis hin zu den Menschen, die Dörfer und Städte errichteten. (ebd., 15)

Schon 1902 wies der russische Sozialrevolutionär **Pjotr Kropotkin** (1842–1921) auf diesen Tatbestand der Kooperation hin:

> Doch ist es nicht Liebe und auch nicht Sympathie, worauf die menschliche Gesellschaft beruht. Es ist das Bewußtsein [...] von der menschlichen Solidarität. Man hat erkennen gelernt [...], welche Stärke jedes Glied der Gesellschaft der Betätigung gegenseitiger Hilfe verdankt, welche enge Abhängigkeit zwischen dem Glück des einen und dem aller besteht und welche Achtung vor den Rechten anderer sich bei den Individuen infolge eines Sinnes für Gerechtigkeit und Gleichheit entwickelt hat. (1989, 17).

Mit dieser Aussage formuliert Kropotkin eine Absage an das Konzept des „Kampfs ums Dasein".

Kooperation wird durch fünf Mechanismen vorangetrieben (vgl. Nowak 2013, 295 ff.):

1. **Wiederholung:** Sie geht nach dem Prinzip der direkten Reziprozität vor. Eine Hand wäscht die andere.

2. **Reputation** (indirekte Reziprozität): Dieser kooperationsfördernde Mechanismus wirkt, wenn wiederholende Begegnungen in einer Gruppe stattfinden, sodass man eine Gegenleistung in Zukunft erwarten kann.
3. **Räumliche Selektion:** Dieser Prozess läuft auf dem Schachbrett der sozialen Netzwerke ab.
4. **Multilevelselektion:** Dieser Mechanismus bedeutet, dass die Selektion nicht nur auf Individuen, sondern unter Umständen auch auf eine Gruppe einwirkt.
5. **Verwandtenselektion:** Die Kooperation mit Verwandten beruht auf der Regel: Blut ist dicker als Wasser.

Alle diese Kooperationsmechanismen erfordern bei den Menschen die Sprache, denn um in der Jäger- und Sammlergesellschaft gemeinsam Tiere auf der Jagd töten zu können, ist eine Verständigung zwischen den Jägern notwendig, und zwar mittels der Sprache. Oder anders formuliert: Ohne Sprache ist keine Kooperation – also keine Jagd – möglich, denn es sind Absprachen zum Handeln erforderlich.

Die sozialen Abhängigkeiten des Menschen werden in der Psychologie und Soziologie analysiert und als Prämissen des gesellschaftlichen Zusammenlebens anerkannt. Die gesellschaftliche Abhängigkeit zeigt sich gerade in der frühen Kindheit und im Alter, wenn der Mensch besonders auf Schutz und Unterhalt durch andere angewiesen ist. Erziehung und Fürsorge beruhen auf sozialen Abhängigkeiten. Der schottisch-amerikanische Philosoph **Alasdair MacIntyre** (*1929) hat dies als *Anerkennung der Abhängigkeit* bezeichnet:

> Wir wachsen zu unabhängigen, praktisch überlegenden Subjekten heran, weil wir in Beziehungen mit bestimmten anderen Menschen verwickelt sind, die uns das, was wir brauchen, geben können. [...] Wir finden uns an einem bestimmten Ort innerhalb eines Beziehungsgeflechtes wieder, und was und wie viel wir fähig sind zu geben, hängt im Allgemeinen auch davon ab, was und wie viel wir bekommen haben. (2001, 117)

Dieses „Beziehungswesen" des Menschen hat bereits der amerikanische Sozialpsychologe **George Herbert Mead** (1863–1931) in seinem Ansatz als Antizipation des Anderen vorweggenommen, was er „Taking the role of the other" nennt. Meine eigene Kreativität und Spontaneität – mein „I" – wird nicht nur durch meine biologische Triebausstattung gesteuert, sondern auch durch das „Me", das der „andere" von mir als „Spiegelbild" hat.

> „Me“ bezeichnet meine Vorstellung von dem Bild, das der andere von mir hat, bzw. auf primitiverer Stufe meine Verinnerlichung seiner Erwartungen an mich. Das „me“ als Niederschlag einer Bezugsperson in mir ist Bewertungsinstanz für die Strukturierung der spontanen Impulse und Element eines entstehenden Selbstbildes. (Joas 1999, 176)

Der Mensch ist ein sozial denkendes und handelndes Individuum in der Gesellschaft, das auf Kooperation angewiesen ist.

Fazit: Figurationsanalyse sprachphilosophischer und sozialwissenschaftlicher Erkenntnisse

Die Figurationsanalyse sprachphilosophischer und sozialwissenschaftlicher Erkenntnisse zeigt einerseits die Übereinstimmung von Wissenschaftsdisziplinen aus unterschiedlichen Blickwinkeln und anderseits ergänzende Elemente, um Sprache und Denken besser zu verstehen.

Sowohl Wittgenstein in seinen Sprachspielen als auch Berger und Luckmann in ihrer gesellschaftlichen Konstruktion der Wirklichkeit kommen zu der gleichen Erkenntnis, dass jedes Individuum seine Sprache spricht, wie es persönlich die soziale Wirklichkeit wahrnimmt und interpretiert. Es gibt nicht die objektive soziale Wirklichkeit und damit auch nicht die in sich logische Sprache, es sind Sprachspiele. Weiterhin sind die Emotionen und der homo socialis als conditio humana ein fester Teil der Figuration von Sprache und Macht.

4. Gesellschaftliche Rahmenbedingungen im 21. Jahrhundert

Seit den 70er Jahren des 20. Jahrhunderts bis heute im 21. Jahrhundert gab es einerseits einen großen gesellschaftlichen Wandel durch Individualisierung, Globalisierung und Digitalisierung und andererseits eine Fortdauer von Problemlagen wie Rassismus und Geschlechterungerechtigkeiten. Der Jahrtausendwechsel zeigte, dass sich die Rahmenbedingungen radikal verändert haben. Stichworte sind hier Digitalisierung, Sammlung und Auswertung von Big Data, die Macht der Algorithmen und deren Kontrolle des Menschen.

In der Geschichte der Menschheit haben bisher zwei große sozioökonomische Revolutionen das gesellschaftliche Leben radikal verändert: Vor ca. 10.000 Jahren fand die erste statt, nämlich die Agrarrevolution als Übergang vom Leben als Jäger und Sammler und später als umherziehenden Nomad*innen mit ihrem Vieh zu sesshaft gewordenen Bäuerinnen und Bauern. Die zweite große Revolution war der Übergang von der Agrargesellschaft zur Industriegesellschaft, beginnend im 18. Jahrhundert in England, dann im 19. Jahrhundert in Deutschland und in anderen westlichen Ländern. Aus heutiger Sicht ist es schwer zu beurteilen, ob wir seit 50 Jahren wieder auf dem Wege zu einem revolutionären gesellschaftlichen „Sprung" sind, der zu anderen Arbeits- und Lebensbedingungen führen wird. Diese Frage wird anhand folgender Phänomene diskutiert: erstens der radikale soziale Wandel vom 20. ins 21. Jahrhundert, zweitens gesellschaftliche Altlasten des 20. Jahrhunderts und drittens die Digitalisierung der Arbeits- und Lebensbereiche der Gesellschaft.

Die Herausforderungen des sozialen Wandels am Übergang zum 21. Jahrhundert

Die gesellschaftliche Wirklichkeit sieht im 21. Jahrhundert „anders" aus als im 20. Jahrhundert seit dem Ende des Zweiten Weltkriegs. Verschiedene Prozesse charakterisieren den sozialen Wandel der letzten 50 Jahre. Die soziologischen Stichworte sind Individualisierung und Pluralisierung im Vergleich zu den früheren traditionalen sozialen Milieus sowie die Globalisierung und ihre gesellschaftlichen Folgen für die Menschheit wie Klimawandel, globale Migrationsprozesse und die Corona-Pandemie.

Individualisierung versus Wegfall traditionaler Bindungen

Das Spannungsverhältnis ist heute nicht mehr – wie am Ende des 19. Jahrhunderts vom deutschen Soziologen **Ferdinand Tönnies** (1855–1936) analysiert – das Verhältnis zwischen der vorindustriellen Gemeinschaft mit ihren engen sozialen Beziehungen und der aufkommenden industriellen Gesellschaft mit ihren Tauschbeziehungen und den entfremdeten sozialen Beziehungen. Heute lautet die gesellschaftliche Dichotomie Individuum versus (urbane) Gesellschaft. Der deutsche Soziologe **Ulrich Beck** (1944–2015) hat als Erster diesen sogenannten Prozess der Individualisierung untersucht:

> In allen reichen westlichen Industrieländern – besonders deutlich in der Bundesrepublik Deutschland – hat sich in der wohlfahrtsstaatlichen Modernisierung nach dem Zweiten Weltkrieg ein gesellschaftlicher Individualisierungsschub von bislang unerkannter Reichweite und Dynamik vollzogen. Das heißt: Auf dem Hintergrund eines vergleichsweise hohen materiellen Lebensstandards und weit vorangetriebener sozialer Sicherheiten wurden die Menschen in einem historischen Kontinuitätsbruch aus traditionellen Klassenbedingungen und Versorgungsbezügen der Familien herausgerissen und verstärkt auf sich selbst und ihr individuelles Arbeitsmarktschicksal mit allen Risiken, Chancen und Widersprüchen verwiesen. (1986, 116)

Nach mehr als drei Jahrzehnten lässt sich diese Analyse voll bestätigen. Die traditionalen Bindungen der Familien haben sich gelockert: Die Scheidungsrate ist gestiegen, die Zahl der Alleinerziehenden wächst weiterhin, ebenso die Anzahl der Lebensgemeinschaften (auf Zeit), gleichgeschlechtliche Ehen bzw. Paare sind anerkannt und die Vereinsamung alter Menschen ist offensichtlich. Die Pluralisierung der Lebensformen und der Lebensstile nimmt weiter zu. „Die noch vor vier bis fünf Jahrzehnten intakten traditionellen Sozial-Milieus und weltanschaulichen Gruppen sind durch die Ausweitung der formalen Bildungsprozesse und die Dynamik des entwickelten Arbeitsmarktes weitestgehend erodiert" (Reuter 2015, 13).

Es gibt nicht mehr die alten Arbeitermilieus wie im Ruhrgebiet, in Berlin oder in Hamburg und die katholischen Milieus im Rheinland und in großen Teilen von Bayern und Baden-Württemberg. Sie waren früher auch weitgehend Orte der politischen Diskussionen in der Familie, in der Nachbarschaft, am Arbeitsplatz, im Sport- oder Schützenverein, bei der freiwilligen Feuerwehr und/oder in den Kneipen. In diesen sozialen Milieus war man eingebunden, verortet und wurde durch sie sozialisiert und damit in seiner Persönlichkeit geprägt. Diese Zeiten sind vorbei.

Globalisierung und ihre gesellschaftlichen Folgen

Das Zauberwort der letzten 40 Jahre in den Debatten der Medien und den Diskursen der Wissenschaft ist Globalisierung. Die Artikel und Bücher zu diesem Thema füllen inzwischen meterlange Bücherregale. Der Nobelpreisträger für Wirtschaft **Joseph E. Stiglitz** (*1943) und der Wirtschaftswissenschaftler **Carl E. Walsh** (* 1949) definieren Globalisierung wie folgt:

> Globalisierung ist die Bezeichnung für die engere Integration aller Länder der Welt – besonders das steigende Handelsniveau und die stärkeren Verschiebungen des Kapitals –, die durch die niedrigen Transport- und Kommunikationskosten begünstigt werden. [...] Der bedeutendste Aspekt der Globalisierung ist das Wachstum des Handels, der Exporte und Importe. (2013, 373 f.)

Als Teil der Globalisierung ist der Prozess der Europäisierung zu sehen, d. h. die Gründung der Europäischen Wirtschaftsgemeinschaft (EWG) durch sechs Länder 1957 als Vorläuferin der Europäischen Union und deren kontinuierliche Erweiterung auf 28 Länder bzw. nach dem Brexit 2021 noch 27 Länder Europas.

Bis vor Kurzem wurde die Globalisierung nur positiv bewertet, und zwar als Schritt in Richtung Wohlstand für alle Länder der Welt in der Zukunft. Doch jetzt – beschleunigt durch die Corona-Pandemie – machen sich auch die Schattenseiten der Globalisierung bemerkbar. Politiker*innen kennen das soziologische Gesetz „der unvorhergesehenen Folgen zielgerichteter sozialer Handlung" von Robert K. Merton nicht. Der entsprechende von Merton bereits 1936 veröffentliche Aufsatz gilt als eines der Hauptwerke der Soziologie (vgl. Neckel et al. 2020). Handlungsziele sollen die Absicht haben, berechenbar zu sein, d. h., die Erfüllung der Ziele kann im Voraus berechnet werden. Das ist jedoch ein Irrtum, wie Merton klar formuliert: „‚Zufällige Folgen' sind solche, die durch das Zusammenspiel von Kräften und Umständen entstehen, die so komplex und zahlreich sind, dass ihre Vorausberechnung für uns ganz unmöglich ist" (2020, 77).

Der Entscheidungsprozess beruht auf der Unwissenheit, dem Vertrauen in die verfügbaren Informationen und dem Interesse, sich nur mit den unmittelbaren Folgen zu beschäftigen und die längerfristigen Folgen auszuklammern. Diese Erkenntnis ist fast deckungsgleich mit der These der begrenzten Rationalität von Herbert A. Simon (vgl. Kapitel 3).

Klimawandel

Seit über dreißig Jahren prognostizieren Klimaforscher*innen den Klimawandel, aber die politischen Klassen der Welt haben die Szenarien nicht ernst genommen. Erst jetzt gibt es anscheinend einen Sinneswandel hin zu schnellerem politischem Handeln, denn Teile der Zivilgesellschaft entwickelten ein größeres Bewusstsein für Fragen des Klimaschutzes und fordern daher ihre Regierungen auf, den Klimawandel zu bekämpfen.

Globale Migrationsprozesse

Globalisierungsforscher*innen verstehen unter diesem Begriff den grenzenlosen Verkehr von Gütern, Dienstleistungen und Kapital rund um den Globus – und eben auch von Menschen, die sich sowohl als Arbeitsmigrant*innen als auch als Flüchtlinge zwischen Ländern und Regionen bewegen. Arbeit und Wohlstand funktionieren hier als Pull-Faktoren. Kombiniert mit den Push-Faktoren Krieg, Verfolgung, Armut und Umweltkatastrophen sorgen sie dafür, dass sich die Migrationsprozesse globalisiert und beschleunigt haben. 2019 gab es nach einem Report der International Labour Organization (ILO) auf der Welt 167 Millionen internationale Arbeitsmigrant*innen (ILO 2021, 20). Das UNHCR schätzt die Zahl der Flüchtlinge Ende 2020 auf 82,4 Millionen, davon 48 Millionen Binnenvertriebene (UNHCR 2021).

Corona-Pandemie

Obgleich Wissenschaftler*innen seit Jahrzehnten warnen, dass es irgendwann wieder zu einer Pandemie kommen wird, wurden diese Warnsignale nicht ernst genommen. Wie der Klimawandel zeigt auch die Pandemie sehr deutlich, dass die Welt eine Einheit von wechselseitigen Interdependenzprozessen ist.

Fazit: Neben allen Vorteilen der Globalisierung sind auch deren Schattenseiten nicht zu leugnen.

Gesellschaftspolitische Altlasten des 20. Jahrhunderts

Bei aller notwendigen Kenntnisnahme des sozialen Wandels am Übergang zum 21. Jahrhundert bleiben noch gesellschaftspolitische Altlasten aus dem 20. Jahrhundert übrig, die sich auch heute im Alltag auswirken und den gesellschaftlichen Zusammenhalt belasten. Zwei Punkte sind besonders hervorzuheben, die sich auch in der Sprache widerspiegeln: Fremdenfeindlichkeit bis hin zu Rassismus und Geschlechterungerechtigkeiten.

Rassismus

Der deutsche Soziologe und Erziehungswissenschaftler **Wilhelm Heitmeyer** (* 1954) untersucht seit Jahrzehnten gruppenbezogene Menschenfeindlichkeit und Rechtsextremismus in der deutschen Gesellschaft. Das heißt, es gibt seit der Gründung der Bundesrepublik Deutschland im Jahre 1949 ein faschistoides und

Wilhelm Heitmeyer

rechtsextremistisches Milieu in der Bevölkerung, das bis heute fortdauert. Zehn Jahre lang von 2002 bis 2011, hat Heitmeyer den jährlichen Report „Deutsche Zustände“ herausgegeben, um dieses Milieu empirisch zu untersuchen und zu dokumentieren.

An früheren Wahlergebnissen lässt sich ablesen, dass es das autoritär-national denkende Wählerpotenzial schon in der alten Bundesrepublik gegeben hat. Vor dem Auftauchen der Alternative für Deutschland gab es drei rechtsextremistische Parteien in Deutschland: die 1983 gegründeten Republikaner (REP), die 1987 gegründete Deutsche Volksunion – Liste D (DVU) und die 1964 gegründete Nationaldemokratische Partei Deutschlands (NPD). Alle drei Parteien erzielten gelegentlich Wahlerfolge, d.h., sie kamen über die Fünfprozentklausel in deutschen Parlamenten (vgl. Die Republikaner 2021):

- die REP zogen 1989 mit 7,5 % in das Abgeordnetenhaus von Berlin ein;
- die REP 1989 mit 7,1 % in das Europaparlament;
- die NPD 1967 in die Landesparlamente von Bremen, Rheinland-Pfalz, Niedersachsen und Schleswig-Holstein;
- die NPD 1968 in Baden-Württemberg mit ihrem erfolgsreichsten Ergebnis von 9,8 %;
- die REP 1992 mit 10,9 % und 1966 mit 9,1 % in Baden-Württemberg;
- die DVU 1992 mit 6,3 % und 1998 sogar 12,9 % in Schleswig-Holstein;
- die DVU 1999 mit 5,3 % und 2009 mit 6,1 % in Bayern;
- die NPD 2004 mit 9,2 % in Sachsen; in einigen kleinen Ortschaften der Sächsischen Schweiz bis zu 20 %.

Der Punkt ist nur, dass es in der Vergangenheit keine intellektuellen Führer*innen gab, um die kurzfristigen Wahlerfolge zu verstetigen, d. h. nach einer Wahlperiode waren die Parteien meist wieder unter der Fünfprozenthürde. Dagegen gibt es heute in der AfD akademisch geschultes Führungspersonal (vgl. Kapitel 7).

Geschlechterungerechtigkeiten

Erst in der Weimarer Republik erhielten die Frauen 1919 das Wahlrecht, erst mit Inkrafttreten des Grundgesetzes 1949 wurde Gleichberechtigung gesetzlich verankert (vgl. Kapitel 10), und erst seit 1977 dürfen Frauen ohne Erlaubnis des Ehemanns eine Berufstätigkeit aufnehmen. Der ehemalige Bundeskanzler Willy Brandt schrieb einmal in einem Abschiedsbrief an Inge Wettig-Danielmeier, die Emanzipation schleiche wie eine Schnecke auf Eis (Wettig-Danielmeyer 2013). Thomas Piketty spricht von der „Beharrungskraft des Patriarchats im 21. Jahrhundert“ (2020, 861 ff.).

Gender Pay Gap

Der Gender Pay Gap, also die geschlechtsspezifische Lohnlücke, beruht auf zwei gesellschaftlichen Mechanismen. Erstens ist der Arbeitsmarkt in Deutschland von einer starken beruflichen Segregation zwischen Männern und Frauen geprägt (Wrohlich/Zucco 2017, 956 f.), und zweitens verdienen Frauen auch im gleichen Beruf weniger als Männer.

Frauen- versus Männerberufe

Frauen arbeiten mit einem hohen Anteil im humanen Dienstleitungssektor als medizinisch-technische Assistentinnen, Erzieherinnen, Pflegerinnen, Sozialarbeiterinnen, Bürofachkräfte, Raumpflegerinnen, (Grundschul-)Lehrerinnen, Buchhalterinnen, Verkäuferinnen. Männer arbeiten vermehrt im Industriesektor und Management als Facharbeiter, Handwerker, Techniker, Ingenieure, Unternehmer. Aufgrund des Numerus clausus an den Hochschulen werden viele akademische Berufe nach und nach weiblicher, wie u.a. Berufe im medizinischen Bereich und im Mediensektor. Die Frauen haben im Durchschnitt die besseren Abiturnoten.

Frauenquote in den Vorständen

Eklatant ist der Unterschied in der Vertretung von Frauen in Unternehmensvorständen, insbesondere in den DAX-Unternehmen. In den 30 deutschen DAX-Unternehmen sind unter den 184 Vorstandsmitgliedern nur 26 Frauen, das ist ein Anteil von 14,1 %. Den höchsten Anteil mit 37,5 % (3 von 8 Vorstandsmitgliedern) hat die Deutsche Telekom, gefolgt von jeweils 25 % Frauenanteil bei Covestro AG, Daimler AG, Fresenius Medical Care und Merck KGaA. Noch immer haben neun der dreißig DAX-Unternehmen keine weiblichen Vorstandsmitglieder; alle anderen Unternehmen haben ein weibliches Vorstandsmitglied.

Im Juni 2021 einigte sich nach jahrelangem Ringen die schwarz-rote Koalition der Bundesregierung auf das neue Führungspositionengesetz. Danach müssen in einem Drei-Personen-Vorstand mindestens eine Frau und ein Mann sein. Besser sieht die Situation in den Aufsichtsräten aus. Aufgrund eines Gesetzes von 2015 sind Unternehmen verpflichtet, im Aufsichtsrat einen Frauenanteil von 30 % zu gewährleisten. Empirisch nachgewiesen ist die Tatsache, dass die „Aufsichtsratsarbeit vieler Unternehmen [...] von mehr Geschlechterdiversität“ profitiert (Kirsch/Wrohlich 2021, 36).

Digitalisierung der Gesellschaft als Infodemie

Digitalisierung ist das große Schlagwort der letzten zwei Jahrzehnte, in den Medien eher als Schreckgespenst gezeichnet, das zu großen Arbeitsplatzverlusten führe, und in den Wissenschaften als großer Hoffnungsträger zur Erleichterung der Arbeit und zur Vergrößerung des Wohlstands für alle Bürger*innen. In der Literatur und den Medien finden sich in Bezug auf den Einsatz von Algorithmen, KI und Robotern in der Arbeitswelt zwei Szenarien (Grunwald 2019, 63 ff.):

Szenario 1: **Der Arbeitsmarkt bricht zusammen.**

Die Automatisierung erreicht auch die Dienstleistungsberufe beispielsweise in der Gastronomie, dem Banken- und Versicherungssektor. Jurist*innen, Steuerberater*innen, Mediziner*innen sind betroffen, selbst digitale Hochschullehrende werden vorstellbar. Durch die Automatisierung werden mehr Menschen ihre Arbeit verlieren, als dass neue Jobs entstehen.

Szenario 2: **Der Arbeitsmarkt wandelt sich allmählich.**

Viele Berufsgruppen lassen sich nicht vollständig automatisieren, beispielsweise Gärtner*innen, Friseur*innen, Sozialarbeiter*innen, Pfleger*innen, Entwicklungshelfer*innen, Handwerker*innen. Wir brauchen in Zukunft neue Berufe, wie Spezialist*innen für die Sicherheit und den Umgang mit IT-Systemen und -prozessen, für Datenschutz und ECommerce.

In Bezug auf diese Szenarien lässt sich feststellen: „Wir können nicht wissen, wie die Arbeitswelt 2030 oder 2040 aussieht, ob die Digitalisierung als Jobwandler oder Jobvernichter fungieren wird, ob neue und flexible Arbeitsformen die Arbeit menschlicher machen oder uns in einem [sic!] sozialdarwinistischen Kampf ohne Solidarität treiben […]" (ebd., 74).

Durch die Prozesse der Globalisierung und der Digitalisierung haben einerseits viele Bürger*innen neue, teilweise gut bezahlte Jobs gewonnen. Andererseits haben viele Menschen ihre Arbeitsplätze in der Industrie verloren. Man spricht daher bereits vom globalen digitalen Kapitalismus als neuer gesellschaftlicher Qualität.

In Anlehnung an die Begriffe Pandemie und „pandemic" bildeten Sam Wineburg und Nadav Ziv in der Los Angeles Times den Begriff „Infodemic" als Abkürzung für „information pandemic", als sie untersuchten, wie Studierende mit Online-Informationen umgehen. „We're in the midst of an infodemic that imperils our students to make informed decisions" (2021), die Studierenden prüften weder Quellen noch erkannten sie satirische Beiträge. Webseiten wurden genutzt, ohne sie auf ihre Seriosität hin zu überprüfen.

Internet, Algorithmen, Informationen und Daten haben einen enormen Einfluss auf das neue Verhältnis von Sprache und Macht. Im Folgenden werden diese Punkte näher betrachtet: erstens das Aufkommen des Internets, der sogenannten Hype Machine, zweitens die Macht der Algorithmen, drittens algorithmische Autorität, viertens Big Data und Hypernudging und fünftens die Algorithmuskontrolle des Menschen.

Die Hype Machine

Das Wort Hype bedeutet übersetzt ‚Werbemasche, Reklameaufwand' (Pons 2014, 539); ursprünglich wurde der Begriff „Hype Machine" 2005 für einen Art Musikdatenbank bzw. einen „music blog aggregator" genutzt. In seinem Buch „The Hype Machine" untersucht der Amerikaner **Sinan Aral**, Professor für Management, Marketing, IT und Data Science am amerikanischen Massachusetts Institute of Technology (MIT), die Macht und den Einfluss von Social Media und welche Auswirkungen diese sogenannten sozialen Medien auf Politik, Wahlen, Wirtschaft und sogar den Gesundheitsbereich haben. Gleich auf der ersten Seite wird die Zielsetzung dieser Hype Machine klar benannt:

> This Hype Machine connects us in a worldwide communication network, exchanging trillions of messages a day, guided by algorithms, designed to inform, persuade, entertain, and manipulate us.
>
> The object of this machine is the human psyche. It was designed to stimulate our neurological impulses, to draw us in and persuade us to change how we shop, vote, and exercise, and even who we love. It analyzes us to give us options for what to read, buy, and believe. [...] Its motivation is money, which it maximizes by engaging us. (2020, 3)

Diese Hype Machine wird von einer Gruppe von vier großen Konzernen beherrscht, den „GAFA": Google, Amazon, Facebook und Apple. Sie nutzen ihr Wissen für ihre wirtschaftlichen Profitinteressen und haben zusammen einen Marktwert von mehr als fünf Billionen Dollar. Diese Machtkonzentration im Technologiesektor bedeutet zumindest eine Monopolstellung in der westlichen Welt. Aral analysiert im Kapitel „Your Brain on Social Media" (ebd., 94 ff.) den wechselseitigen Zusammenhang von Social Media und Gehirn ausführlich: „Social media is designed for our brains. It interfaces with the parts of the human brain that regulate our sense of belonging and social approval. It rewards our dopamine system and encourages us to seek more rewards by connecting, engaging, and sharing online" (ebd., 97).

Grundlage ist die Entwicklung der „social brain hypothesis“: „In other words, neural activation caused by persuasive social media messages predicts individual- and population-level behaviors, especially information-sharing behaviors, better than we (or other outside experts) can predict our own behavior“ (ebd., 109).

Diese Hype Machine wird nun auch in Politik und Gesellschaft als machtpolitisches Einflussinstrument genutzt. Die Neuen Medien werden für die Verbreitung von Hass, Todesdrohungen, Fake News und Verschwörungsmythen aller Art ge- bzw. missbraucht. Die neuen medialen Regeln verändern radikal die Kommunikationsprozesse und den gesellschaftlichen Diskurs: „In einer veränderten, digitalen Welt, in der die alten Regeln des politischen Diskurses nicht mehr greifen, büßen wir unsere Vieldeutigkeit und Widersprüchlichkeit ein“ (Gümüşay 2020, 117).

Diese medialen Marktregeln führen zu einer intransparenten Öffentlichkeit, in der man sich anonym verstecken kann. Das hat gravierende Folgen für den gesellschaftspolitischen Diskurs.

> Das Internet kehrt die hässlichen Seiten unserer Gesellschaft sichtbar hervor. Es macht den Hass sichtbar, der zuvor nur für die direkt Betroffenen sichtbar war. [...] Dieser flüchtige Moment, in dem der Hassende seinen Hass dem Gehassten offenbart, findet im Netz einen Echoraum, wiederholt sich, radikalisiert sich – manifestiert sich so zu einer *dauerhaften* Öffentlichkeit. Der Hass wird zur neuen Normalität. [...] Denn die digitale Architektur, die diese Entwicklungen prägt, ist intransparent. Es wird zwar viel gemutmaßt, doch die Algorithmen auf den prominentesten Plattformen sind für die Öffentlichkeit nicht einsehbar. (ebd., 118)

Die Medienkommunikation im Internet ist keine Face-to-Face-Kommunikation, bei der man der*m anderen ins Gesicht schauen muss. Diese medienpolitische Realität hat neue Machtverhältnisse durch Algorithmen geschaffen.

Die Macht der Algorithmen

Der Algorithmus ist ein „Verfahren zur schrittweisen Umformung von Zeichenreihen, [ein] Rechenvorgang nach einem bestimmten (sich wiederholenden) Schema“ (Duden 2001, 114). Das Wort ‚Algorithmus‘ – ebenso wie ‚Algebra‘ – kommt aus dem Arabischen und ist eine Verstümmelung von „Al-Hwārizmī ‚der Hwārizmier, aus Hwārizm stammend‘, dem Beinamen des von dort stammenden Mathematikers Abdallāh Muhammad ibnMūsā (9. Jh.)“ (DWDS o. J.).

Algorithmen bestimmen immer mehr den Lebensalltag der Menschen. Daher geht der israelische Historiker **Yuval Noah Harari** (* 1976) der Frage nach,

Yuval Noah Harari

ob das Individuum zum *Homo Deus* wird (2019). Die bisherige Entwicklung der Menschheit war davon geprägt, dass wir zunächst mit unseren eigenen Händen arbeiten, dann nach und nach Werkzeuge erfinden und bauen (Steinkeil, Speer, Pflug usw.) und Pflanzen und Tiere domestizieren (Weizen, Wein, Pferd, Schaf, Rind usw.) und schließlich Maschinen erfinden und bauen (Dampfmaschine, Auto, Lokomotive, Flugzeug usw.), aber es war immer noch der Mensch, der alle diese Werkzeuge und Maschinen gesteuert hat. Weiterhin gab es Schamanen, den Glauben an Naturgötter und schließlich die monotheistischen Religionen (Judentum, Christentum und Islam). Doch Harari wirft einen Blick nach vorn, indem er den Stand der Digitalisierung in die Zukunft „verlängert". Heute sind wir anscheinend auf dem Weg, eine neue Entwicklung einzuschlagen: die Datenreligion. Harari nennt es Dataismus (563 ff.).

> Dem Dataismus zufolge besteht das Universum aus Datenströmen, und der Wert jedes Phänomens oder jedes Wesens bemisst sich nach seinem Beitrag bzw. ihrem Beitrag zur Datenverarbeitung. [...] Damit reißt der Dataismus die Grenze zwischen Tier und Maschine ein und geht davon aus, dass elektronische Algorithmen irgendwann biochemische Algorithmen entschlüsseln und hinter sich lassen werden. [...]
>
> Dataisten sind also, was menschliches Wissen und menschliche Klugheit angeht, skeptisch und vertrauen lieber auf Big Data und Computeralgorithmen. [...]
>
> Aus dataistischer Sicht können wir die gesamte menschliche Spezies als ein einziges Datenverarbeitungssystem betrachten. (ebd., 563 ff. und 579)

Datenverarbeitungssysteme sind nicht nur Individuen, sondern auch Bienenvölker, Wälder und menschliche Städte. In einem Gastbeitrag in der Financial Time wies Harari darauf hin, dass

> [i]t is crucial to remember that anger, joy, boredom and love are biological phenomena just like fever and a cough. The same technology that identifies coughs could also identify laughs. If corporations and governments start harvesting our biometric data en masse, they can get to know us far better than we know ourselves, and they can then not just predict our feelings but also manipulate our feelings and sell us anything they want – be it a product or a politician. (2020)

Am Ende seines Buchs formuliert Harari drei Schlüsselfragen zur Zukunft der Datenreligion bzw. des Dataismus:

1. Sind Organismen wirklich nur Algorithmen, und ist Leben wirklich nur Datenverarbeitung?
2. Was ist wertvoller – Intelligenz oder Bewusstsein?
3. Was wird aus unserer Gesellschaft, unserer Politik und unserem Alltagsleben, wenn nichtbewusste, aber hochintelligente Algorithmen uns besser kennen als wir uns selbst? (2019, 408)

Algorithmische Autorität

Im Rahmen der Benennungsmacht haben Algorithmen eine neue Dimension als algorithmische Autorität gewonnen (vgl. Mau 2018, 203 ff.).

> Mit „Benennungsmacht" bezeichnete der französische Soziologe Pierre Bourdieu die Fähigkeit, bestimmte Begriffe und Kategorien sowie Wahrnehmungs- und Repräsentationsschemata zu beeinflussen, zu autorisieren und ihnen quasioffiziellen Charakter zu verleihen" (ebd., 185).

Über diese Benennungsmacht verfügt insbesondere der Staat, denn er agiert als Datenmanager (ebd., 34 ff.). In unserer verwissenschaftlichten Welt haben Zahlen einen hohen Stellenwert gewonnen und spielen in Politik, Wirtschaft und Medien eine große Rolle: die Wachstumsrate des Bruttoinlandsprodukts, die Höhe der Arbeitslosigkeit, die Exportrate, die Börsenkurse, der CO2-Ausstoß, die Zahl der jährlichen Verkehrstoten, die Verschuldungsrate des Staats, die Lohnerhöhungen in den Tarifverhandlungen, die Quantifizierung bzw. Vermessung des Sozialen (ebd., 23 ff.) hat zu einer „quantitativen Mentalität" geführt.

Big Data und Hypernudging

Englisch *(to) nudge* bedeutet Anstoß, Schubs, schubsen. Das Nudging-Konzept wird in der Verhaltensökonomie (Thaler/Sunstein 2017) genutzt, um Menschen in ihrer Entscheidung zu einem erwünschten Verhalten zu veranlassen, Beispiele sind die Platzierung von Schokolade auf Augenhöhe für Kinder an der Supermarktkasse oder der Satz in Hotelbadezimmern „9 von10 unserer Gäste verwenden ihr Handtuch mehrfach". Die Existenz der Hype Machine und die Algorithmisierung der Gesellschaft führen in der Sammlung unserer persönlichen Daten in Big Data zum Hypernudging als externer Steuerung unseres Lebens. Juli Zeh äußert sich in ihrem Buch „Fragen zu Corpus Delicti" (2020) zu diesem Thema:

> Big Data ist im Grunde ja nichts anderes als eine riesige Kristallkugel, die dazu dienen soll, Künftiges vorauszusagen. Je mehr Daten man sammelt, je genauer man den

> Ist-Zustand informationell definieren kann, desto präziser scheinen algorithmische Vorhersagen des Kommenden zu werden, ganz gleich, ob es sich um das Wetter von morgen, das Klima in zehn Jahren, eine künftige Erkrankung oder das Einkaufsverhalten von Max Mustermann bei seinem nächsten Amazon-Besuch handelt. [...] Weil es Big Data gibt, verbreiten sich Prognosen, und an diese Prognosen knüpfen wir nicht nur individuelle, sondern auch weitreichende politische und gesellschaftliche Entscheidungen. (166)

Big Data – übersetzt „besonders großer Datenschatz" – verknüpft alle von uns über die Medien verbreiteten Informationen, um uns durch ein kleines Anstoßen oder Anstupsen zu veranlassen, etwas zu kaufen oder zu tun, was wir rational nicht unbedingt brauchen oder tun würden (Thaler/Sunstein 2017).

Die Managerin und Vorstandsvorsitzende der ENTEGA AG **Marie-Luise Wolff** (* 1958) nennt das – in Anlehnung an Karen Young (2016) – „Hypernudging" als Teil der „Superideologie namens Digitalisierung":

> Mithilfe von Big Data wird aus der gesamten zur Verfügung stehenden Datenmasse ein einziger, ständiger, extrem verhaltenssteuernder Nudge, der sich kontinuierlich an generierte Nutzerdaten anpasst und zur maximalen kommerziellen Ernte der „Big-Data-Barone" führt. Bei allen diesen Vorgängen hat der Nutzer immer noch den Eindruck, er würde selbst entscheiden. (2020, 241)

Alexa

Die Sprachsoftware „Alexa" wurde 2016 von Amazon auf dem deutschen Markt eingeführt. Die Software verarbeitet Sprachbefehle und generiert Antworten für die Vermittlung von Informationen bis zur persönlichen Verwaltung des Kalenders. Für den Einsatz braucht man einen Amazon-Echo-Lautsprecher, ein Smartphone und einen Computer. Der Sprachassistent sendet die Daten an die Server von Amazon (in die Cloud).

Die wissenschaftlichen Dienste des Deutschen Bundestags erstellten eine Art Gutachten – genannt Sachstand – zur „Zulässigkeit der Transkribierung und Auswertung von Mitschnitten der Sprachsoftware ‚Alexa' durch Amazon" (Wissenschaftliche Dienste 2019). Im Fazit wird zwar festgehalten, dass Amazon seiner Pflicht zur Informationsvermittlung rechtlich nachgekommen ist, aber es wird bezweifelt, „zu welchen weiteren Zwecken Amazon seine Daten zukünftig nutzen könnte. Der Erkenntnisgewinn aus den gesammelten Daten könnte gerade vor dem Hintergrund der zahlreichen Verknüpfungen mit anderen Plattformen groß sein" (9).

Algorithmuskontrolle des Menschen

Während Hypernudging und Alexa noch voraussetzen, dass der Mensch selbst entscheiden kann, ob er sich auf diese digitalen Instrumente einlässt, geht die Entwicklung der Algorithmisierung des Menschen noch weiter. Algorithmen steuern das Leben. Zurzeit lassen sich in der Welt drei Varianten erkennen: das diktatorische „Sozialvertrauenssystem" der Volksrepublik China, das scheindemokratische Amazon Halo aus den USA und eine satirische Sicht auf unsere Zukunft.

„Sozialvertrauenssystem" in der Volksrepublik China

Das chinesische „Sozialvertrauenssystem", das eigentlich Sozialkreditsystem heißt, stößt auf breite Kritik in den europäischen Medien und wird als negatives Beispiel für die soziale Kontrolle eines Volks durch ein nicht demokratisches, autoritäres Regierungssystem gesehen. 2014 hat der Staatsrat der Volksrepublik China den Aktionsplan zur Schaffung eines „sozialen Vertrauenssystems" (*shèhuì xìnyòng tǐxì*, wie es im Chinesischen heißt) beschlossen. Der chinesische Begriff *xìnyòng* bedeutet wörtlich „Vertrauenswürdigkeit". „Als Zielsetzung dieses Systems wird angegeben, in China eine ‚Kultur der Aufrichtigkeit, Ehrlichkeit und des Vertrauens' innerhalb der Gesellschaft zu schaffen bzw. deren Grad zu erhöhen" (Heberer/Müller 2020, 13).

Aus Sicht der kommunistischen Staatsführung soll dieses Kreditsystem dem Verlust an gesellschaftlichem Vertrauen, an zivilisiertem Verhalten und der Möglichkeit einer moralischen Krise vorbeugen. Ziel ist die Schaffung des „moralisch einwandfreien und ehrlichen Bürgers" (Dorloff 2017). Die Sanktionsfelder sind Regierungs- und Verwaltungsangelegenheiten (Stichwort Korruption), Wirtschaftsgeschäfte (Stichworte Steuerhinterziehung, Internetbetrug, Umweltkriminalität) und individuelles sozialen Verhalten (Stichworte „Zahlungsmoral, Strafregister, Einkaufsgewohnheiten") (ebd.). Es ist im Grundsatz ein Anreiz- und Abschreckungssystem. Eine Strafe ist zum Beispiel, ein halbes Jahr nicht mit dem Schnellzug fahren zu dürfen.

Soweit Umfragen und Interviews zeigen, scheint die Mehrheit der chinesischen Bürger*innen mit dem Sozialkreditsystem einverstanden zu sein.

> In diesem Zusammenhang stellt sich die Frage, ob autoritäre Herrschaft nicht eine andere Qualität besitzt, wenn die Bevölkerungsmehrheit diese Herrschaft unterstützt, weil die Führung *Autorität* genießt: aufgrund erfolgreicher Entwicklung der Nation, nationalen Aufstiegs, kontinuierliche Verbesserung der Lebensbedingungen der Bevölkerung, Sicherung von Stabilität und nationaler Sicherheit, nachhaltiger Armutsbekämpfung etc. Entsteht unter solchen Bedingungen nicht ein kollektives Gefühl

> der *Komplementarität* das heißt, dass die Menschen aufgrund ihrer Erfahrung davon ausgehen, dass das herrschende System ihre Interessen in ein politisches Programm umsetzt, die Führung zukunftsorientiert ist und weiß, was das Beste für das Land und seine Menschen ist? (Heberer/Müller 2020, 13; Herv. i. O.)

Wachsender Wohlstand und stolzer Nationalismus als wirtschaftliche und in Zukunft als angestrebte politische Großmacht sichern der kommunistischen Führung Chinas zurzeit die Herrschaft.

Amazon Halo

Das Halo-Armband von Amazon ist ein Fitnesstracker. Durch ihn können Nutzer*innen ihren Körper Tag und Nacht messen lassen, um Daten für folgende Kontrollfunktionen zu erhalten:

- regelmäßige Messung des Pulses, der Körpertemperatur und des Schlafs;
- Durchführung einer Körperfettanalyse durch die zusätzliche dazugehörige App mithilfe eines Ganzkörperfotos;
- Analyse der Stimme über ein integriertes Mikrofon, um Rückschlüsse auf die Gefühle des Menschen zu erhalten.
- Die Halo-App hilft, gesunde Gewohnheiten zu erlernen und diese Messdaten übersichtlich anzuzeigen. (Hemmersmeier 2020)

Über die App können auch durch gesundheitsfördernde Aktivitäten wie Laufen, Gymnastik oder Schlaf Punkte gesammelt werden. Der deutsche Journalist und Schriftsteller **Andrian Kreye** (* 1962) kommentiert das Ganze in der Süddeutschen Zeitung als „[n]utzlose App“:

> Wer da an das chinesische Punktesystem der Bürgerüberwachung mit drakonischen Strafen für Unterschreitung von Sollwerten denkt, wer befürchtet, Krankenversicherungen könnten Systeme der Diskriminierung etablieren, wer annimmt, dass Konzerne solche Datensätze kommerziell ausbeuten, ist auf der richtigen Spur. (2020, 4)

Die vergleichende Frage bleibt am Ende, ob die durch die vier kapitalistischen Internetriesen Amazon, Google, Facebook und Apple aufgebauten Plattformen nicht dem chinesischen Sozialvertrauenssystem sehr ähnlich sind. Obgleich sie nicht staatlich organisiert sind und nicht direkt Strafpunkte verteilen, so lenken sie doch massiv unsere Konsumwünsche.

„Genauso sieht unsere Zukunft aus“

Hallo! Ist da Roccos Pizza-Service?

Nein, hier ist Googles Pizza-Service.

Sorry, dann hab ich wohl die falsche Nummer ...?

Nein, Google hat die Nummer gekauft.

Ok, dann möchte ich gerne ...

Wollen Sie das Übliche?

Das Übliche? Wieso kennen Sie das?

Gemäss unseren Aufzeichnungen der letzten 12 Anrufe haben Sie Pizza mit Käse, Salami und Schinken bestellt.

OK, genau das will ich auch jetzt!

Dürfte ich vorschlagen, dass Sie dieses Mal eine Pizza mit Ricotta, Rucola und getrockneten Tomaten bestellen?

Nein, ich hasse Gemüse!

Aber Ihr Cholesterin-Wert ist nicht gut.

Wie können Sie das wissen?

Aus Ihrem Gesundheits-Profil. Wir haben die Resultate Ihrer Blutwerte der letzten 7 Jahre.

Okay, aber ich will nicht diese Pizza. Ich habe meine Medizin schon genommen.

Sie haben Ihre Medizin nicht regelmäßig eingenommen. Vor 4 Monaten haben Sie online eine Schachtel mit 30 Tabletten in der Versand-Apotheke ‚Sunstore' gekauft. Die müsste längst leer sein.

Ich habe noch in einer andren Apotheke eingekauft.

Das ist aber nicht auf Ihrer Kreditkarte abgebucht.

Ich habe bar bezahlt.

Gemäß Ihrem Bankkonto haben Sie dafür nicht genügend Bargeld bezogen.

Ich habe noch andere Geldquellen. (C&M Hilfeforum 2019)

Ist das nur eine Satire oder ein mögliches wirklichkeitsnahes Zukunftsszenario?

Fazit: Figurationsanalyse von sozialem Wandel und digitaler Macht

Die neue Qualität von Sprache und Macht ergibt sich aus dem figurativen Zusammenspiel von sozialem Wandel, ausgelöst durch Individualisierung und Pluralisierung der Gesellschaft anstelle traditionaler Bindungen einerseits und technologischem Wandel mit seinem Innovationspotenzial durch die Digitalisierung der Arbeits- und Lebenswelt andererseits. Die potenzielle Kontrolle des Menschen durch die Algorithmen führt in den Händen weniger Konzerne bzw. diktatorischer Regime zu einer möglichen grenzenlosen Machtausübung in der Gesellschaft.

Teil B Analyse von Sprache als Macht

In Teil B werden die in Teil A dargestellten wissenschaftlichen Erkenntnisse angewendet, um Sprache als Machtinstrument in der Gesellschaft zu analysieren. Teil B behandelt folgende Themen: Sprache im Kontext gesellschaftlicher Machtbedingungen (5. Kapitel), Machtsprache in Politik und Gesellschaft (6. Kapitel), Sprache des autoritären Nationalradikalismus (7. Kapitel), Ideologisierung der Wirtschaftssprache (8. Kapitel) und Hasssprache gegen *die Anderen* (9. Kapitel).

5. Sprache im Kontext gesellschaftlicher Machtbedingungen

Als Ergänzung zu den sprachphilosophischen Erkenntnissen werden weitere Methoden und Techniken der Beeinflussung von und durch Sprache beschrieben. Politische Sprache wird heute in einen gedanklichen Deutungsrahmen eingebettet, Framing genannt; durch dieses Framing knüpft Sprache an die Emotionen der Menschen an. Des Weiteren nutzt Sprache die Strategien der Visualisierung und Ideologisierung.

Der Gebrauch der politischen Sprache beruht auf gesellschaftlichen Machtmechanismen, mit denen versucht wird, die Sprache einzuhegen bzw. Teile der Gesellschaft „sprachlos“ bzw. „sprachohnmächtig“ zu machen. Zu diesen Mechanismen gehören folgende Phänomene: Sprachmacht als Glaskäfig, politisches Framing, Narrative und Mythen, Visualisierung der Sprache, Euphemismen innerhalb der Sprache, Ideologisierung der Sprache und schließlich Memes und das Internet.

Sprachmacht als Glaskäfig

Gümüşay denkt Sprache als einen Ort, als ein „ungeheuer großes Museum“ (2020, 53). Die Kurator*innen des Museums entscheiden, was an Objekten, Pflanzen, aber auch an Ideen und Gedanken in einer Ausstellung gezeigt werden. In diesem Museum gibt es zwei Kategorien von Menschen: „Die *Benannten* und die *Unbenannten*. Die *Unbenannten* sind die Menschen, deren Existenz nicht hinterfragt wird. Sie sind der Standard. Die Norm. Der Maßstab. Unbeschwert und frei laufen die Unbenannten durch das Museum der Sprache“ (ebd.; Herv. i. O.).

Den Unbenannten stehen die Benannten gegenüber, die anders, fremd, irritierend sind. Die Unbenannten wollen die Benannten verstehen, aber nicht als Individuum, sondern im Kollektiv.

> Sie analysieren sie. Inspizieren sie. Kategorisieren sie. Katalogisieren sie. Versehen sie schließlich mit einem Kollektivnamen und einer Definition, die sie auf die Merkmale und Eigenschaften reduziert, die den Unbenannten an ihnen bemerkenswert erscheinen. Das ist der Moment, in dem aus Menschen Benannte werden. In dem Menschen entmenschlicht werden.

> Diese Menschen, die nun keine mehr sind – die Benannten –, leben sorgfältig katalogisiert in Glaskäfigen, beschriftet mit ihren Kollektivnamen. Wir betrachten sie durch die Augen der Unbenannten: gesichtslose Wesen, Bestandteile eines Kollektivs. (ebd., 54)

Welche Glaskäfige gibt es in Deutschland? Die Zahl der Benannten ist groß: Jüdinnen und Juden, Muslim*innen, die Ausländer*innen, Homosexuelle, Flüchtlinge bzw. „Asylant*innen", Obdachlose. „Für diejenigen, die inspiziert werden, die benannt werden, die eingesperrt sind in den Definitionen der Benennenden" (ebd., 63), gilt, dass sie nur noch im Kollektiv gedacht und betrachtet werden, ihnen wird dadurch jegliche Individualität abgesprochen (vgl. ebd.).

Eine solche Sprache der Benennung spaltet die Gesellschaft machtpolitisch in inklusive (einbezogene) und exklusive (ausgeschlossene) Bürger*innen. **Norbert Elias** und **John L. Scotson** erforschten diese Segregationspolitik bereits vor 30 Jahren in einer empirischen Fallstudie in einer kleinen englischen Vorortgemeinde und entwickelten eine Theorie von Etablierten-und-Außenseiter-Beziehungen (1990). Sie untersuchten die Mechanismen, mit denen sich alteingesessene Bürger*innen gegen zugewanderte Personen wehrten: „Der Kern der Alteingesessenen legte den Standards und Normen, der ganzen Lebensweise, die sie unter sich entwickelt hatten, einen hohen Wert bei. […] Die Neuankömmlinge, die in die ‚Siedlung' zogen, wurden als eine Bedrohung der bestehenden Ordnung erlebt […]" (237 f.). Diese Verhaltensweisen finden wir auch heute in unserer Gesellschaft: Zuwander*innen müssen sich „hocharbeiten" und mühsam um ihren sozialen Aufstieg in der Klassengesellschaft kämpfen, um als integriert akzeptiert zu werden.

Politisches Framing

In Kapitel 3 wurden die Emotionen bereits angesprochen. Die dort beschriebenen Erkenntnisse spielen bei dem Konzept des politischen Framings eine entscheidende Rolle. Das Wort Framing leitet sich vom englischen Verb *to frame* ‚rahmen' ab, das „ein Bild oder ein Fenster rahmen" bedeutet (Pons 2014, 434). Sprache wird in bestimmten Zusammenhängen so benutzt, um erwünschte politische Inhalte in das Denken der Menschen zu transportieren. „Poltisches Framing ist der Einsatz von Sprache mit dem Ziel, Politik zu machen. Politiker setzen bewusst in ihrer Rhetorik auf Bilder und Ideen, um Deutungshoheit zu erlangen. Sie aktivieren damit Frames in unseren Köpfen" (Schiebel 2019, 51). Frames sind Deutungsrahmen, die unser Wissen strukturieren und Informationen einen Sinn geben.

> Weil in politischen Debatten nicht Fakten an und für sich entscheidend sind, sondern gedankliche Deutungsrahmen, in der kognitiven Wissenschaft *Frames* genannt. Frames werden durch Sprache im Gehirn aktiviert. Sie sind es, die Fakten erst eine Bedeutung verleihen, und zwar, indem sie Informationen im Verhältnis zu unseren körperlichen Erfahrungen und unserem abgespeicherten Wissen über die Welt einordnen. Dabei sind Frames immer selektiv. Sie heben bestimme Fakten hervor und lassen andere unter den Tisch fallen. Frames bewerten und interpretieren". (Wehling 2017, 17 f.; Herv. i. O.)

Wann immer wir Informationen empfangen, werden sie in unserem Gehirn mit den Erfahrungen in unserem Leben verglichen, verarbeitet und interpretiert.

> Wann immer unser Gehirn Worte und Ideen verarbeitet, aktiviert es dazu Wissen und Sinnzusammenhänge aus vorangegangenen Erfahrungen aus der Welt. Dazu gehören Bewegungsabläufe, Gefühle, taktile Wahrnehmung, Gerüche, Geschmäcke und vieles mehr. Kurzum: Wir begreifen Worte, indem unser Gehirn körperliche Vorgänge abruft, die mit den Worten assoziiert sind. (ebd., 21)

Hier spielt die soziologische Erkenntnis der gesellschaftlichen Konstruktion der Wirklichkeit eine Rolle (vgl. Kapitel 3). Framing kann als Deutungsmuster definiert werden, das zur Sinngebung und Bewertung von Themen herangezogen wird. „Werden bestimmte Sprach- und Deutungsmuster immer wieder verwendet, bilden sich in den Köpfen ‚kognitive Schemata' oder assoziative Netzwerke. Framing-Strategien bemühen sich um eine Ansprache der ‚inneren Wert- und Glaubenssysteme der Zielgruppe'" (Mikfeld/Turowski 2014, 21).

Das Handeln der politischen Klasse wird durch die jeweiligen aktuellen Diskurse in der Gesellschaft bestimmt, die durch das emotionale politische Denken und das Framing geprägt sind. Das Zwillingspaar Sprache und Macht ist eingebettet in emotionale Diskurse, denn eine nur sachlich-rationale Argumentation führt nicht zu einem Machtgewinn. Neben der Erfindung neuer Worte sind auch Metaphern ein sprachliches Instrument, um unser Denken zu beeinflussen: „Metaphern stehen an der Schnittstelle zwischen Wahrnehmen und Handeln auf der einen und Denken auf der anderen Seite" (Kara/Wüstenhagen 2012, 3).

Metaphern erzeugen Bilder aus einem anderen Lebensbereich, die positiv oder negativ besetzt sind. Ein Beispiel: Der amerikanische Präsident **Barack Obama** verkaufte die von ihm während seiner Amtszeit (2009–2017) eingeführte Gesundheitsreform mit dem Argument: „Der Staat ist eine fürsorgliche Familie". Da Komitees entscheiden sollten, wer welche Behandlung bekommt, verkauften seine Gegner*innen der republikanischen Partei sie als „Todes-Kommissionen". Die Zustimmungsrate der Bevölkerung für Obama sank rapide (vgl. ebd., 1 f.).

In diesem Zusammenhang ist auch wichtig, was gesagt und was nicht gesagt wird, um die Bürger*innen von der Botschaft zu überzeugen oder sie eher zu überreden. „Frames haben einen selektiven Charakter. Sie *heben* immer bestimmte Gegebenheiten hervor, indem sie ihnen eine kognitive Bühne bereiten, und *blenden* andere Gegebenheiten *aus*, indem sie ihnen keine Rolle in dem Stück zuweisen, das auf der Bühne gespielt wird" (Wehling 2017, 43; Herv. i. O.).

Politische Narrative und Mythen

Neben dem Framing gibt es noch zwei weitere wirksame Instrumente, um politische Nachrichten und Botschaften einzurahmen: das Narrativ und den Mythos.

Historische Narrative

Das Wort Narrativ kommt aus dem Englischen *narrative* ‚Erzählung, Schilderung, Beschreibung' und beruht selbst auf lateinisch *narrare* ‚erzählen, berichten' bzw. *narratio* ‚Erzählung'. Das Narrativ beschreibt eine wertende sinnstiftende Erzählung. „Vor allem, wenn Politik sich nicht in routiniertem Administrieren erschöpft, sondern einschneidende Reformen erforderlich oder politisches Neuland zu betreten ist, erlangen Narrative große Bedeutung" (Münkler 2018, 11).

Bekannte Narrative aus der Geschichte sind u.a.:

- *No taxation without representation* aus dem Unabhängigkeitskrieg der Amerikaner gegen England (1775–1783), d. h., nur dann Steuern im British Empire zu bezahlen, wenn man im englischen Parlament (House of Commons) vertreten ist.
- Der amerikanische Traum: *Vom Tellerwäscher zum Millionär* (From rags to riches).
- *Liberté, Égalité, Fraternité* aus der Französischen Revolution; mit diesen drei Schlagworten identifiziert sich Frankreich noch heute, über vielen Gebäuden stehen sie als Inschrift.
- *Proletarier aller Länder, vereinigt euch* als Leitspruch des Marxismus und der kommunistischen Parteien in der Welt, um eine Revolution wie in Russland 1917 auszulösen.
- *Soziale Marktwirtschaft* als Narrativ der Wirtschaftspolitik seit der Gründung der Bundesrepublik Deutschland 1949 (vgl. Kapitel 8).

Historische Mythen

Mit dem Narrativ ist auch der Begriff Mythos eng verbunden. Er bedeutet „Überlieferung aus der Vorzeit eines Volkes in Form von Dämonen-, Götter- und Heldensagen, zur Legende Gewordenes“ (Pfeifer 1993, 904). Das Wort kommt von Griechisch *μυζος* ‚Wort, Rede, Gespräch, Überlegung, Erzählung, Sage, Märchen‘ (ebd.). Der deutsche Politikwissenschaftler **Herfried Münkler** (* 1951) beschreibt die Funktion eines Mythos: „Mythen versichern dann, dass die zu meisternden Aufgaben bewältigt werden können, weil das damals auch gelungen ist. Sie schaffen Orientierung und Zuversicht und sind damit kognitive wie emotionale Ressourcen der Politik“ (2018,11).

Bei genauerer Betrachtung lassen sich zwei Arten von politischen Mythen ausmachen: „Mythen, die auf Veränderung drängen und die von ihnen Angesprochenen geradezu zum Handeln zwingen, und Mythen, die von der Unveränderlichkeit der Geschichte erzählen und die Unterwerfung unter ein unwandelbares Schicksal nahelegen“ (ebd., 25).

Ein klassisches Beispiel für einen Mythos ist die Schlacht im Teutoburger Wald (9 n. Chr.), die schon im Geschichtsunterricht der Klassen 5 und 6 auf dem Lehrplan steht: Der germanische Fürst Arminius schlägt die Römer. Nach der Niederlage soll der römische Kaiser ausgerufen haben: „Quintili Vare, legiones redde!“, „Quintilius Varus, gib die Legionen zurück!“. Die Schlacht wird zu einem Mythos bei der Nationalstaatsbildung Deutschlands umgedeutet: „Seit dem 19. Jahrhundert herrscht die Vorstellung, die deutsche Geschichte beginne mit der Schlacht im Teutoburger Wald und deren Sieger, der Cheruskerfürst Arminius, sei der erste historisch fassbare Deutsche“ (ebd., 165).

Der römische Historiker und Senator **Tacitus** (um 58 bis um 120) – der Name bedeutet übersetzt der Schweigsame – beschreibt in seinem Werk „Germania“ den Freiheitswillen der Germanen: „Quippe regno acrior est Germanorum libertas“, „Denn tatkräftiger als die unumschränkte Herrschergewalt des Arsakes ist der Freiheitswille der Germanen“ (2006, 122 und 133) (Arsakes war um 250 v. Chr. der Begründer des Partherreichs im Vorderen Orient.).

Der deutsche Dichter und Schriftsteller **Heinrich Heine** (1797–1856) kommentiert in seinem Versepos „Deutschland. Ein Wintermärchen“ die Varusschlacht satirisch:

> Das ist der Teutoburger Wald,
> Den Tacitus beschrieben,
> Das ist der klassische Morast,
> Wo Varus steckengeblieben.

Hier schlug ihn der Cheruskerfürst,
Der Hermann, der edle Recke;
Die deutsche Nationalität,
Die siegt in diesem Drecke.

Wenn Hermann nicht die Schlacht gewann
Mit seinen blonden Horden,
So gäb es deutsche Freiheit nicht mehr,

Wir wären römisch geworden!

[...]

Wir blieben deutsch, wir sprechen deutsch,
Wie wir es gesprochen haben;
Der Esel heißt Esel, nicht asinus,
Die Schwaben bleiben Schwaben.
(1960, 113 ff.).

Visualisierung der Sprache

Das digitale Zeitalter hat mit dem Smartphone noch einen weiteren Qualitätssprung eingeleitet. Jede*r kann mit ihrem*seinem Smartphone an jedem beliebigen Ort irgendetwas sofort fotografieren oder als Video aufnehmen. Das kann sicherlich sehr hilfreich für die Polizei sein, um beispielsweise ein Verbrechen aufzuklären. Aber man kann damit auch visualisierte Botschaften in die Welt senden. Sowohl in den Nachrichtenmedien Fernsehen und Zeitung als auch in digitalen Medien verbreiten sich solche Bilder und Videos rasend schnell; sie funktionieren als Form von Bildsprache. Solche Bilder und Videos können zu Ikonen werden, wie z.B. Bilder von 9/11, das Foto des nackten, schreienden Kinds nach einem Luftangriff in Vietnam oder der „Tank Man“, der sich den Panzern auf dem Platz des himmlischen Friedens entgegenstellte (Paul 2008). Zwei bekannte politische Beispiele der letzten beiden Jahre sind Bilder des versuchten Eindringens in den Reichstag in Berlin (2020) und der erfolgreichen Stürmung des Kapitols, des Sitzes des US-amerikanischen Kongresses, in Washington, D.C., 2021.

Das versuchte Eindringen in den Reichstag

Am 29. August 2020 stürmten rechtsextreme Demonstrant*innen und sogenannte „Verschwörungstheoretiker*innen“ am Rande einer Demonstration gegen die Corona-Politik auf die Treppe des Reichstags und versuchten, in das Gebäude einzudringen. Mit Mühe konnte die Polizei das verhindern.

Die Erstürmung des Kapitols in Washington, D.C.

Mit dem verbalen Rückhalt des zu dem Zeitpunkt noch amtierenden Präsidenten Donald Trump drangen am 6. Januar 2021 Hunderte von rechtsradikalen Amerikaner*innen erfolgreich in das Kapitol ein und verwüsteten Teile der Räume. Abgeordnete mussten in Schutzräume flüchten, um sich zu retten. Bilder dieser Ereignisse wurden über das Fernsehen und die sozialen Medien verbreitet und können von anderen als Ermutigung verstanden werden, solche tätlichen Angriffe auf demokratische Institutionen nachzuahmen und zu wiederholen.

Euphemismen in der Sprache

Ein Euphemismus ist ein sprachlicher Ausdruck, der einen Sachverhalt beschönigt, um bei den Rezipient*innen bestimmte Gefühle auszulösen. Burkhardt beschreibt Euphemismen in politischer Sprache „als lexikalische oder syntaktische Formen des Beschönigens [...], als einkalkulierte Ungenauigkeiten, deren manipulativer Sinn darin liegt, bein Adressat*innen unliebsame Assoziationen zu unterdrücken oder durch positive zu ersetzen (1998, 109).

Das Wort Euphemismus für ‚beschönigender, verhüllender, sprachlicher Ausdruck' kommt über das Französische und Englische vom griechischen *ευφημισόσ*, abgeleitet vom Verb *ευφημίζειν* ‚ein gutes Wort für eine üble Sache gebrauchen' (vgl. Pfeifer 1993, 305).

Euphemismen dienen nicht nur zur manipulativen Beschönigung, sondern auch zur Vermeidung von Tabubegriffen, die aus Scham, Angst oder Pietät verpönt sind. Aus der Migrationsgeschichte kennen wir den Wandel vom Fremdarbeiter im Dritten Reich über die Gastarbeiter*innen in der Bundesrepublik Deutschland in den 1950er und 1960er Jahren, weiter zu Arbeitsmigrant*innen bzw. ausländischen Mitbürger*innen in den 1970er bis 1990er Jahren und dann im 21. Jahrhundert zu Menschen mit Migrationshintergrund bzw. Migrationsgeschichte. An diesem Beispiel sieht man auch, dass sich ehemals euphemistische Begriffe abnutzen und auf der Bedeutungsebene ins Negative umkehren. Euphemismen lassen sich in neun verschiedene Kategorien einordnen, die „den Effekt der euphemistischen Wirkung und damit den gezielten Einsatz dieses Stilmittels genauer beschreiben" (vgl. hier und im Folgenden Götzinger 2013, 13 ff.):

1. **Vage oder mehrdeutige Ausdrücke**
   Das sind Polyseme, die mehrere Bedeutungen haben, z. B. der Läufer als Teppich, im Schach, in der Landwirtschaft und im Sport. Diese Polysemie kann zu Missverständnissen und Fehlschlüssen führen, davon leben Dichtung und Kabarett. Sie kann aber auch politisch bewusst eingesetzt werden,

um etwas zu verschleiern. Das Wort ‚betreuen' verstehen wir heute als Begriff der Alten-, Kranken- und Kindertagespflege, aber in der deutschen Vergangenheit benutzten die Nationalsozialisten das Wort als verschleiernden Begriff für die Ermordung von Jüdinnen und Juden.

2. **Fremdworte oder gehobene Sprache**
   Fremdworte können in der gehobenen Sprache benutzt werden, um das eigene Wissen zu demonstrieren und den „Otto Normalverbraucher" über die eigentliche Bedeutung im Unklaren zu lassen. Im Deutschen lassen sich Substantive zu langen Wörtern zusammensetzen, was eine ähnliche Funktion erfüllen kann: Veräußerungserlösgewinnsteuer, Kraftfahrzeughaftpflichtversicherung, Straßenverkehrszulassungsordnung, Aufmerksamkeitsdefizit-Hyperaktivitätsstörung, Rindfleischetikettierungsüberwachungsaufgabenübertragungsgesetz.
3. **Auslassung negativer Lexeme**
   Bei dieser Variante werden negativ konnotierte Wörter weggelassen oder durch positiv klingende Begriffe ersetzt. Ein Beispiel ist der Wortwandel von der *Atomenergie* über die *Kernenergie* zur *Überbrückungstechnologie*. Bei der Suche nach einem Endlager für den Atommüll spricht man über eine ergebnisoffene Prüfung. Das klingt auch nach einer positiven Lösung für den Atommüll, oder nicht?
4. **Hinzufügung positivierender Worte**
   Diese Kategorie bildet das Gegenteil zur Auslassung bestimmter Wörter. In der Zeit des Nationalsozialismus wurden vielen Wörtern die Adjektive *deutsch* oder *national* vorangestellt, um einen euphemistischen Effekt zu erreichen, und auch umgekehrt wurden negativierende Adjektive wie *jüdisch* oder *ausländisch* hinzugefügt, um den gegenteiligen Effekt zu erzielen.
5. **Metapher**
   Eine Metapher ist ein sprachlicher Ausdruck, bei dem ein Wort aus seiner ursprünglichen Bedeutung in eine andere übertragen wird. Einfache Beispiele sind die *Baumkrone* für die „Spitze des Baums" oder das *Wüstenschiff* für das „Kamel". Das Wort ‚Metapher' kommt von griechisch *μεταφορά* ‚Übertragung'. Metaphern in der politischen Kommunikation können der Orientierung oder der Manipulation dienen, werden also als diskursives Machtinstrument genutzt.

Die Macht politisch erfolgreicher Metaphern liegt in der Bündelung und Verstärkungen von Erfahrungen und Modellen, die über die ganze Gesellschaft verbreitet sind und ein nahezu unbegrenztes, offenes Zielfeld haben, das an sich völlig unver-

> ständlich ist (wie z. B. die wirtschaftlichen Konjunkturzyklen), das aber mit Hilfe einfacher Bilder gleichfalls plausibel gemacht werden kann, weil in der bildspendenden Sphäre einfache, ad nauseam plausible Verhältnisse herrschen. (Knobloch 2009, 3)

Als Beispiel nennt der deutsche Linguist **Clemens Knobloch** (* 1951) den Begriff ‚Globalisierung' als eine „Passe-partout-Metapher mit hoher Alltagsplausibilität" (ebd., 4), der für alle gesellschaftlichen Bereiche herhalten muss: globales Konkurrenzdenken in der Wirtschaft, das deutsche Bildungssystem im Vergleich zu anderen Ländern, die globale Wettbewerbsfähigkeit der Universitäten und allgemein die Alternativlosigkeit weltweiter expansiver Wachstumsökonomien als Mythos des Sachzwangs.

6. **Litotes**
   Litotes ist eine „Redefigur, die durch doppelte Verneinung oder durch Verneinung des Gegenteils eine vorsichtige Behauptung ausdrückt" (Duden FW 2007, 819). Das Wort kommt von griechisch λιτοτης ‚Sparsamkeit, Zurückhaltung im Ausdruck'. Beispiele sind *kein Frieden* statt Kriegszustand und *er ist nicht der schlechteste Lehrer.*
7. **Versteckte semantisch-deskriptive Widersprüche**
   In der Sprache können Widersprüche versteckt werden. Ein gutes Beispiel ist der nach dem Zweiten Weltkrieg geprägte Begriff *soziale Marktwirtschaft*. Früher wurde die Marktwirtschaft als freie Marktwirtschaft gleich Kapitalismus verstanden, aber nicht als sozial. Aber die Verbindung der beiden Wörter führte zur Illusion, dass der Kapitalismus gleich Marktwirtschaft auch sozial sein könnte, oder?
8. **Leerformeln**
   Leerformeln sind sprachliche Begriffe, die man erst konkret-inhaltlich füllen muss, damit sie klar verstanden werden. Beispiele solcher Begriffe sind *Freiheit oder Menschenwürde*. Sie werden oft vom Bundesverfassungsgericht interpretiert, z. B. mit dem Urteil zu einem menschenwürdigen Existenzminimum für Hartz-IV-Empfänger*innen 2010 (vgl. Kapitel 10).
9. **Abkürzungen**
   Abkürzungen können eingesetzt werden, um Begriffe zu vermeiden. Ein gutes Beispiel für politische Abkürzungen liefert die deutsche Geschichte nach dem Zweiten Weltkrieg mit der Bildung zweier deutscher Staaten 1949. Der Westteil nannte sich *Bundesrepublik Deutschland* und der Ostteil *Deutsche Demokratische Republik*. Aber beide Staaten nannten den anderen in ihrer Politsprache nur BRD bzw. zunächst nur SBZ (Sowjetische Besatzungszone), ab den 1960er Jahren *„DDR"* (in Anführungszeichen), nach den Verträ-

gen von 1972 DDR, und in der westdeutschen Volkssprache „Der Doofe Rest".

In Politik und Wirtschaft gibt es zahlreiche Euphemismen (vgl. u.a. Warkentin 2004): *Betriebsoptimierung* statt Entlassungen, *Freisetzung von Arbeitskräften* statt Entlassung, *Personalstandsbereinigung* statt Massenentlassung, *Facility Manager* statt Hausmeister, *Kernenergie* statt Atomkraft, *Kreditmanager* statt Schuldeneintreiber, *Nullwachstum* statt Stillstand, Stagnation, *Preisanpassung* oder *Tarifkorrektur* statt Preiserhöhung, *Schadstoffemission* statt Luftverschmutzung, *Problemabfall* statt Giftmüll, *Umsiedlung* statt Vertreibung, *Umstrukturierungen* statt Entlassungen, *Tauwetter* statt Milderung politischer Strenge, *Verbraucherinformationen* statt Werbung, *Wachstumspause* statt Rezession, *negative Zuwachsrate* statt Schrumpfung, *Säumniszuschlag* statt Mahngebühr, *Verteidigungsfall* statt Krieg, *Verteidigungsminister* statt Kriegsminister, *Engpass* statt Krise, *Kuhhandel* für politischen Parteischacher, *Wendehals* für Opportunist, *Rechtsdrall* für Hinneigung zum Nationalismus.

Auch in der Alltagssprache werden Hüllworte statt Klarworte benutzt: *Ableben* statt Sterben, *die Dritten* statt Gebiss, *Fehltritt* statt Straftat, *hohe Stirn* statt Glatze, *Seniorenresidenz* statt Altersheim, *vollschlank* statt übergewichtig, *zeitnah* statt bald.

Ideologisierung der Sprache

In der Literatur gibt es keine einheitliche Position zum Begriff Ideologie. Der britische Literaturtheoretiker **Terry Eagleton** (* 1943) vergleicht sechs verschiedene Definitionen von Ideologie (vgl. 2000, 38 ff.): von der Produktion von Ideen und Überzeugungen, z. B. als Weltanschauung, über die Propagierung und Legitimierung der Interessen sozialer Gruppen und das Konzept von falschen und irreführenden Ideen bis hin zu der hier genutzten Definition, „[...] daß ideologische Überzeugungen und Konzepte die Interessen einer herrschenden Gruppe oder Klasse durch Verzerrung oder Entstellung legitimieren" (ebd., 40).

Ähnlich wird der Begriff bei Euchner bzw. Salamun definiert:

> Unter Ideologien werden Gedankengebilde verstanden, die gesellschaftlichen Gruppen als allgemeine Orientierungsrahmen bei der Interpretation der sozialen Wirklichkeit dienen, Machtansprüche dieser Gruppen im politischen Leben legitimieren und neben echten wissenschaftlichen Einsichten, offenen Wertungen, Normen und Handlungsappellen auch krypto-normative und falsche Vorstellungen enthalten [...]. (Salamun 1988; zit. nach Euchner 1995, 192)

Die ideologische Sprache ist dogmatisch und dient dem Machterhalt. Das Wort Dogma, also ‚verbindlicher, anerkennend zu befolgender Glaubenssatz' kommt aus dem Griechischen *δόγμα* ‚Verordnung, Beschluss, philosophischer Grundsatz' und bekommt über das Lateinische in der spätlateinischen Kirchensprache die Bedeutung ‚geoffenbarte, unumstößlich gültige Glaubenslehre" (Pfeifer 1993, 234). Beispiele für die Ideologisierung der (Wirtschafts-)Sprache finden sich im 8. Kapitel.

Memes und Internet

In den letzten Jahren ist im Internet ein kreatives Phänomen aufgetaucht: Meme (ausgesprochen [mi:m]; Plural Memes). Das Wort leitet sich von griechisch *μίμημα* ‚nachgeahmte Dinge' ab, das verwandte Verb ist *μίμεϊθαι* ‚imitieren'. Der britische Zoologe und Evolutionsbiologe **Richard Dawkins** (* 1941) erfand den Begriff ‚meme', um die Verbreitung kultureller Informationen zu beschreiben. Er stellte die Hypothese auf, dass es in Anlehnung an das biologische Gen auch ein hypothetisches kulturelles Pendant von vererbbaren Bewusstseinsinhalten gibt. Er denkt dabei an Sprache, Informationen und Musik. Diese Hypothese ist empirisch nicht belegbar. Aber der Begriff Meme hat sich als Kulturphänomen im Internet verbreitet.

Meme beschreibt ein digitales Phänomen auf Social-Media-Plattformen und in Netzwerken, bei Messengerdiensten, auf Videoportalen, in Chaträumen, Internetforen, E-Mails etc.: Kleine Medieninhalte werden in Form eines Bilds und einer kurzen, prägnanten Aussage verbreitet. In der Regel sind das humoristische, manchmal auch satirische/gesellschaftskritische Bilder und Inhalte. Da die Memes über das Internet verbreitet werden, nennt die israelische Kulturwissenschaftlerin **Limor Shifman** (* 1974) sie *Internetmeme* und definiert sie als „(a) eine Gruppe digitaler Einheiten, die gemeinsame Eigenschaften im Inhalt, in der Form und/oder Haltung aufweisen, die (b) in bewusster Auseinandersetzung mit anderen Memen erzeugt und (c) von vielen Usern im Internet verbreitet, imitiert und/oder transformiert wurden" (2014, 44).

Shifman bringt als eines unter vielen Beispielen das zum Meme gewordene Bild des „Pepper Spraying Cop" als Reaktion auf eine Versammlung von Studierenden der University of California im Zuge der „Occupy Wall Street"-Proteste. Als die Studierenden sich weigerten, den Bereich zu räumen, „reagierten zwei Polizisten darauf, indem sie einer Reihe stillsitzender Studenten Pfefferspray direkt ins Gesicht spritzten" (ebd., 52). Mit dem Designprogramm Photoshop wurde dieses Foto im politischen Kontext mit US-amerikanischen Ikonen kombiniert, wie z. B. dem Gemälde, das Georg Washington bei der Überquerung des Delaware River zeigt, oder den ehemaligen amerikanischen Präsidenten des Mount Rushmore Memorials. „Diese politischen Versionen teilen die Auffassungen, dass der Polizist brutal gegen die durch die Demonstranten repräsentierten Grundwerte von Gerechtigkeit und Freiheit verstoßen hat" (ebd., 53 f.).

Für den Journalisten **Dirk von Gehlen** (* 1975) sind „Internet-Meme Meta-Maschinen der Aufmerksamkeit" (2020, 21 ff.), denn der Grund für ihre Popularität liegt in dem Spiel mit Metadaten. „Ein memetischer Inhalt wird aus seinem Ursprungskontext entfernt und in einen neuen Zusammenhang gestellt" (ebd., 24). Für Nutzer*innen sind Internet-Memes sowohl Herausforderung als auch Mittel zur Identitätsbildung.

> „Mit Blick auf das Thema Internet-Meme beschreibt das Prinzip, andere zur Interaktion aufzufordern oder herauszufordern, aber vor allem die Bedeutung von Identität. Der Wunsch, sich selbst über die Interaktion mit Internet-Memen auszudrücken und zu präsentieren, ist ein wichtiger Ausgangspunkt der Begeisterung für die Sozialen Medien […]. (ebd., 35)

Die Verbindung von Sprache und Bild schafft hier eine neue Qualität der Aussage.

Fazit: Figurationsanalyse von Sprache und gesellschaftlichen Mechanismen

In den Sozialwissenschaften haben sich in den letzten Jahren Konzepte entwickelt, die den Nachweis der figurativen Wechselseitigkeit zwischen vielfältigen makrogesellschaftlichen Mechanismen wie u. a. politischem Framing, politischen und historischen Narrativen, Visualisierung, Euphemismen und Ideologisierung einerseits und dem Gebrauch von Sprache im politischen und gesellschaftlichen Alltag andererseits beschreiben.

6. Machtsprache in Politik und Gesellschaft

Politische Macht wird sprachlich durch die Anwendung von Mechanismen und Konzepten wie dem Glaskäfig der Benannten, Framing, Euphemismen, Narrativen und Mythen, akademischem Vokabular, Informationskriegen und postemotionalen Träumen verstärkt.

In Kapitel 6 werden sozialwissenschaftliche Erkenntnisse aus Kapitel 3 mit Sprache im Kontext gesellschaftlicher Machtbedingungen aus Kapitel 5 verknüpft, um den Missbrauch von Sprache in der Gesellschaft zur Erhaltung und Gewinnung von Macht zu untersuchen. Hierbei spielt das Wechselverhältnis von Sprache, Emotionen und Denken geprägt von Narrativen, Framing und Ideologisierung in den politischen Diskursen eine große Rolle. Wer „die sprachliche Hoheit" gewinnt, hat im politischen Konkurrenzkampf Vorteile gegenüber seinen Gegner*innen.

> Politisches Denken vermittelt sich zuallererst über Sprache, die wiederum unser politisches Bewusstsein prägt. [...] Wer politisch gestalten und Dinge verändern will, sollte sich daher nicht nur um parlamentarische Mehrheiten bemühen, sondern auch darum, auf der Ebene der Sprache, der Deutungen und Diskurse Einfluss zu gewinnen. (Klein 2010, 15 f.)

In diesem Kapitel wird detailliert untersucht, wie Politiker*innen versuchen, den politischen und gesellschaftlichen Diskurs zu beeinflussen oder sogar dominant zu bestimmen. „Aus der konstruktivistischen Perspektive auf Emotionen versuchen Eliten und soziale Gruppen in der Gesellschaft, ihre Interpretationsregeln und Gefühlsregeln anderen aufzuerlegen und sie zu legitimieren" (Flam 2002, 131).

Konkret werden folgende Themen behandelt: der Glaskäfig der Menschen mit Migrationsgeschichte, die Praxis des politischen Framings, Fake News, Verschwörungsmythen und Informationskriege, die akademische Sprache der Systemwelt versus die Alltagsprache der Lebenswelt, die Sprachpolitik der Narrative und Mythen, postemotionale Träume und die Sprachmacht der Religion.

Glaskäfig Menschen mit Migrationsgeschichte

Wenn die Bezeichnung für die*den „Benannte*n" im Glaskäfig allzu negativ klingt, wird manchmal die Etikettierung, sprich der Name, geändert. Ein aufschlussreiches Beispiel für dieses „Auswechseln“ der Wörter und Begriffe sind die „Bezeichnungen“ für nicht deutsche Personen in den letzten 80 Jahren.

Im Dritten Reich hießen die als Zwangsarbeiter*innen ins Deutsche Reich verschleppten Bürger*innen noch Fremdarbeiter*innen (umgangssprachlich für zivile Zwangsarbeiter*innen, vgl. Pagenstecher 2016), wie auch heute noch neutral in der Schweiz. Auf dem Höhepunkt des Zweiten Weltkriegs 1944 arbeiteten 7,7 Millionen Fremdarbeiter*innen als Sklav*innen in der Industrie und der Landwirtschaft. Jede vierte Arbeitskraft war ein*e Nichtdeutsche*r. Ohne deren ausbeuterische Sklavenarbeit wäre das Dritte Reich wahrscheinlich viel früher zusammengebrochen. Die Zwangsarbeiter*innen waren nach dem Einmarsch Hitlers in Polen 1939 aus dem Land entführte Menschen, später andere Zwangsarbeiter*innen aus den vom Dritten Reich besetzten Ländern in Europa und auch russische Kriegsgefangene (vgl. Herbert 1986).

Da man sich nach dem Zweiten Weltkrieg nicht an diese versklavten Fremdarbeiter*innen erinnern wollte, prägte man den neuen Begriff Gastarbeiter*innen für die ersten Zuwanderer*innen ab 1956 aus Italien, denen später Menschen aus Spanien, Portugal, Griechenland, der Türkei und Jugoslawien folgten. Irgendwann fand man den Begriff Gastarbeiter*in nicht mehr sinnvoll, denn die Gäste blieben länger als erwartet in Deutschland, d. h. sie wurden faktisch zu Einwanderer*innen und ein großer Teil erwarb nach und nach die deutsche Staatsbürgerschaft. Man wechselte zunächst zum Begriff Ausländer*innen bzw. ausländische Mitbürger*innen und heute nennt man sie Menschen mit Migrationshintergrund. Auch hier zeigt sich der sprachliche Wandel: So schlägt eine von der Bundesregierung eingesetzte Expertenkommission als Alternative „Eingewanderte und ihre (direkten) Nachkommen“ vor (o. A. 2021b). Weitere Alternativen sind „Menschen aus Einwandererfamilien“ oder „Menschen mit internationaler Geschichte“ (Gräf/Pürckhauer 2020). Diese Personen werden vom Statistischen Bundesamt seit 2005 offiziell erfasst, und zwar alle Zuwanderer*innen seit 1950. Die Definition lautet:

> Eine Person hat einen Migrationshintergrund, wenn sie selbst oder mindestens ein Elternteil nicht mit deutscher Staatsangehörigkeit geboren wurde. Im Einzelnen umfasst diese Definition zugewanderte und nicht zugewanderte Ausländerinnen und Ausländer, zugewanderte und nicht zugewanderte Eingebürgerte, (Spät-)Aussiedlerinnen und (Spät-)Aussiedler sowie die als Deutsche geborenen Nachkommen dieser Gruppen. (Destatis o. J.)

Wer also in der zweiten, dritten und jetzt schon vierten Generation als Kind von Zuwanderer*innen in Deutschland geboren wurde, ist automatisch auch ein

Hatice Akyün

Mensch mit Migrationshintergrund, obgleich die letzten zwei Generationen in Deutschland aufgewachsen sind. Diese „Migrationsbevölkerung" hat einen Anteil von mehr als 25 % (2020) an der Wohnbevölkerung Deutschlands. Zu diesem Punkt äußerte sich die Journalistin **Hatice Akyün** (* 1969) in einem Interview:

> In den vergangenen Jahren kam die politisch korrekte Bezeichnung „Mensch mit Migrationshintergrund" auf. Ganz ehrlich: Ich bin in Deutschland aufgewachsen, das ist das Land, in dem ich leben möchte, in dem ich meinen Beruf als Journalistin ausüben kann, und die ersten 35 Jahre meines Lebens war ich Hatice Akyün. Jetzt bin ich ein „Mensch mit Migrationshintergrund". Ich will nicht abgestempelt werden. Ich will keinen Hintergrund. (Ruhland/Buhre 2009)

Diese Glaskäfigstrategie ist mittels Sprache ausgeübte Machtpolitik, um sich ab- und andere auszugrenzen. Andere Machtbegriffe sind Integrationsfähigkeit oder Integrationswilligkeit, deutsche Leitkultur und Assimilation.

Glaskäfig und Schule

Diese strukturelle Macht zeigt sich im statistischen Glaskäfig des Begriffs ‚Menschen mit Migrationshintergrund', denn die Verwendung führt in der Schulpolitik zu folgendem Doppeleffekt im Entscheidungsprozess für den Bildungsaufstieg:

(1) Eine Minderheit der Lehrer*innen vertritt die nicht pädagogische Meinung, dass Kinder von Migrant*innen von ihrer Herkunft her Sprachdefizite im Deutschen hätten und daher keine Empfehlung für das Gymnasium bekommen könnten. Eine Studie des Lehrstuhls Pädagogische Psychologie der Universität Mannheim zeigt, dass „Grundschulkinder mit ausländischen Wurzeln im Fach Deutsch von angehenden Lehrkräften schlechter benotet werden – bei gleicher Leistung" (Universität Mannheim 2018).

(2) Deutsche Eltern, die in Stadtteilen mit einem hohen Migrationsanteil wohnen, ziehen um und vermeiden so, ihre Kinder auf die „schlechten" Schulen mit hohem Anteil an Kindern mit Migrationsgeschichte zu senden, sodass sich in vielen deutschen Schulen in solchen Stadtteilen der Anteil der Kinder aus Familien mit Einwanderungsgeschichte der Hundertprozentmarke nähert oder sie schon erreicht hat.

*„Fremdarbeiter*innen" heute*

Im Duden von 2020 ist das Wort ‚Fremdarbeiter' indirekt verschwunden, denn in Klammern steht „schweizerisch, sonst meist abwertend oder veraltet" (Duden R 2020, 471). Aber die deutsche Realität sieht anders aus, denn der Begriff existiert heute wieder, z. B. beim Automobilkonzern Daimler AG. Neben der relativ gut bezahlten Stammbelegschaft gibt es noch die Leiharbeiter*innen, die bei Bedarf angefordert werden. Das geschieht dadurch, „dass ein kompliziertes Dreiecksverhältnis die Billiglöhner zu Daimler bringt. Eine Zeitarbeitsfirma rekrutiert und verleiht die Arbeiter an eine große internationale Spedition, die wiederum schickt die Arbeiter per Werkvertrag an die Daimler-Fließbänder" (Rose 2014, 98). Diese Arbeiter*innen erhalten von der Werkspolizei einen provisorischen „Fremdarbeiter-Ausweis" (ebd., 99). Sie sind die „FAK", die „Fremdarbeitskraft" (ebd., 103). Diese Leiharbeiter*innen werden so schlecht bezahlt, dass sie vom Jobcenter noch Arbeitslosengeld II, also Hartz IV, bekommen, das höher als der Lohn von Daimler ist.

Zur Praxis des politischen Framings

Die in den USA lebende deutsche Soziologin und Linguistin **Elisabeth Wehling** (* 1981) untersucht politisches Framing und geht der Frage nach, „wie eine Nation sich ihr Denken einredet – und daraus Politik macht" (2017). Die gesellschaftlichen und politischen Debatten werden durch Frames und Metaphern geprägt.

> Es geht um gesellschaftliche Realität, um die Welt in den Köpfen der Menschen. Wörter machen Politik, sie schaffen Fakten und sie beeinflussen Entscheidungen. […] Worte sind nicht bloß Waffen zum Überwältigen der Gegner, […] sie manipulieren auch das Verhalten der Bevölkerung. (Schramm/Wüstenhagen 2020, 210)

> „Sprachbilder strukturieren unser Denken, weil sie Deutungsrahmen aktivieren, sogenannte Frames. […] Wenn wir ein bestimmtes Wort hören, dann aktiviert unser Gehirn die damit verbundenen, gespeicherten Sinneseindrücke, Bilder und Emotionen" (ebd., 216).

Die nachstehenden Beispiele belegen diese Strategie des politischen Framings.

Euro-Rettungsschirm

Der Euro-Rettungsschirm in der Finanzkrise in den Jahren 2008/09 ist so ein FramingBegriff, denn der Frame ‚Schirm' löst in unseren Köpfen bestimmte Bilder aus, die wir aus unserem Alltag kennen. „Ein Schirm hat die Funktion, uns

Menschen gegen naturbedingte Gefährdungen zu schützen – sprich, eine Gefährdung von außen, die nicht durch andere Menschen und auch nicht durch uns selbst verursacht ist. Das alles steckt in dem Frame“ (Wehling 2017, 44).

Die finanziellen Nöte der in Schwierigkeit geratenen Länder werden in die Umwelt verlagert oder, wie die Betriebswirtschaft sagt, ‚outgesourct', d. h. weg von der Quelle der Verursacher*innen. „Denn der Frame vom Schirm sieht keine menschlichen Akteure als Gefährdung vor. [...] [D]er *Schirm*-Frame hält nicht die Rolle eines menschlichen Übeltäters und auch keinen gedanklichen Slot für das Fehlverhalten einzelner oder kollektiver Akteure bereit“ (ebd., 44; Herv. i. O.).

Metapher Wettlauf

Die Begriffe Wettlauf und Wettbewerb im Sport bzw. Wettbewerb und Konkurrenz in der kapitalistischen Wirtschaft sind jeder*m geläufig. Sie werden im Kopf automatisch mit dem Bild von Sieger*innen und Verlierer*innen verknüpft. Sie werden auch in andere gesellschaftliche Bereiche wie Bildung und Arbeit projiziert; sie gehören somit zu unserem Alltag: „Unser soziales Miteinander ist ein Wettlauf um die ersten Plätze – zum Beispiel in der Schule und auf dem Arbeitsmarkt. Ob man es ganz nach vorne schafft, vielleicht sogar unter den Siegern ist, das ist eine Frage individueller Fitness. Und natürlich können nicht alle siegen“ (ebd., 110). So ist die Mehrheit der Schüler*innen im ständigen Wettlauf, gute Noten im Abitur zu bekommen, damit sie sich ihren Traum erfüllen können, ein Studienfach mit einem Numerus clausus von 1,0 o. ä. zu studieren, wie z. B. Human-, Tier- und Zahnmedizin, Pharmazie und Psychologie.

Der Frame vom Wettlauf im sozialen Miteinander suggeriert, dass Wohlstand, Bildung und soziales Prestige das persönliche Lebensziel seien, das man selbst erreichen muss, um gesellschaftlich anerkannt zu sein.

> Jeder bekommt, was er sich selbst verdient hat. Nicht jeder kann gewinnen. Wer gewinnt, ist entweder von Natur aus stark oder sehr diszipliniert. Jeder kann stark werden, wenn er hart genug an sich arbeitet. Wenn man jemandem hilft, hindert man ihn letztlich daran, selbst stark zu werden. (ebd., 115)

Doch der mögliche Erfolg ist dabei abhängig von gesellschaftlichen Bedingungen wie Elternhaus, Schule und Stadtteil.

> Misserfolg ist immer auch durch die Stellung in der Gemeinschaft und, zumindest sehr häufig, kollektive Ausgrenzung mitbedingt – Menschen werden zum Beispiel in nicht privilegierte Gruppen hineingeboren oder von den Power-Holdern in unserer Gesellschaft ausgebremst – wie etwa Frauen durch Sexismus, Nicht-Weiße durch

> Rassismus, Nicht-Christen durch religiöse Abwertung und Nicht-Bildungsbürger durch intellektuellen und sozialen Elitismus. (ebd., 113 f.)

Die große Mehrheit der Bürger*innen in der deutschen Gesellschaft sitzt in diesem Glaskäfig und kann am Wettlauf des sozialen Konkurrenzkampfs nicht teilnehmen oder muss erst große Hindernisse überwinden.

Metapher Leistungsträger

Wolfgang Kubicki, stellvertretender FDP-Vorsitzender, sagte in einem Interview der Nordwest Zeitung am 6. Januar 2015: „Die Leistungsträger in der sozialen Marktwirtschaft […] müssen entlastet werden" (zit. nach Wehling 2017, 115). Solche Sätze zu den Leistungsträgern hört und liest man oft. Die FDP nannte sich zeitweilig die Partei der „Leistungsträger und Besserverdienenden" und warb mit dem Slogan „Leistung muss sich lohnen".

Die Metapher Leistungsträger ist zwar semantisch nicht korrekt, denn man trägt keine Leistung, sondern erbringt sie. Das Bild eines hohen Maßes an Leistung wird im Kopf mit einem hohen Maß an körperlicher Fitness verbunden:

> Der *Leistungsträger*-Frame nutzt also, ebenso wie der Wettlauf-Frame, körperliche Fitness als Metapher für Stärke und Disziplin, die vermeintlich unabwendbar zu Reichtum, Einfluss und wirtschaftlicher Gestaltungsmöglichkeit führen. Ein Mangel an Reichtum, Prestige und wirtschaftlicher Kontrolle wird, im Umkehrschluss, als Zeichen mangelnder Stärke und Disziplin gewertet – metaphorisch gesprochen ein Zeichen körperlicher Schwäche. (ebd., 117; Herv. i. O.)

Ein anderes Framing „vermittelt" die „Erkenntnis", dass die sozialen Ungleichheiten auf natürliche Ursachen zurückzuführen seien.

Soziale Hängematte, Sozialhilfeadel und Sozialtropf

Das Gegenstück zum Leistungsträger in der Mittelschicht sind die Begriffe ‚soziale Hängematte', ‚Sozialhilfeadel' und am ‚Sozialtropf' hängen. Mit diesen Metaphern wird suggeriert, dass Sozialhilfeempfänger*innen, also Hartz-IV-Empfänger*innen, auf Kosten der Steuerzahler*innen ein bequemes Leben führten. Einige Zitate belegen diese öffentlich geäußerten Aussagen:

> Wer dem Volke anstrengungslosen Wohlstand verspricht, lädt zu spätrömischer Dekadenz ein. (Guido Westerwelle (FDP) in Die Welt am 11. März 2010; zit. n. Wehling 2017, 126)

> Mittlerweile gibt es in diesem Land einen Sozialhilfeadel in der 3ten Generation.

> Dagegen muss etwas unternommen werden (Userkommentar auf Focus Online, 13. Oktober 2010; zit. n. Wehling 2017, 125)

> Bei *Menschen bei Maischberger* wird im Sommer 2015 diskutiert, ob jungen Menschen der Antrieb zu Leistung fehle, wenn sie es sich in der „sozialen Hängematte" des Staates bequem machen können. (Kölner Stadt-Anzeiger, 13. Mai 2015; zit. n. Wehling 2017, 124; Herv. i. O.)

Die Hängematte ist der Inbegriff von Entspannung, Ausruhen und Faulenzen. Doch stellt sich da die Frage: Ist der Hartz-IV-Regelsatz pro Person für Alleinstehende/Alleinerziehende von 446,– € (2021) plus Miete eine soziale Hängematte? Davon sind 34,7 %, also 154,78 € für Nahrung und alkoholfreie Getränke vorgesehen (LpB o. J.).

*Arbeitgeber*innen versus Arbeitnehmer*innen*

Der Begriff Arbeit ist an sich relativ unbestimmt, denn er wird auf vielfältige Art verstanden: Meint er allein Erwerbsarbeit oder zählt dazu auch die Hausarbeit (Carearbeit) oder das freiwillige zivilgesellschaftliche Engagement als Fußballtrainer*in in der Vereinsjugendarbeit, im Deutschkurs mit Flüchtlingen, in der Behindertenarbeit usw.?

Der Begriff hat in den letzten 500 Jahren einen großen Bedeutungswandel vollzogen. Die Ausgangsbedeutung lag im Mittelalter auf ‚schwerer körperlicher Anstrengung, Mühsal, Not, die man leidet oder freiwillig übernimmt' (Pfeifer 1993, 55). In der mittelalterlichen Standesgesellschaft hat der Adel nicht gearbeitet; die Arbeit überließ man seinen Knechten, Mägden und Dienstbot*innen, der Amme überließ man das Stillen der Babys und der Gouvernante die Erziehung der Kinder. Die positive Umdeutung der Arbeit begann im 15. und 16. Jahrhundert mit den Reformatoren Martin Luther und Johannes Calvin.

In der Prädestinationslehre des revolutionären protestantischen Reformators Johannes Calvin (1509-1564) wird behauptet, dass schon bei der Geburt Gott durch seine Gnadenwahl entschieden hat, ob man in den Himmel oder in die Hölle kommt. Daher stellt sich jeder Calvinist die quälende Frage, ob er denn erwählt sei und wie er sich dieser Erwählung sicher werden kann (vgl. Weber 200, 69), denn „äußerlich" sind beide Gruppen nicht zu unterscheiden. Max Weber argumentiert wie folgt:

> „[…] treten namentlich zwei miteinander verknüpfte Typen seelsorgerischer Ratschläge als charakteristisch hervor. Es wird einerseits schlechthin zur Pflicht gemacht, sich erwählt zu halten, und jeden Zweifel als Anfechtung des Teufels abzuweisen […]. Und andererseits wurde, um jene Selbstgewissheit zu erlangen, als hervorra-

> gendsten Mittel rastlose Berufsarbeit eingeschärft. Sie und sie allein verscheuche den religiösen Zweifel und gebe die Sicherheit des Gnadenstandes." (Weber 2000, 70 f.)
>
> Arbeit wird zur Erfüllung von Gottes Willen. Die Lebensweise des vereinsamten Individuums führt zu einer innerweltlichen Askese, um den Ruhm Gottes auf Erden zu mehren. „Diese Rationalisierung nun gibt der reformierten Frömmigkeit ihren spezifisch asketischen Zug" (ebd., 78).

Die religiöse Bindung wird nach und nach „vergessen", aber die sozialisationsbedingte verinnerlichte Arbeitshaltung bleibt (bis heute?) erhalten: Leben um zu arbeiten und nicht umgekehrt.

Wer aber gibt und nimmt eigentlich die Arbeit? Bei Karl Marx war es noch der Arbeiter, der seine Arbeitskraft an den Unternehmer verkauft und dafür als Tauschwert seinen Lohn bekommt, und der Unternehmer, der Kapitalist, nimmt die Arbeit. Durch die Bildung der beiden Begriffe Arbeitgeber und Arbeitnehmer entsteht eine umgekehrte Weltansicht (Humboldt). Arbeit wird als Metapher zum Objekt: *Ich habe Arbeit gefunden* und *ich habe meine Arbeit verloren*. „Die Verteilung der moralischen Rollen zwischen Gebendem und Nehmenden ist ziemlich eindeutig. Der Arbeitnehmer steht in einer moralischen Schuld dem Arbeitgeber gegenüber" (Wehling 2017, 132).

Humankapital und Humanressourcen

Der Begriff Arbeitsmarkt ist allgegenwärtig in den Nachrichten und in den politischen Diskussionen: Die Zahl der Arbeitslosen ist gestiegen oder gesunken, Langzeitarbeitslose sind schwer in Arbeit zu vermitteln, Jugendliche suchen noch eine Lehrstelle, es fehlen Arbeitskräfte in bestimmten Branchen wie in der Pflege und der Gastronomie.

Für die abhängig beschäftigten Arbeiter*innen und Angestellten werden in den Wirtschaftswissenschaften meist die Begriffe *Humanressourcen* oder *Humankapital* genutzt. Der Begriff ‚Ressource' bedeutet ursprünglich nur ‚Bodenschätze, landwirtschaftliche Nutzfläche' (Duden FW 2007, 1175). Das Wort kommt vom französischen Wort *ressource*, abgeleitet vom altfranzösischen Verb *resoudre*, das wiederum auf lateinisch *resurgere* ‚wieder aufstehen, wieder emporkommen' zurückgeht, d. h., die Bodenschätze werden ans Tageslicht gebracht. Dieser Begriff wird heute erweitert auf alle Ressourcen des Landes im Sinne von Infrastruktur und auf die Fähigkeiten und Kompetenzen des Menschen für den Arbeitsmarkt. Der Begriff Humankapital versteht den Menschen nur als Geldquelle, die man nutzen kann. Der arbeitende Mensch ist nicht mehr Subjekt, sondern er wird als Sache objektiviert.

> Sowohl der Frame vom Arbeitsmarkt als auch jene von den Humanressourcen und dem Humankapital vergegenständlichen also die arbeitenden Menschen, machen aus ihnen Objekte. In diesem Zusammenhang ist es vielleicht kein Zufall, dass wir derzeit vornehmlich von „Humanressourcen“ und „-kapital“ sprechen. [...] Und innerhalb dieser Frames sind arbeitende Menschen nun einmal schlichtweg Objekte. (Wehling 2017, 139 f.)

Eine Ausnahme von dieser begrifflichen Objektivierung bildet das seit den 1990er Jahren entwickelte Konzept der Sozialraumorientierung in der Sozialen Arbeit, in der der Begriff Ressource sehr individuell verstanden wird: Jeder Mensch hat Fähigkeiten, Fertigkeiten, Kompetenzen und Potenziale, an die man anknüpfen und die man ergänzen kann, um die Menschen im Sinne des Empowerments zu stärken, damit sie aktiv selbstständig handeln lernen (vgl. Fürst/Hinte 2019).

„Das Boot ist voll“ und die Flüchtlingswelle

Bereits seit den 1990er Jahren taucht der Satz „Das Boot ist voll“ auf. Hier ein Interviewausschnitt aus Die Zeit mit dem heutigen baden-württembergischen Ministerpräsidenten Winfried Kretschmann:

> ZEIT: Die Flüchtlingszahlen liegen jetzt bei circa 200.000 und sie werden steigen. Gibt es eine Grenze? Wann ist das grüne Boot voll?
>
> Kretschmann: Das Boot ist nie voll. (zit. nach Wehling 2017, 168)

„Das Boot ist voll“ ist eine Metapher, in der das Boot für die Nation, das Land, den Staat steht. Wir kennen das Bild bereits aus der verwandten Metapher „Das Land wieder auf den richtigen Kurs bringen“. Politiker*innen werden als Steuerleute, die Nation wird als Schiff/Gefährt gesehen, d. h., das „Fassungsvermögen“ einer Nation ist begrenzt, sonst droht sie unterzugehen.

Weitere Bilder sind die „Flüchtlingswelle“, die „Flüchtlingsflut“ und der „Flüchtlingstsunami“.

> Den Flüchtlingen wird die semantische Rolle der Bedrohung zugeschrieben. Sie sind die Wassermasse, die ohne Sinn und Verstand – und vor allem ohne Ziel und Zweck! – das Land überrollt. Sie überschwemmen unser Land, hinterlassen verwüstete Landschaften, großen wirtschaftlichen Schaden und eine traumatisierte Bevölkerung. (ebd., 175)

Andere Beispiele des Framings

Die Reihe der Framing-Beispiele ließe sich noch lange fortsetzen. Einige prominente Beispiele werden noch kurz angedeutet (vgl. Schramm/Wüstenhagen 2020, 212 ff.):

- Im Kontext der Kriegseinsätze in Afghanistan und im Irak sprach der damalige US-amerikanische Präsident Georg W. Bush von der „Achse des Bösen".
- Der frühere italienische Ministerpräsident Silvio Berlusconi sprach, wenn er die nach seiner Meinung ideologisch entscheidenden Richter*innen meinte, von „Metastasen" im Justizsystem.
- Politiker*innen benutzen gern Körperteile und medizinische Begriffe für ihre Sprachbilder (vgl. Schramm/Wüstenhagen 2020, 217): „Arm des Gesetzes", „Herzstück" einer Reform, „Politik der ruhigen Hand", „Lähmung des Arbeitsmarkts", „Finanzspritzen".

Fazit: Das politische Framing ist heutzutage die gängige Praxis in Reden der Politiker*innen. Es geht um die Deutungsmacht in den gesellschaftspolitischen Diskursen, um entweder die jeweilige Macht zu behalten oder um als Opposition die Macht zu gewinnen.

Fake News, Verschwörungsmythen und Informationskriege

Sprache gewinnt im digitalen Zeitalter des 21. Jahrhunderts eine neue Dimension, denn die sozialen Medien ermöglichen die schnelle und große Verbreitung von Fake News, Verschwörungsmythen und Informationskriegen.

Fake News

Der Duden definiert Fake News als „in den Medien und im Internet, bes. in den sozialen Netzwerken, in manipulativer Absicht verbreitete Falschmeldungen" (Duden R 2020, 438). Solche Falschmeldungen oder „[...] aktuelle Desinformation [können definiert werden] als Kommunikation wissentlich und empirisch falscher Informationen zu neuen und relevanten Sachverhalten mit dem Anspruch auf Wahrheit" (Kohring/Zimmermann 2019, 1).

Mit Trump als US-Präsident wurden die Begriffe Fake News und alternative Fakten allgegenwärtig, wenn dieser regelmäßig seine Tweets absetzte. „Sprache dient auch dazu zu verdunkeln, zu lügen und zu betrügen, mit bitteren Konsequenzen für die persönlichen Freiheiten der Menschen, die um ihr Recht gebracht werden, in einer Demokratie zu leben" (Fischer 2001, 202).

Das Phänomen absichtlicher Desinformation ist an sich nicht neu, denn die Propaganda hat sich stets falscher Tatsachenbehauptungen bedient, der Aufwand jedoch war relativ hoch. Heute können solche Falschmeldungen massenhaft über die sozialen Medien verbreitet werden. Folgender Perspektivwechsel macht diese Fake News verständlicher:

> Keiner Information kann man ansehen, ob sie falsch oder richtig ist – auch nicht der Nachricht aus der Tageszeitung. Dass man diese dennoch glaubt, hat mit Vertrauen zu tun. Um unseren Alltag zu meistern, verlassen wir uns auf ExpertInnen und gehen davon aus, dass diese kompetent und aufrichtig sind, um unsere Erwartungen zu erfüllen. (Kohring/Zimmermann 2019, 2 f.)

Man vertraut der Diagnose des Arztes*der Ärztin, dem Vorschlag zur Reparatur des Autos usw. Eine Nachricht ist wahr, weil wir ihrer*m Urheber*in vertrauen. Wenn dieses Vertrauen schwindet, sogar in Misstrauen umschlägt, dann ist das Tor zu Fake News geöffnet.

> Wenn sie den etablierten Nachrichtenmedien nicht mehr vertrauen, gehen sie ins Netz und suchen dort nach Informationen, die ihnen eine andere Art der Orientierung bieten. Schon allein der Umstand, dass diese der Sicht der traditionellen Medien widersprechen, erhöht dann die Wahrscheinlichkeit, dass sie geglaubt werden. (ebd., 3)

Verschwörungsmythen

Karl Popper

Verschwörungsmythen gibt es seit der Antike, wie es schon der römische Schriftsteller **Cicero** in „Reden gegen Verres" beschrieb (vgl. Butter 2020, 145). Der österreichisch-britische Philosoph **Karl Popper** (1902–1994) prägte den Begriff ‚Verschwörungstheorie' und hielt ihn für ein Produkt der europäischen Aufklärung als Verweltlichung des religiösen Aberglaubens.

> Diese Theorie behauptet, dass die Erklärung eines sozialen Phänomens in dem Nachweis besteht, dass gewisse Menschen oder Gruppen an dem Eintreten dieses Ereignisses interessiert waren, und dass sie konspiriert haben, um es herbeizuführen. Ihre Interessen sind verborgen und müssen erst enthüllt werden. (Popper 2003, 122)

> Ein wichtiger Zug der Verschwörungstheorie der Gesellschaft ist, daß sie zu wirklichen Verschwörungen ermutigt. (Popper 2016, 202)

Als es das Internet noch nicht gab, konnten Verschwörungsanhänger*innen nur per Brief oder Telefon miteinander kommunizieren und sich gelegentlich persönlich treffen, aber heute kann man sich rund um die Uhr und überall virtuell vernetzen. „Die traditionelle Wächterfunktion der Medien ist durch die Möglichkeiten des World Wide Web schließlich größtenteils ausgehebelt worden, so dass die ‚Wahrheit' im digitalen Zeitalter stets nur eine Google-Suche entfernt ist" (Butter 2020, 187). Bestehende Überzeugungen werden im Internet über Echokammern und Filterblasen verstärkt. Die Algorithmen der Suchmaschinen und der sozialen Medien bringen uns überwiegend Informationen, die unser eigenes Profil in sozialen Netzwerken und unsere Überzeugungen bestätigen. Das ist kybernetisch gesprochen eine positive Rückkopplung, die Meinungen verstärkt. „Verschwörungsgläubige neigen dazu, sich in besonders stark von anderen abgegrenzten Online-Communities zu bewegen und auszutauschen" (ebd., 191). Es gibt viele Menschen, die ihre Informationen nicht mehr aus Zeitungen und Fernsehen beziehen, sondern sich nur noch in den sozialen Medien bewegen.

Informationskriege

Anstelle vergangener globaler Kriege der Weltmächte und des Kalten Kriegs zwischen Ost und West nach dem Zweiten Weltkrieg kann man heute, im Zeitalter der Nutzung der neuen Medien, von Informationskriegen sprechen, die mit dem Ziel geführt werden, ein anderes Land zu destabilisieren. Der britische Journalist **Peter Pomerantsev** (* 1977) untersucht in seinem Buch „Das ist keine Propaganda" die Realität sogenannter Informationskriege, konkret an Beispielen des heutigen Russlands und der Ukraine. Er umschreibt dieses Kapitel als den „unglaublichste[n] Informationsblitzkrieg der Geschichte" (2020, 123 ff.). Apropos, die Strategie des ‚Blitzkriegs' wurde schon im Ersten Weltkrieg angewandt, der Begriff verfestigte sich im Dritten Reich und meint die überfallartigen Angriffe der Deutschen auf die europäischen Nachbarländer: 1. September 1939 Polen, April 1940 Dänemark und Norwegen, Mai 1940 die Niederlande, Belgien, Luxemburg und Frankreich, April/Mai 1940 Jugoslawien und Griechenland und Juni 1941 die Sowjetunion. In einem von Pomerantsev entdeckten russischen Buch mit dem Titel „Informationspsychologische Kriegsoperationen. Ein Handbuch und Leitfaden", das sich an „Studenten, politische Technologen (Manipulatoren), Staatssicherheitsdienste und Beamte" richtet, heißt es: „Informationswaffen [...] ‚wirken wie unsicht-

Peter Pomerantsev

bare Strahlung' auf ihre Ziele. ,Die Bevölkerung spürt nicht einmal, dass sie ihnen ausgesetzt ist. Daher geht der Staat nicht zur Selbstverteidigung über'" (ebd., 121).

Zwei historische Fälle sollen knapp dargestellt werden:

Perestroika und Zusammenbruch der Sowjetunion

Die Perestroika ist eng mit der Politik von **Michail Gorbatschow** (* 1931) in der zweiten Hälfte der 1980er Jahre verbunden. Er war Generalsekretär des Zentralkomitees der Kommunistischen Partei der Sowjetunion von März 1985 bis August 19991. Das Wort ,Perestroika' bedeutet laut einem russischen Wörterbuch von 1983 „Umbau, Rekonstruktion, Umgestaltung, Umstellung, Reorganisation" (Leping et al. 1983, 486). In einem deutschen Wörterbuch von 2003 wird noch, „Wende" und „Reformpolitik" hinzugefügt, d. h., der Begriff hat noch eine zusätzliche semantische Ebene gewonnen (Pons 2003, 287).

Ende der 1990er Jahre bis zum ersten Jahrzehnt des 21. Jahrhunderts begannen russische geopolitische Analysten das Ende der Sowjetunion im Lichte des Informationskriegs zu betrachten.

> Zu Akademikern mutierte Geheimdienstagenten behaupteten, das Sowjetimperium sei nicht aufgrund von Misswirtschaft, Menschenrechtsverletzungen und Lügen kollabiert, sondern weil westliche Geheimdienste durch trojanische Pferde wie Redefreiheit und Forderungen nach Wirtschaftsreformen „Informationsviren" (Operation Perestroika) injiziert hatten. (Pomerantsev 2020, 123)

Antisowjetische Dissident*innen hätten im Bündnis mit den USA als fünfte Kolonne die Viren verbreitet. Das erfundenen Narrativ heißt heute, der Westen führe einen Informationskrieg gegen Russland.

Maidan-Revolution in der Ukraine

Im November 2013 begannen die ukrainischen Demonstrationen auf dem Maidan-Platz in Kiew, der sogenannte Euromaidan, weil der damalige ukrainische Präsident Viktor Janukowitsch unter Druck Russlands das vorgesehene Assoziationsabkommen mit der Europäischen Union nicht unterzeichnete, sondern sich wieder stärker an Russland anlehnte. Russland nutzte diese Situation zur Besetzung der Krim und der militärischen Unterstützung russischsprachiger Rebell*innen in der Ostukraine. Die Auseinandersetzung war zwar auch eine militärische, aber überwiegend handelte es sich hier um einen Informationskrieg, der auf mehreren, politisch sehr unterschiedlichen Social-Media-Plattformen geführt wurde.

> Das Internet, das Medium, das die Revolution handlungsfähig gemacht hat, wurde mit Kreml-Content aus der Trollfabrik bei Sankt Petersburg überschwemmt. Mitar-

> beiter von Ludmillas alter Arbeitsstelle bekamen mehrere Hundert Dollar am Tag dafür, dass sie Bilder, Videos und Kommentare posteten, um in der Ostukraine Verwirrung, Feindschaft und Panik zu stiften. […] Der Oberbefehlshaber der NATO hatte die russische Kampagne vor der Annexion der Krim als den „unglaublichsten Informationsblitzkrieg“ der Geschichte bezeichnet. (ebd., 113 und 135)

Der am 24. Februar 2022 erfolgte Angriff des russischen Präsidenten Wladimir Putin auf die Ukraine ist ein hybrider (Lateinisch hybrida ‚Mischling, Bastard‘) Krieg: militärischer Einmarsch und Bombardierung des Landes und Verbreitung von Fake News und Lügen zu den Gründen des Einmarschs.

Fazit: Fake News, Verschwörungsmythen und Informationskriege bedienen sich der sozialen Medien und zielen darauf ab, demokratische Gesellschaften zu (zer-)stören.

Akademische Sprache der Systemwelt versus Alltagssprache der Lebenswelt

Sprache ist nach Pierre Bourdieu auch Distinktion (vgl. Kapitel 3), d. h. Abgrenzung der Elite von „Normalbürger*innen“. Es gibt in der Gesellschaft verschiedene Sprachebenen, z. B. die politische Sprache, die Verwaltungssprache, die Leichte Sprache und das oft englischsprachige Kauderwelsch der Wirtschaft.

Die Sprache der politischen Klasse

Die politischen Eliten nutzen ein Vokabular, das sich vom Wortschatz der sogenannten Durchschnittsbürger*innen abhebt. Das kann man tagtäglich in den sogenannten „Mainstreammedien“ von ARD und ZDF (so ein Kampfbegriff für die öffentlich-rechtlichen Sender) erleben. Hier einige Beispiele für diesen sprachlichen Gegensatz (in Klammern eine deutsche Erklärung): Mainstream (vorherrschende Meinung), Meeting (Treffen, offizielle Zusammenkunft), relevant (wichtig, bedeutsam) – systemrelevante Berufe in der Corona-Pandemie, Shitstorm (Entrüstungssturm mit Beleidigungen in einem Internetmedium), Shareholder (Aktionär).

Natürlich gibt es neue Wörter, meist Anglizismen, für die es keine Eins-zu-eins-Entsprechung im Deutschen gibt. Ein Beispiel aus der Betriebswirtschaftslehre ist der Begriff Stakeholder, der alle Personen meint, die von den Aktivitäten eines Unternehmens in irgendeiner Weise direkt oder indirekt berührt werden. Die internen Stakeholder sind Eigentümer*innen, Aktionär*innen und Mitarbeiter*innen; die externen Stakeholder sind Kund*innen, Lieferant*innen,

Gläubiger*innen und eventuell auch Kommunalpolitiker*innen. Ein anderes Beispiel ist Whistleblower, also jemand, der Missstände öffentlich macht. Da Sprache auch das politische Denken prägt, ist zu fragen, ob Bürger*innen eine solche politische Sprache verstehen können oder überhaupt verstehen sollen.

> Denn Demokratie, die „Herrschaft des Volkes", kann nur dann gegeben sein, wenn auch komplexe politische Entscheidungen von den Betroffenen verstanden werden – wie beispielsweise die Bewältigung der Bankenkrise, Entscheidungen zur Bioethik, Bildungs- und Arbeitsmarktreformen. (Fackelmann 2014, 2)

Leichte Sprache versus Verwaltungssprache

Fast jede*r von uns, die*der es mit der Verwaltung zu tun oder die*der sich mit juristischer oder einer anderen beruflichen Fachsprache auseinandersetzen muss, hat Schwierigkeiten damit, den Inhalt zu verstehen. Das ist eine Form von Exklusion statt der immer wieder beschworenen Inklusion aller Bürger*innen in unsere Gesellschaft. Seit Längerem gibt es eine Alternative: Leichte Sprache. Die Juristin und intrasprachliche Übersetzerin für Leichte Sprache **Vera Apel-Jösch** (* 1959) verfasste zu dem Thema das Buch „Leichte Sprache. Barrierefreie Kommunikation in helfenden und beratenden Berufen" (2020).

Leichte Sprache ist in vielen Handlungsfelder notwendig: Gesundheitswissenschaft, Soziale Arbeit, Heilpädagogik, Pflege, Hospiz und Recht. Hier eine Definition:

> Leichte Sprache ist eine Sprache in einem einfachen Deutsch. Sie zeichnet sich durch ein festes Regelwerk aus und ermöglicht einer großen Zahl von Menschen, sie zu verstehen. Die Sätze sind kurz, die Schrift ist in einer augenfreundlichen Größe und Gestaltung, Fremdworte werden vermieden oder erklärt. Leichte Sprache ist grammatikalisch korrekt und keine Kindersprache, sie richtet sich an den erwachsenen Menschen. (ebd., 16)

Leichte Sprache kann für eine Vielzahl von Menschen hilfreich sein, nicht nur für Menschen mit Lernbeeinträchtigung oder einer Beeinträchtigung der Sinnesorgane, z. B. Sehbehinderte bzw. Sehgeschwächte, Gehörlose bzw. Schwerhörige, sondern auch für Demenzerkrankte. Leichte Sprache kann auch bei eingeschränkter Lesekompetenz helfen oder wenn Menschen nicht über einen elaborierten Wortschatz verfügen. Im multikulturellen Deutschland haben 21,2 Mio. Menschen einen sog. Migrationshintergrund (Datenreport 2021, 31), also mehr als 25 % der deutschen Bevölkerung, für viele von ihnen ist Deutsch nicht die Erstsprache. Eine Studie schätzt, dass 6,2 Millionen Menschen in Deutschland funktionale Analphabet*innen sind, die einen Text nur auf einem sehr niedrigen Niveau verstehen (Grothüschen/Buddeberg 2020, 21).

In diesen Kontext passt Wittgensteins Satz: „Die Grenzen meiner Sprache bedeuten die Grenzen meiner Welt“ (Wittgenstein 2019, Satz 5.6, 67). Leichte Sprache bedeutet Empowerment, bringt Bildung und Partizipation, macht neugierig, öffnet bisher verschlossenen Türen durch Teilhabe an sprachlichen Informationen. Folgende Elemente und Merkmale kennzeichnen einen Text in Leichter Sprache (vgl. Apel-Jösch 2020, 28): gebräuchliche Worte, kurze Sätze, keine Fremdwörter, keine Fachausdrücke, keine Abkürzungen, kein Konjunktiv, kein Futur, kein Genitiv, nur eine Aussage pro Satz, keine Negationen, möglichst keine Abstrakta, lieber Verben als Hauptwörter, keine Passivsätze, keine Sprachbilder, keine unpersönlichen Aussagen („Man“-Sätze), keine Relativsätze, keine Nebensätze, keine rhetorischen Fragen; Bilder erhöhen die Verständlichkeit des Texts, z. B.:

> „Vera schreibt auch Sonntag, weil das Buch fertig werden soll.“ Besser: „Vera schreibt ein Buch. Es soll fertig werden. Darum arbeitet Vera auch am Sonntag.“
>
> „Der Hund, der Herrn Meier gehört, ist sehr bissig.“ Besser: „Herr Meier hat einen Hund. Der Hund ist sehr bissig.“ (ebd., 38 f.)

Das Kauderwelsch der Wirtschaft

Das Problem der (ab-)gehobenen Sprache besteht nicht nur in der Politik, sondern auch in der Wirtschaft. Gerade diese Sprachform setzt sich aus einer Mischung aus Anglizismen und pseudo-philosophischen Plattitüden zusammen. Das Leibniz-Institut für Deutsche Sprache (IDS) untersuchte für die Süddeutsche Zeitung, welche Begriffe und Phrasen seit 1990 in den Unternehmen „Karriere“ gemacht haben. Folgende Modewörter und Phrasen sind besonders beliebt und häufig (Munsberg 2021, 21): „Portfolio, Performance, fokussieren, Sinn machen, gut aufgestellt, Meeting, am Ende des Tages, Purpose, Challenge, skalierbar, agiles Arbeiten und agile Teams“.

Haben Sie diese Wörter alle verstanden? Wahrscheinlich nur, wenn Sie in diesen Bereichen arbeiten. Und die Bürger*innen ohne einen wirtschaftswissenschaftlichen Abschluss? Haben wahrscheinlich nur ganz wenige verstanden. Der Journalist **Hendrik Munsberg** (* 1961) vermutet folgenden Grund für diesen elitären Sprachgebrauch:

> Und wozu dient solches Geschwätz? Offenkundig, um klarzumachen, dass zumindest einer in der Firma zu Recht höher dafür bezahlt wird, Wichtiges von Unwich-

> tigem zu unterscheiden. Und je mehr Mitarbeiter das glauben, desto mehr sind bereit, die Phrasen nachzuplappern, sogar in der Freizeit, unter Freunden und in der Familie. Das Unternehmenskauderwelsch wird so zum Fortschrittsbekenntnis. (ebd., 21)

Derartige Wortschöpfungen „kommen meist von Unternehmens- und Managementberatern, die sich profilieren wollen. Sobald bestimmte Begriffe abgenutzt sind, sucht man nach der nächsten Sau, die man durchs Dorf getrieben hat", sagt Frank Schneider, Professor für Kommunikationswissenschaft an der Universität Hohenheim (ebd.).

Sprachpolitik durch Narrative und Mythen

Der typische moderne Staat hat seine Entwicklungen in den europäischen Fürstentümern begonnen, aber erst mit der Französischen Revolution die heutige Gestalt angenommen.

> Er war definiert als ein (vorzugsweise einheitliches, zusammenhängendes) Territorium, über dessen gesamte Einwohnerschaft er herrschte, durch klar festgelegte Landesgrenzen von anderen Territorien getrennt. Politische Herrschaft und Verwaltung erfolgten unmittelbar und nicht über vermittelnde Systeme von Herrschern und autonomen Körperschaften. [...] Kurz, der Staat herrschte über ein territorial bestimmtes „Volk". (Hobsbawm 1996, 97)

Der Nationalstaat mit seinem Staatsvolk machte es notwendig, eine massentaugliche Unterrichts- und Amtssprache durchzusetzen. Vier Beispiele verdeutlichen diese Strategie: die deutsche Sprache als Identitätsstifter für den Nationalstaat, Narrative der Bundesrepublik Deutschland, die französische Sprache als Bindungskraft der Einheit von Frankreich und der Sprachen- und Autonomiekonflikt in Spanien.

Deutsch als Identitätsstifter für den Nationalstaat

Das beste Beispiel für diese Form des Sprachnationalismus ist die Suche im damals territorial zersplitterten Deutschland des 18. und 19. Jahrhundert nach einer Alternative zu dem revolutionären demokratischen Selbstverständnis der Französischen Revolution von Liberté, Égalité, Fraternité, das sich wie ein Virus in anderen europäischen Ländern verbreitete. Für die feudalistischen Herrschaftshäuser in Preußen, Russland und Österreich stellte dieses politische Selbstverständnis eine Gefahr dar.

Um den revolutionären Virus der französischen Revolution zu stoppen, leistete der deutsche Philosoph **Johann Gottlieb Fichte** (1762–1814) seinen Beitrag mit der „Rede an die deutsche Nation" von 1808. Er schwärmte von der „Naturkraft" der deutschen Sprache im Vergleich zu den anderen kraftlosen germanischen Sprachen.

> Somit ist unsre nächste Aufgabe, den unterscheidenden Grundzug des Deutschen vor den andern Völkern germanischer Abkunft zu finden, gelöst. Die Verschiedenheit ist sogleich bei der ersten Trennung des gemeinschaftlichen Stammes entstanden, und besteht darin, dass der Deutsche eine bis zu ihrem ersten Ausströmen aus der Naturkraft lebendige Sprache redet, die übrigen germanischen Stämme eine nur auf der Oberfläche sich regende, in der Wurzel aber tote Sprache. (Fichte; zit. nach Liebert 1912, 71)

Sind Englisch oder Schwedisch etwa tote Sprachen? Fichte wünscht sich die deutsche Sprache als Mittel zur Entwicklung des deutschen Volks und seines Gemüts.

> Welchen unermeßlichen Einfluss auf die ganze menschliche Entwicklung eines Volks die Beschaffenheit seiner Sprache haben möge, der Sprache, welche den Einzelnen bis in die geheimste Tiefe seines Gemüths bei Denken und Wollen begleitet [...] Beim Volke der lebendigen Sprache greift die Geistesbildung ein ins Leben. (ebd., 72 f.)

Aus diesem Selbstverständnis heraus hat sich die Rechtsfigur *ius sanguinis* (wörtlich: Recht des Blutes) entwickelt: Im Staatsbürgerschaftsrecht ist damit das Abstammungsprinzip gemeint, „wonach ein Kind unabhängig von seinem Geburtsort die Staatsbürgerschaft seiner Eltern (oder zumindest eines Elternteils) erhält" (BpB o. J.). Die Russlanddeutschen konnten als Aussiedler nach Jahrhunderten ihrer Besiedlung in Russland nach Deutschland zurückkehren und erhielten sofort die deutsche Staatsbürgerschaft, denn sie hatten „deutsches Kulturblut". 2000 wurde das seit 1914 in Deutschland geltende Abstammungsprinzip durch das *ius soli* (Recht des Bodens bzw. Geburtsortprinzip) ergänzt. Dadurch können in Deutschland geborene Kinder ausländischer Eltern neben der elterlichen Staatsangehörigkeit auch den deutschen Pass erhalten (vgl. ebd.). Das ius solis gilt z. B. in den USA.

Narrative als Mythen in Deutschland

In „Die Deutschen und ihre Mythen" (2018) untersucht Münkler eine große Zahl historischer Mythen, die die nationale Identität geprägt haben, so u. a. die Schlacht im Teutoburger Wald, die Nibelungen, das Unternehmen „Barbarossa" und das Mirakel von Preußen (Friedrich II) und Weimar sowie die deutsche Klassik. Nach dem nationalsozialistischen Dritten Reich und dem verlorenen

Zweiten Weltkrieg war es mit den nationalen Mythen erst einmal vorbei. Die Bundesrepublik verfügte über keinen nationalen Gründungsmythos, wie ihn die DDR im antifaschistischen Widerstand gefunden hatte. Stattdessen kamen neue politische Narrative aus den Bereichen Konsum und Sport.

Das „rollende" Wirtschaftswunder

Nach der Währungsreform und der Einführung der Marktwirtschaft entwickelte sich in der 1949 gegründeten Bundesrepublik Deutschland ein neuer Mythos, nämlich das „rollende" Wirtschaftswunder, wie es der Kulturwissenschaftler **Erhard Schütz** nannte (vgl. Münkler 2018, 465). Der Käfer, der Volkswagen – im Werbeslogan nur „das Auto" –, war das Symbol des wachsenden Wohlstands in Deutschland. Der VW wurde zur Ikone des neuen deutschen Selbstbewusstseins.

> Die Deutschen, die ein Jahrzehnt zuvor Europa noch in Angst und Schrecken versetzt hatten, gaben sich im Käfer den Anschein der Harmlosigkeit. Dabei ist die Rückverwandlung des (militärischen) Kübelwagens in den (zivilen) Volkswagen selbst Ausdruck des Übergangs von der Beutegemeinschaft in die Konsumgesellschaft. (ebd.)

Weitere Symbole waren die D-Mark als Zeichen der Stärke, der jährliche Sommerurlaub mit den Traumzielen in Italien (Rimini an der Adria, Gardasee, Venedig, Florenz) und die Person Ludwig Erhard als Wirtschaftsminister, der das angeblich alles geschaffen hatte. Diesen Wohlstand hätten sich die Deutschen durch ihren großen Fleiß erworben. Daher wurde auch in der europäischen Finanzkrise 2008/09 sehr schnell auf die „faulen" Italiener*innen und Griech*innen geschimpft, die auf deutsche Kosten angeblich ein *dolce vita* führten. Schlagzeile der Bild-Zeitung am 27.10.2010: „Verkauft doch eure Inseln, Ihr Pleite-Griechen". Das mythische Narrativ des sog. Wirtschaftswunders ist aber bei einer gründlichen historischen Analyse nicht haltbar, wie es die deutsche Publizistin **Ulrike Herrmann** (* 1964) nachweist (vgl. Kapitel 8).

Das Wunder von Bern 1954

Das Wort „Wunder" wurde eine zentrale Kategorie des deutschen Selbstverständnisses. Daher war es nicht erstaunlich, dass man nach dem überraschenden Gewinn der Fußballweltmeisterschaft gegen Ungarn 1954 in der Schweiz vom „Wunder von Bern" sprach. Die Deutschen verallgemeinerten dieses Ereignis zu: „Wir sind Weltmeister". Das wiederholte sich noch drei Mal: 1974, 1990 und 2014. Wenn die deutsche Nationalmannschaft in einem Länderspiel im November 2020 mit 0:6 gegen Spanien verliert, ist das (fast) eine nationale Tragödie.

„Wir sind Papst!"

Nach der Wahl von Joseph Kardinal Ratzinger zum Papst im April 2005 lautete die Schlagzeile auf der Titelseite der Bild-Zeitung: „Wir sind Papst!". Diese Überschrift war eine „Erfindung" des Chefs des Bild-Politikressorts Georg Streiter in Anlehnung an den Ausruf „Wir sind Weltmeister". „Die Bild-Überschrift verwandelte die Papstwahl in einen nationalen Triumph. Ein Ereignis, das im Prinzip nur die deutschen Katholiken [...] betraf, wurde ins nationale Wir-Bewusstsein eingeprägt, als ob damit eine grundlegende Weichenstellung deutscher Geschichte verbunden wäre". (Münkler 2018, 484)

Immerhin war seit fünf Jahrhunderten kein Deutscher mehr als Papst gewählt worden. Diese „Wir-Parolen" wurden dann fortgesetzt. Im Bundestagswahlkampf 2005 plakatierte die SPD: „Wir sind Kanzler! Wir bleiben Kanzler!" – gemeint war der damalige Bundeskanzler Gerhard Schröder.

Das Narrativ der Willkommenskultur

Das bislang letzte Narrativ in Deutschland ist das der Willkommenskultur, als Bundeskanzlerin Angela Merkel im September 2015 Tausenden Flüchtlingen aus dem Nahen Osten, besonders aus dem Kriegsgebiet Syrien, die Einreise aus Ungarn über Österreich ermöglichte. Berühmt ist ihr Satz: „Wir schaffen das". Doch diese politische Entscheidung führte zu einer Spaltung in der Bevölkerung. Auf der einer Seite entstand das Narrativ der Willkommenskultur, auf der anderen Seite entwickelte sich die Ablehnungskultur gegen die Zuwanderung von knapp einer Million Flüchtlingen. Die Willkommenskultur hatte sich bereits zu Beginn des 21. Jahrhunderts als neue Grundhaltung entwickelt.

> Die „Karriere" des Begriffs Willkommenskultur begann in den Nullerjahren, als die Öffentlichkeit durch die Politik mit der Erkenntnis konfrontiert wurde, dass Integration keine „Einbahnstraße" ist. Gemeint war damit vor allem, dass die Integrationsanstrengung von Einwanderern und Aufnahmegesellschaft gleichermaßen erbracht werden muss [...]. (Kösemann 2017, 1)

Sprachlich wird die Willkommenskultur mit Begriffen wie Offenheit und Akzeptanz gegenüber Migrant*innen, humanitärer Hilfsbereitschaft, zivilgesellschaftlichem Engagement, Pflicht zur christlichen Nächstenliebe und Inklusion verbunden. Auf der Seite der Ablehnungskultur tauchten Begriffe auf wie Masseneinwanderung und „islamistische Überflutung".

La France, c'est une langue

„Frankreich, das ist eine Sprache", seit 1992 steht in Artikel 2 der französischen Verfassung: „La langue de la République est le français". Es ist ein Politikum mit einer langen historischen Vergangenheit (vgl. im Folgenden Trabant 2020, 145 ff.). Das Französische ist eine romanische Sprache, also eine Tochter des Lateins, genauer des Vulgärlateins, der Volkssprache im Gegensatz zum klassischen Latein. Im früheren Gallien entwickelten sich im Mittelalter zwei Dialektvarianten: Im Norden rund um Paris die *langue d'oïl*, das heutige Französische, und im Süden *langue d'oc,* das heutige Okzitanische, früher Provenzalisch genannt, das im Mittelalter hoch angesehen war. Im 13. Jahrhundert eroberte der französische König aus Paris den okzitanischen Süden. Allerdings war in dieser Zeit noch das Latein die Sprache der Kirche, der Macht, des Rechts und die offizielle Schriftsprache.

Im 16. Jahrhundert verfügte nun der französische König in der sogenannten „Ordonnance von Villers-Cotterêts" (1539), dass alle Dokumente in Verwaltung und Gerichtsbarkeit in Französisch zu verfassen seien. Französisch wird die Staatssprache, die Sprache des Zentrums von Paris. 1635 gründete Kardinal Richelieu die Académie française, um die „französische Sprache [...] von fremden Einflüssen [zu bereinigen] und durch die Herausgabe eines Dictionnaire, eines Wörterbuchs, [zu vereinheitlichen]" (Stüben 2010).

Doch in vielen Landesteilen Frankreichs werden noch heute verschiedene Minderheitensprachen gesprochen: Baskisch (im Südwesten nahe Spanien), Bretonisch (in der Bretagne), Deutsch (im Elsass), Flämisch (in Flandern, an der Grenze zu Belgien), Italienisch (an der Grenze zu Italien), Katalanisch (im Süden an der Grenze zu Katalonien) und Korsisch (auf der Insel Korsika). Dazu sind heute noch die Sprachen der Einwander*innen der letzten 50 Jahren aus den ehemaligen Kolonien Frankreichs in Nordafrika gekommen, Arabisch und andere afrikanische Sprachen, und die der Arbeitsmigrant*innen aus Portugal, Spanien und der Türkei, also Portugiesisch, Spanisch und Türkisch.

Mit Beginn der Französischen Revolution 1789 begann auch die Sprachenpolitik. Die Revolutionäre wollten *eine Republik*. So forderte der französische Grammatiker und Journalist François-Urbain Domergue 1794 eine unteilbare Sprache: „La République, une et indivisible dans son territoire, dans son système politique, doit être une et indivisible dans son langage" (Trabant 2020,149).

Ein unteilbares Land, ein unteilbares politisches System und eine unteilbare Sprache, das ist das nationale Selbstverständnis Frankreichs.

> Der Demos muss eine Sprache sprechen. Die republikanische Vorstellung von der Sprache als dem Bindemittel der Demokratie und ihres Staates ist eine französische Erfindung. […] Die Inbesitznahme der Sprache durch das Volk ist ein weiterer Grund für die starke Präsenz der Sprache in der politischen Vorstellung Frankreichs von sich selbst. (ebd.)

Erst mit der Dritten Französischen Republik (1870–1940) wurde 1882 ein obligatorisches, kostenfreies und laizistisches Schulsystem aufgebaut, dass alle Französ*innen das Französische lehrt. Die Regionalsprachen wurden nicht im Unterricht gelehrt, sodass nach drei Generationen nur noch wenige Menschen Baskisch, Bretonisch, Deutsch oder Okzitanisch sprechen.

Nach Wilhelm von Humboldt hat jede Sprache ihre Weltansicht. Auch die französische Kultur hat mit ihrer Sprache eine Weltansicht, aber die Französ*innen überhöhen ihre Sprache zum sogenannten *génie de la langue française,* dem Geist der französischen Sprache, mit ihrer *clarté*, die mit der natürlichen Abfolge des Denkens „Subjekt – Verb – Objekt" begründet wird. „Das ist kompletter Unsinn", wie der deutsche Romanist **Jürgen Trabant** (* 1942) mit Recht behauptet: „[D]as kleine Gespenst, das noch in den Köpfen herumgeistert, ist nichts als ein politisch motiviertes Ideologem zur Herrschaftsausübung" (ebd., 152).

Fazit: Die Sprachenpolitik wird als Instrument der Machtausübung in der Innenpolitik genutzt, aber auch in der Außenpolitik in den von Frankreich eroberten Kolonien in Afrika. Es gibt noch immer die *Organisation Internationale de la Francophonie*, in der 61 Staaten Mitglied sind.

Katalanisch kontra Kastilisch (Spanisch)

Ähnlich wie in Frankreich wird auch in Spanien versucht, mittels Sprachenpolitik Macht auszuüben, insbesondere im Konflikt zwischen dem Katalanischen, das außer in Katalonien auch auf den Balearen, in Valencia und in Andorra gesprochen wird, und dem Kastilischen/Spanischen. Die Katalanen haben ihre Niederlage gegen Madrid am 11. September 1714 nicht vergessen. Danach wurde Spanien ein zentralistischer Staat. Der 11. September ist ein Feiertag in Katalonien.

„Ende des 19. Jahrhunderts erwachte ein neues kulturelles und politisches Selbstbewußtsein. Diese katalanische „Renaixença", eine kulturelle Renaissance, wurde durch den industriellen und wirtschaftlichen Aufschwung einer sich entwickelnden katalanischen Bourgeoisie getragen" (Nowak 1994, 175). Mit der Ausrufung der Republik Spanien 1931 erhielt Katalonien 1932 einen Autonomiestatus, der allerdings mit dem Sieg des Generals Francisco Franco im Bürgerkrieg (1936–1939) aufgehoben wurde (vgl. im Folgenden ebd. 174 ff.). Da Katalonien auf der republikanischen Seite gegen die Faschisten kämpfte, wurde es dafür hart bestraft: „Abschaffung der Autonomie und Verbot der katalanischen Sprache in der Öffentlichkeit wie Schulen, Universitäten und Medien. Das Katalanentum wurde totgeschwiegen. Eine Politik der Assimilation wurde vorangetrieben" (ebd., 175). Doch die Katalanen leisteten kulturellen Widerstand, indem sie das Katalanische in den Familien bewahrten. Die Sprachenfrage ist in Artikel 3 der spanischen Verfassung geregelt:

1. Das Kastilische ist die offizielle spanische Amtssprache. Alle Spanier haben die Pflicht, sie zu kennen, und das Recht, sie zu benutzen.
2. Die weiteren spanischen Sprachen sind in den Autonomen Gemeinschaften und ihren jeweiligen Statuen ebenfalls offiziell.
3. Der Reichtum der sprachlichen Verschiedenheiten Spaniens ist ein Kulturgut, das besonders zu achten und zu schützen ist (vgl. Agencia Estatal Boletín Oficial del Estado o. J.).

Den Reichtum und das Kulturgut bilden die vier spanischen Sprachen: Baskisch, Galizisch, Katalanisch und Kastilisch (Castellano), das wir in den Sprachwissenschaften und im Alltag Spanisch nennen. In der Verfassung von Katalonien steht im Artikel 3:

1. Die eigene Sprache Kataloniens ist das Katalanische.
2. Die katalanische Sprache ist die offizielle Sprache in Katalonien, sowie auch das Kastilische gilt, die offizielle Sprache für den ganzen spanischen Staat.

Der sprachliche und politischen Konflikt zwischen Barcelona und Madrid ist bis heute nicht zufriedenstellend gelöst.

Postemotionalismus

Politische Emotionen spielen eine große Rolle in den erinnerungspolitischen Narrativen vieler Länder. Der sperrige Begriff *Postemotionalismus* (Flam 2002, 298) soll nationalistisch an frühere politische Höhepunkte in der Geschichte eines Landes erinnern. Die schwedische Soziologin **Helena Flam** (* 1951) greift diesen Begriff des amerikanischen Soziologen **Stjepan G. Mestrovis** (* 1955) aus dessen Buch „Postemotional Society" (1997) auf. „Mestrovic erklärt dieses Phänomen mit Postemotionalismus. Seine Hauptthese ist, dass die modernen Massenmedien nicht nur ein inhaltliches, kognitives Chaos mit Hilfe eines Durcheinanders von Bildern und Fiktionen verursachen, sondern auch für ein *emotionales Chaos* sorgen“ (Flam 2002, 298). Ein solcher Postemotionalismus lässt sich an drei Beispielen verdeutlichen: am postemotionalen Traum Russlands als Erinnerung an die Sowjetunion, an dem Großbritanniens als Erinnerung an das British Empire und schließlich an dem der Türkei als Erinnerung an das Osmanische Reich.

Postemotionaler Traum von der Sowjetunion

Nach dem Zusammenbruch der Sowjetunion 1989/90 und als Folge des Endes der kommunistischen Ideologie des Homo sovieticus sucht der Autokrat Wladimir Putin ein neues Narrativ für den Machterhalt, denn der Wohlstand des Landes ist aufgrund der sinkenden Einnahmen aus dem Erdöl- und Gasgeschäft gefährdet.

Als historische Erinnerung bleibt das Ereignis im Gedächtnis, als 1990/91 alle 15 sowjetischen Unionsrepubliken unabhängig wurden und gleichzeitig Polen, die Tschechoslowakei, Ungarn, Rumänien und Bulgarien nicht mehr im sowjetischen Einflussbereich lagen.

Als historisches Narrativ wird insbesondere wieder die Erinnerung an den „Großen Vaterländischen Krieg“ herangezogen, den Stalin im Zweiten Weltkrieg zur Mobilisierung seiner Bevölkerung und seiner Soldaten ausrief, und die Bedeutung des christlichen Russlands hervorgehoben. Während die russisch-orthodoxe Kirche in der Sowjetunion unterdrückt wurde, erhält sie im heutigen Russland unter Präsident Putin wieder eine wichtige Funktion: Die streng orthodoxe Religion dient als Ersatz für die fehlgeschlagene Ideologie des Marxismus-Leninismus. Sie dient auch als christliches Argument für das indirekte Verbot der Homosexualität durch den Vorrang der Ehe von Mann und Frau. Über diese neuen Inhalte wurde in einem Verfassungsreferendum abgestimmt, das am 1. Juli 2020 endete. Knapp 78 % stimmten für eine Verfassungsreform (vgl. o. A. 2020). Neben einer Änderung der Regelung der Amtszeiten von Präsidenten und einer Verschärfung der Zugangsbedingungen für eine Kandidatur zum Präsidenten wird auch der Glaube an Gott in der Verfassung verankert (Art. 67) (vgl. o. A. 2020):

> Die Russische Föderation, die durch eine jahrtausendealte Geschichte vereint ist und die die Erinnerung an die Vorfahren, die uns Ideale und *den Glauben an Gott* übermittelten, sowie die Kontinuität in der Entwicklung des russischen Staates bewahrt, erkennt die historisch begründete staatliche Einheit an. (Kunze 2020, 5; Herv. d. Verf.)

Außerdem soll der Schutz traditioneller Werte Staatsaufgabe werden (Art. 71):

> Schutz der Familie, der Mutterschaft, der Vaterschaft und der Kindheit; *Schutz der Institution der Ehe als Vereinigung von Mann und Frau;* Schaffung von Bedingungen für eine menschenwürdige Erziehung der Kinder in der Familie sowie für die Ausübung der Fürsorgepflicht der erwachsenen Kinder für ihre Eltern. (ebd.; Herv. d. Verf.)

In der Staatsverfassung werden auch der Sozialstaat, ein funktionierendes Rentensystem und der Mindestlohn verankert. „Die Verfassungsänderungen bedeuten den endgültigen Bruch mit dem Russland der *Jelzin*-Ära, in dem die wirtschaftliche Ausrichtung des Staates vom Neoliberalismus bestimmt war“ (ebd., 6; Herv. i. O.).

Der Krieg Putins gegen die Ukraine knüpft an das historische Narrativ des Russischen Reiches an, dass die „ungleichen Brüder Russen und Ukrainer“ (Kappler 2002) zusammengehören.

Postemotionaler Traum vom British Empire

Der Brexit, also der Austritt Großbritanniens aus der Europäischen Union zum 31. Januar 2020, lässt sich mit zwei historischen Motiven erklären, die jahrhundertelang das politische Handeln des Landes prägten: (1) die Doktrin „Balance of Power“ und (2) das British Empire.

Balance of Power

Jahrhundertelang hatte die Politik Englands gegenüber dem europäischen Kontinent das Ziel, dass kein Land dort mächtiger als das Inselreich wurde. So schmiedete man stets Koalitionen mit europäischen Staaten gegen einen Machthaber, der ganz Europa beherrschen wollte, um das Machtgleichgewicht wiederherzustellen. Die beiden bekanntesten Beispiele sind zu Beginn des 19. Jahrhunderts der französische Kaiser Napoleon, der erst in der Schlacht bei Waterloo (Belgien) 1815 gemeinsam von englischen, österreichischen, preußischen und russischen Heeren geschlagen wurde, und in der Mitte des 20. Jahrhunderts der deutsche Diktator Adolf Hitler, der gemeinsam von Großbritannien, den USA, der Sowjetunion und Frankreich im Zweiten Weltkrieg besiegt wurde. Aktuell fordern Brexit-Befürworter*innen, dass Großbritannien nicht mehr der Gerichtsbarkeit des Europäischen Gerichtshofs unterliegt, also nur noch britische Gerichte zuständig sind, auch wenn in Großbritannien lebende EU-Bürger*innen betroffen sind (vgl. Zastiral 2017). Man möchte wieder souverän sein.

British Empire

Das zweite historische postemotionale Motiv ist das frühere Großreich rund um den Globus, das British Empire, das sich nach dem Ende des Zweiten Weltkriegs Schritt für Schritt auflöste. Auf dem „Höhepunkt" der Ausdehnung des Britischen Weltreichs 1909 umfasste es 458 Millionen Einwohner, das war ein Viertel der damaligen Weltbevölkerung. Die Fläche umfasste ca. 33,67 Millionen Quadratkilometer, das entsprach ca. 20 Prozent der Landfläche der Erde (Weltgeschichte der Neuzeit 2005, 131).

Postemotionaler Traum vom Osmanischen Reich

Das Osmanische Reich umfasste auf seinem Höhepunkt im 16. und 17. Jahrhundert ein großes Gebiet: alle heutigen Länder auf dem Balkan, Teile Nordafrikas (Ägypten, Libyen) und den gesamten Nahen Osten einschließlich des heutigen Saudi-Arabiens mit seiner heiligen Pilgerstätte Kaaba in Mekka. **Recep Tayyip Erdoğan** (* 1954), Ministerpräsident von 2003 bis 2014 und seit 2014 Staatspräsident der Türkischen Republik, hängt der Erinnerung an das große Osmanische Reich nach, dessen Niedergang schon 1683 durch die Belagerung Wiens eingeleitet wurde und mit der Niederlage im Ersten Weltkrieg sowie der Ausrufung der Türkischen Republik durch **Mustafa Kemal Pascha Atatürk** (1881–1938) im Oktober 1923 besiegelt wurde. Mit dieser postemotionalen Erinnerung lässt sich das politische Engagement der Türkei „verstehen", ihr militärisches Eingreifen in Syrien, Libyen und im Kaukasus lässt sich darauf zurückführen.

Die Sprachmacht der Religion

In diesem Kapitel geht es um die Sprachmacht zweier tendenziell dogmatisch-politischer Ideologien der Religion, die ihren Anhänger*innen normative Sprachregelungen für das Leben verbindlich vorschreiben und damit auch ihre Macht erhalten wollen: die katholische Kirche und den Islamismus.

Katholische Kirche

Der Papst hat den offiziellen lateinischen Titel *Pontifex maximus,* zu Deutsch der ‚höchste Brückenbauer' zwischen Gott und Menschen. Diesen Titel hatten seit der Zeit von **Kaiser Augustus** (63 v. Chr. bis 14 n. Chr.) alle römischen Kaiser, ihre Funktion war die eines „Gottkaisers", der die Brücke *(pons)* zwischen dem Himmel und der Erde bzw. den Menschen baut. Die katholische Kirche sieht sich quasi als Nachfolgerin des römischen Kaisers, daher auch der Name *römisch-katholische* Kirche, griechisch καζολικός bedeutet ‚allgemein, das Ganze betreffend'. Die katholische Kirche erhebt den Anspruch, verbindlich die Bibel auszulegen. Alle anderen christlichen Kirchen, die sich seit der Reformationszeit im 15. Jahrhundert abgespalten haben, gelten im Grundsatz – trotz ökumenischer Beteuerungen – als Abspaltungen und damit als ketzerisch.

Infallibilitas

Neben seiner Funktion als Brückenbauer und Stellvertreter Christi verfügt der Papst über ‚Infallibilitas', Unfehlbarkeit. Nach kontroversen Diskussionen sprach das Erste Vatikanische Konzil 1870 unter Papst Pius IX. dem Pontifex Maximus die Unfehlbarkeit zu. Hier ein Auszug aus dem Beschluss:

> Wenn der Römische Papst in höchster Lehrgewalt (ex cathedra) spricht, das heißt: wenn er seines Amtes als Hirt und Lehrer aller Christen waltend in höchster apostolischer Amtsgewalt endgültig entscheidet, eine Lehre über Glauben und Sitten sei von der ganzen Kirche festzuhalten, so besitzt er aufgrund des göttlichen Beistandes, der ihm im heiligen Petrus verheißen ist, jene Unfehlbarkeit, mit der der göttliche Erlöser seine Kirche bei endgültigen Entscheidungen in Glaubens und Sittenlehren ausgerüstet haben wollte. […] Wenn sich jemand – was Gott verhüte – herausnehmen sollte, dieser unserer endgültigen Entscheidung zu widersprechen, so sei er ausgeschlossen. (zit. n. Müller 2005, 93)

Eine Glaubensüberzeugung als Dogma darf nicht im Widerspruch zur Bibel stehen, aber der Papst hat bei einem Streit in der katholischen Kirche das letzte Wort. Als Folge dieses Dogmas der Unfehlbarkeit kam es zur Abspaltung der (sogenannten) Altkatholiken, deren Anhängerzahl aber sehr klein geblieben ist.

Index librorum prohibitorum

Das „Verzeichnis der verbotenen Bücher" erschien erstmals 1559, die letzte amtliche Ausgabe datiert von 1948 mit Nachträgen bis 1962. Die Zahl der verbotenen Bücher betrug zuletzt 6000 (!). 1966 wurde bekannt, dass der Index nicht mehr in Kraft ist (vgl. Krewer 2021). Bekannte Beispiele verbotener Bücher waren u.a.:

- die Schriften von Martin Luther;
- die Schrift „Dialog über die zwei wichtigsten Weltsysteme, das Ptolemäische und das Kopernikanische" von Galileo Galilei, in der es um das Paradigma des geozentrischen Weltbilds („Alles dreht sich um die Erde") der katholischen Kirche versus das heliozentrische Weltbild („Die Sonne ist der Mittelpunkt unseres Planetensystems") der Naturwissenschaften geht;
- Liebesgeschichten von Honoré de Balzac, Alexandre Dumas dem Älteren und Alexandre Dumas dem Jüngeren;

- die „Kritik der reinen Vernunft“ von Immanuel Kant;
- fast alle Werke Voltaires;
- die Werke von Jean-Paul Sartre.

Sprache ist ein Instrument der katholischen Kirche, um ihre Macht zu erhalten. Unfehlbarkeit darf nicht kritisiert werden, Kritiker werden mundtot gemacht.

Islamismus

Die weitaus große Mehrheit der Muslim*innen sind keine Fanatiker*innen, die daran glauben, dass der Islam so gelebt werden müsse wie zur Zeit des Propheten **Mohammed** (um 570–632) im 7. Jahrhundert. Aber immer wieder gibt es Gruppen, wie die Taliban, al-Qaida oder den IS, die religiöse Texte wortwörtlich auslegen oder an längst überkommenen Traditionen und Gesetzen aufs Strengste festhalten. Dieses Problem des Fanatismus besteht bei allen monotheistischen Religionen, ob Judentum, Christentum oder Islam. Doch niemand kann belegen, wie die Texte ursprünglich gemeint waren.

Ähnlich wie die Infallibilitas, die dem Papst zugesprochen wird, lässt sich auch eine islamische Unfehlbarkeit feststellen. Der Islam ist – zeithistorisch geordnet – die dritte monotheistische Religion nach Judentum und Christentum. Zur Zeit Mohammeds lebten im heutigen Saudi-Arabien auch Jüdinnen und Juden sowie Christ*innen, d. h., es ist davon auszugehen, dass Mohammed diese Religionen kannte und jüdischen und christlichen Gelehrten begegnete. Ein Vergleich der Texte der Bibel und des Korans zeigt viele Übereinstimmungen, aber auch Unterschiede und Abgrenzungen zwischen den religiösen Schriften (vgl. Schirrmacher 2021, 1).

- Der Koran wurde nicht geschrieben, sondern von Gott herabgesandt (Mohammed ist der *rasul* ‚der Gesandte‘); die Bibel entstand sukzessive im Laufe der langen Geschichte.
- Zahlreiche Autoren der Bibel versus nur ein Empfänger des Korans
- Textkritik der Bibel ist zulässig versus Textkritik des Koran ist nicht zulässig.
- Keine Offenbarung Gottes in persona Mohammed versus Jesus Christus, Gottes Sohn, ist das fleischgewordene Wort Gottes, womit die Offenbarung in persona geschieht.

Der arabische Koran ist als Gotteswort heilig, d. h., der Koran darf eigentlich nicht übersetzt werden, eine Übersetzung ist schon eine Interpretation des Werks. Deshalb muss in den Koranschulen der Text des Korans auswendig gelernt werden, obgleich nicht Arabisch sprechende Gläubige die arabische Sprache nicht lesen können.

Der Islam beruft sich auf 24 Propheten, die es alle auch im Christentum gibt, hier einige bekannte Beispiele (erst der Name im Koran, dann in der Bibel): Adam = Adam, Ibrahim = Abraham, Isma'il = Ismael, Ishaq = Isaak, Musa = Moses, Dawud = David, Sulaiman = Salomon, Yahya = Johannes der Täufer, und als 16. Prophet Isa ibn Maryam = Jesus von Nazareth. Mohammed ist der 25. und letzte Prophet in der langen Ahnenreihe und nach ihm darf niemand mehr kommen (Stieglecker 2021).

Mohammed war Analphabet, d. h., der Koran ist von ihm mündlich verkündet und (weiter)erzählt worden. Erst ca. ein Jahrhundert später hat der Kalif – das Wort kommt von arabisch *ḫalīfa* ‚Nachfolger, Stellvertreter', also die Kalifen als Nachfolger Mohammeds –, den Koran schriftlich niederschreiben lassen. Mohammed war nicht nur der religiöse Prophet, sondern in seiner Person auch der politische Anführer seiner Anhänger und zog mit ihnen in den Krieg, um andere arabische Stämme zu unterwerfen. In der langen Geschichte des Islam ist es nie ernsthaft gelungen, Politik bzw. Staat und Religion zu trennen, wie es im christlichen Europa geschehen ist.

Wie im Christentum gibt es auch im Islam unterschiedliche Strömungen wie u. a. Sunnit*innen, Schiit*innen und Alevit*innen. Der Islamismus hingegen ist keine Strömung, sondern „eine Sammelbezeichnung für alle politischen Auffassungen und Handlungen, die im Namen des Islam die Errichtung einer allein religiös legitimierten Gesellschafts- und Staatsordnung anstreben" (Pfahl-Traughber 2011). Der Ursprung des Islamismus liegt in inner-islamischen Reformbewegungen in der zweiten Hälfte des 19. Jahrhunderts und hat seine Wurzeln in der 1928 gegründeten Muslimbruderschaft in Ägypten (ebd.). Islamismus hat folgende Merkmale:

1. **Absolutsetzung des Islam als Lebens- und Staatsordnung**
   Jeder Muslim sieht in seiner Religion den für ihn wahren Glauben. Er richtet entsprechend seiner Lesart des Korans seine Lebensführung danach aus. „Erst wenn die gemeinste Absolutsetzung dieses Glaubens notwendiger Bestandteil für die Regelung des sozialen Miteinanders in einer Gesellschaft etwa im Sinne einer Rechts- oder Staatsordnung werden soll, kann von einer solchen politischen Ausrichtung gesprochen werden" (ebd.).
2. **Gottes- statt Volkssouveränität als Legitimationsbasis**
   In einem strikt islamischen Staat ist die Gottessouveränität die Legitimationsbasis. „In einem solchen theokratischen Staat kommt einer Minderheit von ‚Religionsgelehrten' die Aufgabe der einzigen richtigen und rechtlich verbindlichen Deutung des jeweiligen Glaubens zu" (ebd.). Das sieht man in der Islamischen Republik Iran, wo die Religionsführer das letzte Wort in

allen politischen Entscheidungen haben, d.h., das Parlament ist der Religion untergeordnet.

3. **Ganzheitliche Durchdringung und Steuerung der Gesellschaft**
   Das politische und soziale Miteinander wird vollkommen durchdrungen und gesteuert. Es herrscht die generelle Auffassung, „‚[d]ie islamistische Deutung des Islam soll die Lösung sein' [...] Islamisten wollen, dass Staat, Recht und Gesellschaft total geprägt sind von ihrer Ideologie. In sozialen Kontexten mit islamistischer Hegemonie lässt sich dieses etwa an der Indoktrination von Kindern ebenso wie an Kleidungsvorschriften für Frauen ablesen" (ebd.).
4. **Homogene und identitäre Sozialordnung im Namen des Islam**
   Die vorhergegangenen Merkmale formen eine homogene und identitäre Gesellschaftskonzeption, in der sich alle dem „wahren Glauben" zu unterwerfen haben. Kollektivistisches statt individualistisches Denken und Sozialverhalten stehen im Mittelpunkt. „Die Beschwörung einer Gottessouveränität hebt das demokratische Prinzip der Volkssouveränität auf" (ebd.).
5. **Frontstellung gegen den demokratischen Verfassungsstaat**
   Aus den bisherigen Merkmalen ergibt sich eine Frontstellung der Islamisten gegen die Normen des westlich verstandenen demokratischen Verfassungsstaats, der eine Trennung von Politik und Religion vorsieht.
6. **Fanatismus und Gewaltbereitschaft als Potenziale**
   Der Islamismus ist nicht automatisch mit der Bereitschaft zu Gewalt und Terrorismus zu verknüpfen; nichtsdestotrotz enthält der Islamismus Grundannahmen, die zu einer erhöhten Gewaltbereitschaft führen können (vgl. ebd.). Die Mehrheit der Muslim*innen lebt in säkularen, demokratischen Systemen, weswegen sie zum Feindbild von Islamisten werden.

Fazit: Figurationsanalyse von Sprachpolitik und Macht

Die Figuration von Sprache und Macht beruht auf der Wechselseitigkeit von Sprachpolitik durch politisches Framing, Fake News, elitäre Sprache, Narrative, Mythen und historischen Postemotionalismus einerseits und von konkreter Machtausübung im politischen und gesellschaftlichen Alltag andererseits.

7. Machtsprache des autoritären Nationalradikalismus

Im 7. Kapitel wird die den demokratischen Diskurs überschreitende Sprache des autoritären Nationalradikalismus (Rechtspopulismus) untersucht. Dieser verwendet emotional aufgeladene, doppeldeutige Begriffe, die auf diskriminierenden Vorurteilen aufbauen, um den politischen Diskurs zum Rechtsextremismus zu verschieben.

Insbesondere die Alternative für Deutschland (AfD) nutzt die Sprache des autoritären Nationalradikalismus. Diese Partei versucht, über die Uminterpretation und Neudefinition sprachlicher Begriffe in der Politik den politischen Diskurs nach rechts zu verschieben und dadurch längerfristig die Machtverhältnisse in Deutschland zu ihren Gunsten zu verändern.

Eine figurative Analyse der Sprache der Wortführer*innen des autoritären Nationalradikalismus zeigt die Wechselseitigkeit von Narrativen und assoziativen Emotionen in Reden und Texten der autoritär-nationalradikalen Politiker*innen auf, und zwar im Sinne einer „Emotionalisierung als persuasive Strategie" (Schwarz-Friesel 2013, 224 ff.).

> Das Emotionspotenzial eines Textes betrifft nicht nur die kodierten Gefühle und Emotionen der fiktiven (oder realen) Personen der Textwelt, sondern auch die antizipierten Gefühle des Rezipienten. Emotionalisierung involviert nicht nur die Rekonstruktion der emotionalen Befindlichkeit der Textweltreferenten, sondern auch die Aktivierung bzw. Konstruktion der Gefühle des Lesers. (ebd., 224)

Hinweise auf eine solche emotionalisierte persuasive Strategie werden nachstehend in den Originalzitaten ***kursiv fett*** gekennzeichnet. Meist sind dies sind Begriffe aus der Vergangenheit, die für viele Menschen in Deutschland noch eine emotionale Bedeutung haben, d. h., potenzielle Empathie und Identifikation sind der Garant für eine wirkungsvolle Überzeugungsarbeit der AfD.

In den Unterkapiteln geht es um die Entwicklung vom Rechtspopulismus zum autoritären Nationalradikalismus, das emotionale Framing rechtspopulistischer Sprache, die autoritär-nationalradikalen Wortführer*innen, um Intellektuelle als autoritär-nationalradikale Mitdenker*innen, den Rückgriff auf autoritär-nationalradikale Vordenker und die Querdenker-Bewegung.

Vom Rechtspopulismus zum autoritären Nationalradikalismus

In wissenschaftlicher Literatur und in Medien wird normalerweise von Rechtspopulismus gesprochen; in Anlehnung an das Buch „Rechte Bedrohungsallianzen“ (Heitmeyer/Freiheit/Sitzer 2020) wird hier statt Rechtspopulismus der Begriff *autoritärer Nationalradikalismus* übernommen, denn dieser ist analytisch präziser, um die Sachverhalte angemessen zu untersuchen. Die AfD pendelt zwischen Rechtspopulismus und Rechtextremismus/Neonazismus.

> Der autoritäre Nationalradikalismus, [...] zielt auf die destabilisierende Veränderung gesellschaftlicher und politischer Institutionen, um einen „Systemwechsel“ (Gauland) herbeizuführen. In den Fokus geraten Polizei, Militär, Gerichte, Rundfunkräte, Gewerkschaften, Schulen, Theater, politische Bildung, Feuerwehrverbände usw. (ebd., 107)

Heitmeyer analysiert mit seinen Kolleg*innen Manuela Freiheit und Peter Sitzer den autoritären Nationalradikalismus sehr differenziert und zeigt auf, wie sich „rechte Bedrohungsallianzen“ mittels dichotomischer Weltbilder und eines konzentrischen Eskalationskontinuums herausbilden.

Dichotomische Weltbilder

Das politische Konzept des autoritären Nationalradikalismus ist auf einem dichotomischen Welt- und Geschichtsbild aufgebaut, d. h. auf Entweder-oder-Konflikte, also die „Guten“ der AfD gegen die „Bösen“ der anderen Parteien. Bei dieser Strategie wird ein politisches Framing durch neue „alternative“ Begriffe – *kursiv geschrieben* – genutzt (vgl. im Folgenden Heitmeyer/Freiheit/Sitzer 2020, 108).

Gesellschaftliche Ebene

Politik: *Volk* versus Elite
Macht: *Überlegenheit* versus Unterlegenheit
Ziele: *Geschlossene* versus offene Gesellschaft
Wertestruktur: *Antipluralismus* versus Vielfalt
Geschichte: *Verklärung* versus Aufklärung
Kollektive Identität: *Deutsch-Sein* versus Internationalität
Kultur: *Reinheit* versus Überfremdung/Dekadenz

Gruppenebene

Gruppenformation: *„wir“* versus „die“
Gemeinschaftsform: *Homogenität* versus Heterogenität

Status: *Etablierte* versus „Eindringlinge"
Gruppenrelationen: *drinnen* versus draußen

Individuelle Ebene

Bewertung von Menschen: *Ungleichwertigkeit* versus Gleichwertigkeit
Denkstile: *Emotionalisierung* versus Rationalität
Selbstbilder: *Opfer* versus fremde Aggressionen
Moral: *Wahrheit* versus Unwahrheit

Alle kursiv gedruckten Wörter der „Guten" zeigen die radikale Verschiebung der Sprache durch den neuen autoritären Nationalradikalismus. Dies sind allesamt hoch emotionalisierte Begriffe, die auf das politische Spielfeld gesetzt werden.

> Deshalb werden bestimmte Ängste bewusst angesprochen und geschürt: die demografische Angst vor einer „Abschaffung Deutschlands", ökonomische Angst vor den Verwerfungen der Globalisierung, kulturelle Angst vor Überfremdung, Angst vor den Folgen der Digitalisierung, Angst vor dem vermeintlich islamischen Terror. (ebd., 109)

Eskalationskontinuum und Legitimationsbrücken

Rechte Bedrohungsallianzen lassen sich als Zwiebelmodell darstellen, das als konzentrisches Eskalationsmodell fünf Schichten hat, die sich von außen nach innen wie folgt zusammensetzen (vgl. ebd., 59):

1. **Gruppenbezogene Menschenfeindlichkeit**
   Allgemeine Bevölkerung. Abwertung und Diskriminierung von markierten Gruppen mit einer Ideologie der Ungleichwertigkeit, um politische Aktionen gegen „ungleichwertige" Gruppen wie z.B. Flüchtlinge oder Muslim*innen zu legitimieren.
2. **Milieu des autoritären Nationalradikalismus**
   Politische autoritäre und nationalistische Bewegungen und Parteien wie AfD, Pegida usw. Ziel ist es, durch die Schaffung von Feindbildern, die Neudeutung der deutschen Geschichte und die Destabilisierung gesellschaftlicher Institutionen und der liberalen Demokratie einen Systemwechsel einzuleiten.
3. **Systemfeindliches Milieu**
   Rechtsextremistische Gruppen, neonazistische Kameradschaften, Identitäre Bewegung, Reichsbürger und völkische Siedlungsgruppen. Ziel ist der Sturz des demokratischen Systems und Zerstörung der offenen Gesellschaft.

4. **Klandestines terroristisches Planungs- und Unterstützungsmilieu**
   Konspirativ agierende Gruppen, die sich aus dem systemfeindlichen Milieu rekrutieren, um sich weiter zu radikalisieren in Richtung der Planung terroristischer Taten. Zielsetzung: Gewaltsame Aktionen gegen Angehörige markierter Gruppen und Minderheiten.
5. **Terroristische Vernichtungsakteur*innen**
   Den Kern der Zwiebel bzw. der rechten Bedrohungsallianzen bilden terroristische Zellen und Einzeltäter*innen mit realem Unterstützungsmilieu oder mit individualzentrierten Akteur*innen in virtuellen Gemeinschaften, um markierte Personen oder Gruppen zu vernichten.

Emotionales Framing der rechtspopulistischen Sprache

Seit der Gründung der Alternative für Deutschland (AfD) 2013 und seit ihrem Einzug in die Parlamente aller Bundesländer und in den Bundestag hat sich der politische Diskurs in Deutschland verändert. Der bisher von den (demokratischen) Parteien akzeptierte Diskurs„rahmen" wird durch die AfD systematisch verändert. „Die AfD verursacht durch die Sprache die Umdeutung von Politik. Die AfD verwendet eine gegen Minderheiten und Eliten gerichtete Rhetorik" (Schiebel 2019, 52 f.).

Gümüşay weist in ihrer Analyse mit Recht darauf hin, dass Medien (Zeitungen, Fernsehen, insbesondere Talkshows) über Provokationen berichten und versuchen, dagegen zu argumentieren. Sie stellt folgende spannende These auf:

> Wir haben die AfD so groß gemacht, wie sie es heute ist. Indem wir ihre Provokationen durch unsere Diskussionen legitimierten. Indem wir ihren Hass zur Meinung erkoren haben. Indem wir ihre Menschenfeindlichkeit, ihren Rassismus, ihren Antisemitismus, ihren Sexismus zu legitimen Perspektiven geadelt haben. (2020, 128)

Der Rechtspopulismus, in Deutschland durch die AfD vertreten, bedient sich einer „alternativen" Sprache, die mit Emotionen und diskriminierenden Vorurteilen verknüpft wird, um den politischen Diskurs in ihrem Sinne zu verändern. In Ergänzung zum eigentlichen politischen Framing wird die rechtspopulistische Sprache der AfD zusätzlich noch in ein emotionales politisches Framing eingebettet, also mit Gefühlen verbunden, um ihre politischen Ziele zu erreichen.

Der Literaturwissenschaftler **Heinrich Detering** (* 1959) untersuchte die Rhetorik der AfD.

> „Vogelschiss", „Entsorgung" und „Messermänner" sind Beispiel für eine Verhexung des politischen Diskurses durch Wörter, genauer: durch Schlagwörter und Kampf-

> vokabeln, kalkulierte provozierende Verstöße gegen Höflichkeitsregeln und Taktempfinden, die sich die Verstoßenden als Trophäen ihres vorgeblichen Kampfes gegen Denkschablonen und Sprechverbote einer allgegenwärtigen *political correctness* ans Revers heften. Wer den Kampf unter diesen Vorgaben aufnimmt, hat ihn schon verloren. Denn es geht seinen Verursachern nicht um argumentative Überlegenheit, sondern um die Erschließung und Besetzung diskursiver Felder. Um das Abstecken von *claims* geht es, um den Ehrgeiz, mit Reizvokabeln „die Grenzen des Sagbaren auszuweiten" [Alexander Gauland; Anm. d. Verf.], um die Steuerung der öffentlichen Aufmerksamkeit. (2019, 7; Herv. i. O.)

Als empirische Belege für diese These der Diskursverschiebung nach rechts gibt es eine Vielzahl an Zitaten „prominenter" Vertreter*innen.

Die autoritär-nationalradikalen Wortführer*innen

Bei Wahlen liegen die Hochburgen der AfD in den ostdeutschen Bundesländern, insbesondere in Sachsen, Thüringen und Sachsen-Anhalt. Bemerkenswert ist die Tatsache, dass die führenden „Köpfe" der AfD aus den westdeutschen Bundesländern kommen: Björn Höcke, geboren in Lünen, NRW, in Rheinland-Pfalz aufgewachsen, später als Lehrer in Hessen tätig, jetzt in Thüringen wohnhaft; Alexander Gauland, in politischen Ämter in Bonn und in Wiesbaden, geboren in Chemnitz, 1957 in die Bundesrepublik geflüchtet, wohnte in Hessen, jetzt in Potsdam wohnhaft, Alice Weidel aus Nordrhein-Westfalen, später Hauptwohnsitz in Baden-Württemberg, lebt heute in der Schweiz; Beatrix von Storch aus Schleswig-Holstein, jetzt in Berlin wohnhaft, Andreas Kalbitz aus München, jetzt in Brandenburg wohnhaft. Seit Kurzem gibt es eine erste Ausnahme in der Führungsspitze der Bundespartei: Tino Chrupalla aus Sachsen (Deutscher Bundestag, Biographien).

Alle durch Zitate belegten Begriffe, die antidemokratisch, diffamierend und hassorientiert sind, werden im Folgenden **fett gedruckt**.

Björn Höcke

Der Oberstudienrat **Björn Höcke** (* 1972) studierte Geschichte und Sport. Er ist Vorsitzender der AfD in Thüringen und der umstrittenste Politiker in der politischen Öffentlichkeit, weil er zum rechten autoritär-nationalen Flügel der AfD gehört und als deren Führungsfigur eingeschätzt wird. In seinem Buch „Nie zweimal in denselben Fluss" legte Höcke im Gespräch mit dem Maler, Kunstkritiker und Publizisten der Neuen Rechten, Sebastian Hennig, seine politischen Bekenntnisse dar (2020). Beim flüchtigen Lesen hat man zunächst den Eindruck, dass er klassische bürgerlich-konservative Positionen vertritt. Hierbei beruft er sich ab und zu im Sinne des „Namedropping" auf bekannte Philosophen wie u. a. Buber, Fichte, Hegel, Kant, Popper, Machiavelli, Nietzsche, Schelling, Schopenhauer und Sokrates und auf bekannte Politiker wie u. a. Adenauer, Bismarck, Friedrich II, Metternich und Napoleon, um seinen bildungsbürgerlichen Habitus zu zeigen.

> Ich will auch niemandem, auch keinem Linken, sein politisches Selbstverständnis bestreiten – ich plädiere lediglich für gegenseitigen Respekt. Die unreflektierte Annahme, der zumeist von der Gegenseite angehefteten Kennzeichnungen birgt jedoch die Gefahr, daß sich der Spielraum für Sachentscheidungen ideologisch einschränkt. (ebd., 143)

An keiner Stelle des Buchs kann man Höcke explizit für einen Rassisten oder Antisemiten halten. Es ist eine bürgerlich-konservative Fassade. Jedoch zeigen Zitate aus dem Buch, dass hinter dem „bürgerlichen Intellektuellen" ein rechtsradikaler Populist, wenn nicht sogar ein Faschist steckt. Er ist der intellektuelle Kopf der AfD, der in die Zukunft denkt und sich als Anführer des sogenannten Flügels als völkisch-nationalistische Richtung versteht. Bei einer genauen sprachlichen Analyse des Buchs findet man immer wieder „alternative" Formulierungen, um den politischen Diskursrahmen durch Tabubrüche Schritt für Schritt nach rechts-national zu erweitern.

Schon 2016 auf dem Kyffhäuser-Treffen formulierte er sein Credo: „Der Flügel ist ein Garant dafür, dass diese Partei, unsere Partei immer weiß, und eingedenk dessen auch lebt und auch handelt, dass sie letzte evolutionäre Chance für ***unser geliebtes Vaterland*** ist" (Petter 2020, 2).

Höcke, der Flügel, die AfD als Retter von Deutschland? Diesen Hinweis auf die letzte evolutionäre Chance hat Höcke später auf Facebook relativiert:

> Mit dem Hinweis auf die „letzte evolutionäre, friedliche Chance" habe ich nicht einen Bürgerkrieg anzetteln wollen oder einem revolutionären Umsturz das Wort geredet, sondern auf die Gefahr hingewiesen, dass es bei ***fortgesetzter Masseneinwanderung*** zu gewalttätigen Unruhen oder gar zu einem Bürgerkrieg kommen könnte. (ebd., 3)

Höcke als Hellseher der Masseneinwanderung, als Prophet eines Bürgerkriegs oder als strategischer Denker? In seinem Buch wird die geplante „Reform" formuliert, um die „Moderne" zu beseitigen:

> Ein paar Korrekturen und Reförmchen werden nicht ausreichen, aber die deutsche

> Unbedingtheit wird der Garant dafür sein, dass wir die Sache gründlich und grundsätzlich anpacken. Wenn einmal die Wendezeit gekommen ist, dann ***machen wir Deutschen keine halben Sachen, dann werden die Schutthalden der Moderne beseitigt.*** (Höcke 2020, 257 f.)

2017 sagte er in Sachsen in Bezug auf die Bombardierung Dresdens durch die Alliierten im Zweiten Weltkrieg:

> Mit der Bombardierung Dresdens und der anderen deutschen Städte wollte man nichts anderes als unsere kollektive Identität rauben. Man wollte uns mit Stumpf und Stiel vernichten, **man wollte unsere Wurzeln roden.** Und zusammen mit der dann nach 1945 begonnenen systematischen Umerziehung hat man das auch fast geschafft. (Petter 2020, 6)

In Bezug auf sein erzkonservatives Frauenbild sagte er in dem Gespräch:

> Ich bin überzeugt, daß ***es wesensmäßige Unterschiede zwischen Mann und Frau gibt,*** die wir nicht überwinden, sondern kultivieren sollten.
>
> *An welche Eigenschaften denken Sie da insbesondere?*
>
> ***Wehrhaftigkeit, Weisheit und Führung beim Mann – Intuition, Sanftmut und Hingabe bei der Frau,*** um nur ein paar wenige zu nennen. (Höcke 2020, 115; Herv. i. O.)

Und seine Vorstellungen über Deutschland: „Unsere ‚Klage um Deutschland' dreht sich nicht primär darum, daß der Wohlstand zurückgeht, sondern vor allem darum, daß **unser Volk seine Seele und seine Heimat verliert**" (ebd., 120).

Historische Figuren werden herangezogen, um die heutigen Politiker*innen zu verunglimpfen:

> Wenn man sich die Herrschergestalten wie den Stauferkaiser Friedrich II. oder den „Flötenspieler von Sanssouci" anschaut und mit den **mediokren Schweinchen-Schlau-Figuren der heutigen Parteiendemokratie** vergleicht, kann unsere Forderung für die Zukunft nur lauten: Macht und Geist müssen einst wieder konvergieren. (ebd., 81)

Und auf die Frage des Interviewers, „Bei aller Dialogbereitschaft ziehen Sie – neben der obligatorischen Gewaltgrenze – also noch eine weitere rote Linie?", antwortet Höcke: „Ja, **wer unser Land und sein Volk grundsätzlich zur Disposition stellt oder aktiv zerstören möchte, mit dem hat es keinen Sinn, auf der politischen Ebene ein Gespräch zu führen**" (ebd., 94).

Auf die Frage, ob „in jeder noch so schweren, existenziellen Krise bekanntlich auch die Chance zur Weiterentwicklung liegt“, antwortet er:

> Ich bin sicher, daß – egal wie schlimm die Verhältnisse sich auch entwickeln mögen – am Ende noch Angehörige unseres Volkes vorhanden sein werden, mit denen wir ein neues Kapitel unserer Geschichte aufschlagen können. Auch **wenn wir leider ein paar Volksteile verlieren werden, die zu schwach und nicht willens sind, sich der fortschreitenden Afrikanisierung, Orientalisierung und Islamisierung zu widersetzen. (...) Ob wir's noch einmal schaffen werden, ist nicht sicher, aber es gibt berechtigte Hoffnung auf eine Erneuerung.** (ebd., 257)

Frage: „Ohne eine solche, meinen Sie, geht es keinesfalls weiter?“

> **„Ja, an dem heruntergekommen deutschen Haus sind umfassende Renovierungsarbeitenvonnöten. Ein paar Korrekturen und Reförmchen werden nicht ausreichen. Aber die deutsche Unbedingtheit wird der Garant dafür sein, daß wir die Sache gründlich und grundsätzlich anpacken werden. Wenn einmal die Wendezeit gekommen ist, dann machen wir Deutschen keine halben Sachen. Dann werden die Schutthalden der Moderne beseitigt, denn die größten Probleme von heute sind ihr anzulasten.“** (S. 257 f.)

Frage: „Wo stehen wir Ihre Meinung nach heute?“

> ***Wir erleben die finale Auflösung aller Dinge: von den Identitäten der Geschlechter und Ethnien, den Familien, den religiösen Bindungen über die kulturellen Traditionen***, den Sinn für Form und Maß – man vergegenwärtige sich nur den grassierenden Dekonstruktionswahn in der Architektur! – bis hin zu den schützenden und formenden Grenzen der Staaten und Kulturen. (ebd., 261 f.)

Frage: „Bis zur Errichtung neuer, langfristig stabiler Ordnungen wird es aber noch ein langer Weg sein?“

> „Ja, allein **das gesamteuropäische Remigrationsprojekt, also die geordnete Rückführung der hier nicht integrierbaren Migranten in ihre ursprünglichen Heimatländer,** wird eine große Herausforderung sein und viele Jahre in Anspruch nehmen“. (ebd., 284)

Eine Aussage über das Kanzleramt:

> Denn der häßlich-brutale Sultanspalast an der Spree, auch Kanzleramt genannt, steht schon allein aufgrund seiner gigantischen Ausmaße – er ist größer als das Weiße Haus oder der Élysée-Palast – symbolisch für den ***Größenwahn der bundesdeutschen***

> ***Politikerkaste***, die heute die Welt statt mit Panzern mit einem ***aggressiven Hypermoralismus*** bedrängt und bedroht. (ebd., 289)

Im weiteren Verlauf geht Höcke auch auf den „schlimme[n] Zustand unserer christlichen Kirchen“ (ebd., 267) ein. In seiner Rede im Rahmen der Veranstaltungsreihe „Dresdner Gespräche“ der AfD-Jugendorganisation Junge Alternative (JA) sprach er im Januar 2017 folgende Themen an, die zeigen, inwieweit sich Wortführer*innen der Neuen Rechten einer hassorientierten, antidemokratischen Sprache bemächtigen, um ihre Positionen zu untermauern (vgl. Höcke 2017):

Auflösung des Staats

> Unser einst intakter Staat befindet sich in Auflösung, seine Außengrenzen werden nicht mehr geschützt, er kann die innere Sicherheit nicht mehr garantieren, das Gewaltmonopol erodiert zusehends durch Inkaufnahme rechtsfreier Räume und der allgemeine Rechtsverfall schreitet voran. Unsere einst geachtete Armee ist von einem Instrument der Landesverteidigung zu einer ***durchgegenderten multikulturalisierten Eingreiftruppe im Dienste der USA*** verkommen. (ebd.)

Multikultur und Kaputtreformierung des Bildungssystems

> Unsere einst hoch geschätzte Kultur […] droht, ***nach einer umfassenden Amerikanisierung nun in einer multikulturellen Beliebigkeit unterzugehen***. Unser einst bewährtes Bildungssystem wurde in den letzten Jahrzehnten, und ich sage das in aller Deutlichkeit, bewusst kaputtreformiert. (ebd.)

Auflösung des Vaterlandes

> […] und **die immer schneller wachsende Sozialindustrie**, die an dieser perversen Politik auch noch prächtig verdient; diese alten Kräfte, die ich gerade genannt habe, sie lösen unser liebes deutsches Vaterland auf wie ein Stück Seife unter einem lauwarmen Wasserstrahl. Aber wir, liebe Freunde, wir ***Patrioten*** werden diesen Wasserstrahl jetzt zudrehen, wir werden uns unser Deutschland Stück für Stück zurückholen! […] ***Die AfD ist die letzte evolutionäre, sie ist die letzte friedliche Chance für unser Vaterland.*** (ebd.)

Fundamentaloppositionelle Bewegungspartei

> Und um ihren historischen Auftrag nicht zu verraten, muss die AfD Bewegungspartei bleiben, das heißt, sie muss selbst immer wieder auf der Straße präsent sein und sie muss im engsten Kontakt mit den befreundeten Bürgerbewegungen stehen.

> ***Und sie muss nicht nur Bewegungspartei sein.*** Dort wo sie bereits in den Parlamenten vertreten ist, muss sie dafür sorgen, dass sie auch Bewegungsfraktion ist, denn unsere Abgeordneten [...] müssen so oft wie möglich rausgehen. [...] Wir gehen raus zu den Menschen, um sie aufzuklären, aufzuklären und nochmal aufzuklären. [...] Wir werden das so lange durchhalten – und so lange ich etwas in der AfD zu sagen habe, werde ich dafür eintreten und dafür kämpfen –, ***wir werden das so lange durchhalten, bis wir in diesem Lande 51 Prozent erreicht haben*** [...]. (ebd.)

Rede gegen das eigene Volk

> Eine der bedeutsamsten Reden, die von einem Bundespräsidenten gehalten wurde, das war eine Rede von Richard von Weizsäcker am [sic!] 8. Mai 1945. Das war eine rhetorisch wunderbar ausgearbeitete Rede, stilistisch perfekt. ***Aber es war eine Rede gegen das eigene Volk und nicht für das eigene Volk.*** (ebd.)

Es folgen noch weitere Zitate aus Reden Höckes, die er zu anderen Gelegenheiten hielt:

Zum Holocaust-Denkmal in Berlin

> Wir Deutschen, also unser Volk, sind das einzige Volk der Welt, das sich ein Denkmal der Schande in das Herz seiner Hauptstadt gepflanzt hat. (o. A. 2017a)

Zur Einwanderung

> Liebe Freunde, unser liebes Volk ist im Inneren tief gespalten und durch den Geburtenrückgang sowie die ***Masseneinwanderung*** erstmals in seiner ***Existenz elementar bedroht.*** (CompactTV 2017)

Zu Hitler

> Das große Problem ist, dass Hitler als absolut böse dargestellt wird. Aber wir alle wissen natürlich, dass es in der Geschichte kein Schwarz und kein Weiß gibt. (Kröning 2017)

Zu Deutschlands Vergangenheit und Zukunft

> Ich will, dass Deutschland nicht nur eine tausendjährige Vergangenheit hat. Ich will, ***dass Deutschland auch eine tausendjährige Zukunft hat.*** (Höcke auf einer Kundgebung in Magdeburg, Oktober 2015 (o. A. 2017b))

Zu Männlichkeit

> ***Wir müssen unsere Männlichkeit wiederentdecken.*** Denn nur, wenn wir unsere Männ-

> lichkeit wiederentdecken, werden wir mannhaft. Und nur, ***wenn wir mannhaft werden, werden wir wehrhaft, und wir müssen wehrhaft werden***, liebe Freunde. (Jacobsen 2015)

Fazit: Björn Höcke relativiert die deutsche Geschichte, nutzt nationalradikale Begriffe in seiner Rhetorik und spielt mit nationalsozialistischen Bildern.

Alexander Gauland

Der Jurist und Publizist **Alexander Gauland** (* 1941), Gründungsmitglied der AfD, von 2017 bis 2021 neben Alice Weidel Vorsitzender der AfD-Bundestagsfraktion, ist das gutbürgerlich-konservative Aushängeschild der Partei. Von 1973 bis 2013 war er Mitglied der CDU, zeitweise in führenden Positionen in der Partei. Er war persönlicher Referent, Redenschreiber und Büroleiter des CDU-Oberbürgermeisters Walter Wallmann in Frankfurt am Main von 1977 bis 1987. Danach wurde er Staatssekretär und Chef der Hessischen Staatskanzlei (1987–1991) unter dem Ministerpräsidenten Wallmann. Trotz dieses eher bürgerlich-konservativen Lebenslaufs ist er mit folgenden Äußerungen „berühmt" geworden:

> **Hitler und die Nazis sind nur ein Vogelschiss in über tausend Jahren erfolgreicher deutscher Geschichte.** (Aus der Rede auf dem Bundeskongress der Jungen Alternative am 2. Juni 2018 im thüringischen Seebach; zit. nach Detering 2019, 35)

In einer Rede auf der „Demonstration für unsere Heimat" am 2. Juni 2016 in Elsterwerda formulierte Gauland, dass die **„Kanzler-Diktatorin"** das deutsche „Volk völlig umkrempelt und viele fremde Menschen uns aufpfropft und uns zwingt, die als Eigenes anzuerkennen" (ebd., 13). Weiter erklärte Gauland: „‚Wir müssen die Grenzen dicht machen und dann die grausamen Bilder aushalten', sagte Gauland dem ZEITmagazin. Man könne sich nicht von Kinderaugen erpressen lassen. [...] ‚Man kann sich nicht einfach überrollen lassen. Einen Wasserrohrbruch dichten Sie auch ab'" (o. A. 2016b).

Bei einer Wahlkampfveranstaltung in Eichsfeld erklärte er unter Bezug auf die Sozialdemokratin Aydan Özoguz: „Ladet sie mal ins Eichsfeld ein, und sagt ihr dann, was spezifisch deutsche Kultur ist. Danach kommt sie hier nie wieder her, und wir werden sie dann auch, Gott sei Dank, in Anatolien entsorgen können" (Bender 2017).

Den Bundestagsparteien warf Gauland eine ***„Politik der menschlichen Überflutung"*** vor, bei der es sich um den Versuch handle, ***„das deutsche Volk allmählich zu ersetzen durch eine aus allen Teilen dieser Erde herbeigekommene Bevölkerung"*** (o. A. 2016a).

Alice Weidel

Die Ökonomin **Alice Weidel** (* 1979), Vorsitzende der AfD-Bundestagsfraktion zusammen mit Tino Chrupalla, und eine Spitzenkandidatin der AfD für die Bundestagswahl 2021, legt ihre „WIDERWORTE. Gedanken über Deutschland" in einem Buch dar, um mit emotionalen Schlag(un)worten den politischen Diskurs in Deutschland in ihre rechtpopulistische Denkrichtung zu lenken (2019):

> „Flucht aus der Nation" (49), ***„Freiheit oder Islamisierung"*** (115), „Merkel-Klötze" für „Beton-Barrikaden" als Sicherheit gegen Anschläge (124), ***„Die Pseudo-Akademisierung der Gesellschaft ist eine Sackgasse"*** (145), „Bürokraten und Sozialindustrie entmachten" (ebd.), ***„sozialindustrielle Parallelstruktur"*** (ebd.).

Im Allgemeinen ist die Wortwahl in dem Buch zwar moderat, aber in vielen Sätzen wird die soziale und politischen Wirklichkeit „umgebogen", durch neue entstellende Begriffe ersetzt und durch verdrehte Sachverhalte umgedeutet.

Kulturmarxistische Methode

> Gesellschaftliche Macht durch unmittelbarer demokratischer Kontrolle entzogene politisch-gesellschaftliche Lobbygruppen zu sichern ist ***eine Methode der kulturmarxistischen Linken. Ihre Leitpartei, die Grünen,*** hat diese Machttechnik zur Perfektion entwickelt. (ebd., 105)

Plünderung der Sozialkasse

> Ein Löwenanteil der von der arbeitenden Bevölkerung erwirtschafteten drückenden Abgabenlast wird an Personen umverteilt, die zu diesem Gemeingut nicht beigetragen haben, nicht beitragen werden und zu einem beträchtlichen Teil wohl auch nicht beitragen wollen. Ganz zu schweigen von der weiteren ***Plünderung des Gemeinguts Sozialkasse durch Betrüger wie jene osteuropäischen Banden***, die 2017 mit erfundenen Arbeitsstellen insgesamt rund 50 Millionen Euro ergaunerten. (ebd., 129)

Sozialpolitik sei nicht produktiv

> Der Sozialpolitiker findet immer eine „Gerechtigkeitslücke", die es noch zu stopfen gilt, weil er ja mit seinem eigenen Wirken stets neue Ungerechtigkeiten auftut. Das hat den Wohlfahrtstaat zu Dimensionen anwachsen lassen, die das verträgliche Maß überschreiten. […] ***[A]m Ende nährt der weitere Ausbau des Wohlfahrtsstaats nur noch die Bürokratien und Klientelgruppen, die von ihm abhängig sind.*** Das ist aber kein Wirtschaftswachstum, sondern unproduktiver Konsum. Denn am Ende sind es eben nicht staatlich besoldete Sozialpädagogen und Genderbeauftragte, die jene Werte

> schaffen, die den gesellschaftlichen Wohlstand mehren, sondern die Handwerker und Autoingenieure, die mit ihren Steuergeldern auch für die Erstgenannten mit aufkommen müssen. (ebd., 93)

Marionetten der Siegermächte

> Diese Schweine sind nichts anderes als Marionetten der Siegermächte des 2. WK und haben die Aufgabe, das dt Volk klein zu halten indem molekulare Bürgerkriege in den Ballungszentren durch Überfremdung induziert werden sollen. (Kellerhoff/Lutz/Müller 2017)

In der Sitzung des Bundestags vom 16. Mai 2018 ging es um die Beratung des Gesetzes über die Feststellung des Bundeshaushaltplans für das Jahr 2018 und den Finanzplan des Bundes 2017 bis 2021. Als größte Oppositionspartei hat die AfD das erste Rederecht. In der Debatte zum „Einzelplan 04 Bundeskanzlerin und Bundeskanzleramt" sagt Alice Weidel laut dem stenografischen Bericht des Plenarprotokolls 19/32 unter anderem Folgendes:

> Und dabei fühlen Sie sich dem Schriftzug am Hohen Hause ‚DEM DEUTSCHEN VOLKE' ohnehin nicht mehr verpflichtet. Das Volk wollen Sie sich nämlich selbst aussuchen und zusammenstellen. [...]
>
> Und dann über die schwarze Null reden! Was ist daran gerecht, was ist daran sozial, sehr geehrte Damen und Herren? Es ist nichts anderes als **Steuerzahlerausbeutung** nach Gutsherrenart, was Sie hier praktizieren. Während die Infrastruktur dieses Landes zerfällt, der Staat seine Bürger nicht mehr schützen kann, ***fließen Abermilliarden in die Aufnahme und Alimentierung illegaler Einwanderer und in die Sozialsysteme***. [...]
>
> Doch ich kann Ihnen sagen: ***Burkas, Kopftuchmädchen, alimentierte Messermänner und sonstige Taugenichtse*** werden unseren Wohlstand, das Wirtschaftswachstum und vor allem den Sozialstaat nicht sichern. (Deutscher Bundestag 2018, 2971 f.)

Beatrix von Storch

Die Rechtsanwältin **Beatrix von Storch** (* 1971), geborene Herzogin von Oldenburg, ist seit 2019 stellvertretende Bundessprecherin der AfD und seit Oktober 2017 eine von fünf stellvertretenden Fraktionsvorsitzenden der AfD im Bundestag. Der folgende Tweet von Storch aus dem Jahr 2017 wurde zwar bald gelöscht – und von Storch dementierte, dass er überhaupt von ihr persönlich verfasst wurde: „Kognitive Dissonanz lässt sich nicht auf Dauer durchhalten. Je länger Merkel am Ruder der CDU bleibt, desto mehr Fleisch werden wir von ihrem Kadaver reißen" (o. A. 2017c). Doch schon 2016 sorgte sie mit einer Äußerung für Entsetzen und Rufe nach einer Beobachtung der AfD durch den Verfassungsschutz, als sie forderte, dass die Bundespolizei an der Grenze sogar auf geflüchtete Frauen und Kinder schießen dürfen müsste (vgl. Meiritz 2016). Auch hier wird durch die verwendete Sprache die Radikalisierung der AfD deutlich.

Andreas Kalbitz

Der Medienkaufmann **Andreas Kalbitz** (* 1972) war von April 2017 bis Mai 2020 Landesvorsitzender der AfD in Brandenburg, bevor ihm von der Parteischiedskommission die Mitgliedschaft entzogen wurde. Er galt und gilt als enger Verbündeter und Weggefährte von Björn Höcke. Auf dem Kyffhäuser-Treffen in Thüringen 2018 sagte er: ***„Die AfD ist die letzte evolutionäre Chance für dieses Land. Danach kommt nur noch ‚Helm auf'"*** (o.A. 2018a). Vor seinem Eintritt in die AfD war Kalbitz Mitglied mehrerer Neonazi-Organisationen, diese Mitgliedschaften hatte er verschwiegen (vgl. Funke 2019, 6 ff.).

- Er nahm 2007 an einer Veranstaltung der seit 2009 verbotenen neonazistischen Heimattreuen Deutschen Jugend e.V. teil (o. A. 2018b).
- Von 2010 bis 2015 war Kalbitz Vorsitzender des geschichtsrevisionistischen Vereins „Kultur- und Zeitgeschichte, Archiv der Zeit". Der Verein wurde von ehemaligen Mitgliedern der SS gegründet; Treffen werden von Neonazis und Mitgliedern der NPD besucht (o. A. 2015a). Programmatisch heißt es im Verein: „Es besteht sogar die Gefahr, dass künftige Generationen von Deutschen [...] insbesondere die Zeit vor 1945 mit einer teuflischen Epoche gleichsetzen" (ebd.).

Mit Kalbitz fand sich ein deutlich nationalistischer, rechtsextremer Redner in den AfD-Reihen.

Tino Chrupalla

Der Handwerker **Tino Chrupalla** (* 1975), als Bundestagsabgeordneter direkt in einem Wahlkreis in Sachsen gewählt, ist – neben Jörg Meuthen – seit November 2019 AfD-Parteivorsitzender und war einer der Spitzenkandidaten der AfD für die Bundestagswahl. Er wird zwar nicht unmittelbar dem Höcke-Flügel zugerechnet, aber er wurde bei seiner Wahl von ihm unterstützt. Chrupalla bedient sich ebenfalls nationalsozialistischer Begriffe wie „Umvolkung" und griff in einer Bundestagsrede Angela Merkel scharf an: „‚Ich bedaure, dass sie uns nicht verrät, welche Herrschafts- und Zersetzungsstrategien sie damals bei der FDJ gelernt hat'. [...] Aber sie wisse daher offenbar, wie man ‚ein Volk mit Agitation und Propaganda in Schach' halte" (am Orde 2019).

Andere AfD-Mitglieder

Nachfolgend eine Zitatsammlung weiterer AfD-Mitglieder in verschiedensten Positionen und Funktionen der Partei:

- „Ich sage diesen linken Gesinnungsterroristen, diesem Parteienfilz ganz klar: Wenn wir kommen, dann wird aufgeräumt, dann wird ***ausgemistet***, dann wird wieder Politik für das Volk und nur für das Volk gemacht – denn ***wir sind das Volk***, liebe Freunde." Markus Frohnmaier, MdB, Weidles Sprecher, zu dem Zeitpunkt Vorsitzender der Jungen Alternative (o. A. 2015a)
- „***Linksextreme Lumpen*** sollen und müssen von deutschen Hochschulen verbannt und statt einem Studiumsplatz lieber ***praktischer Arbeit zugeführt*** werden." André Poggenburg, MdL, aus der AfD ausgetreten (Richter 2017)
- „Diese ***Kümmelhändler***, diese ***Kameltreiber*** sollen sich dorthin scheren, wo sie hingehören. Weit, weit, weit hinter den Bospurus [sic!], zu ihren ***Lehmhütten*** und ***Vielweibern***." Poggenburg (Richter 2018)
- „Die ***Merkelnutte*** lässt jeden rein, sie schafft das. Dumm ist nur, dass es UNSER Volkskörper ist, der hier gewaltsam penetriert wird. [Es handelt sich] um einen ***Genozid***, der in weniger als zehn Jahren erfolgreich beendet sein wird, wenn wir die ***Kriminelle*** nicht stoppen." Peter Boehringer, MdB (Amann 2018)
- „Wir müssen ganz friedlich und überlegt vorgehen, uns ggf. anpassen und dem Gegner Honig ums Maul schmieren aber wenn wir endlich soweit sind, dann stellen wir sie alle an die Wand: [Für die] ***widerlichen grünen Bolschewisten*** eine ***Grube ausheben, alle rein und Löschkalk drauf***." Holger Arppe, MdL, aus der AfD ausgeschlossen (Speit 2017)
- Der Berliner AfD-Abgeordnete Gottfried Curio sagte in einer Debatte „Masseneinwanderung ist Messereinwanderung" (Süddeutsche Zeitung 2018).

Die vom Fernsehsender ProSieben 2020 ausgestrahlte Dokumentation „Rechts. Deutsch. Radikal" zeigte ein Gespräch des ehemaligen Pressesprechers der AfD und späteren Sprechers der AfD-Bundestagsfraktion, Christian Lüth, mit der rechtsextremen YouTuberin Lisa Licentia, in dem in Bezug auf Migrant*innen folgender Satz fiel: „Wir können die nachher immer noch alle erschießen. Das ist überhaupt kein Thema. Oder vergasen, oder wie du willst. Mir egal" (Kiyak 2020, 1).

Fazit: Die Sprache der AfD-Mitglieder ist menschenverachtend, degradierend und bedient sich zutiefst rassistischer Metaphern. In vielen Fällen werden Begriffe mit einer klaren Bedeutung oder historische Sprüche umgedeutet und aus dem Kontext gerissen.

Pegida im Spiegel der Sprache

Die Kommunikationswissenschaftlerin **Anna-Maria Schielicke** untersucht die in Reden auf Pegida-Demonstrationen verwendete Sprache. Schon der Name Pegida spricht für sich, steht er doch als Abkürzung für „Patriotische Europäer gegen die Islamisierung des Abendlandes". Die gesammelten Zitate (2017, 169 f.) zeigen eine Verächtlichmachung von Einzelpersonenn: „einfältig, dumme Grüne Katrin Göring-Eckardt, eine gescheiterte Existenz ohne Berufsschulabschluss", „das dicke Kind aus Goslar" [Sigmar Gabriel], das „haarscharf an der Sonderschule vorbei schrammte", der „feige Pfaffe" [Joachim Gauck] aus Rostock; die Diffamierung von Flüchtlingen („Horden von männlichen Invasoren", die „alle keine Frauen haben und sexuell geladen sind", „Surensöhne", „Salatfister"); die Diffamierung von Journalist*innen („Presstituierte", „Arbeitslager", „Abschieben", „Widerstand").

Schielicke zitiert aus Victor Klemperers 1947 erschienenem „LTI – Notizbuch eines Philologen", in dem er Sprache und Gefühle als eine Einheit sieht:

> Aber Sprache dichtet und denkt nicht nur für mich, sie lenkt auch mein Gefühl, sie steuert mein ganzes seelisches Wesen, je selbstverständlicher, je unbewußter ich mich ihr überlasse […] Worte können sein wie winzige Arsendosen: sie werden unbemerkt verschluckt, sie scheinen keine Wirkung zu haben, und nach einiger Zeit ist die Giftwirkung doch da. (Klemperer 2007, 26; zit. nach Schielicke 2017,171)

Rassismus

> „Deutschland den Deutschen, Ausländer raus"', „Festung Europa – Macht die Grenzen dicht!", „Merkel muss weg!", „Nationaler Sozialismus: jetzt, jetzt, jetzt!, „Widerstand!", „Wir sind die Fans – Adolf Hitler Hooligans".

Alle diese Parolen wurden im Sommer 2018 bei einer Demonstration in Chemnitz gerufen (vgl. Quent 2019, 19).

Verbrannte Wörter

Der Journalist **Matthias Heine** (* 1961) untersuchte 2019 „Verbrannte Wörter", d.h. Begriffe, die in der Öffentlichkeit verpönt sind, weil ihr Ursprung im Nationalsozialismus liegt, die aber trotzdem noch immer genutzt werden. Folgende Wörter aus der Sprache der Nationalsozialisten finden sich auch bei der AfD und anderen rechtsextremistischen Gruppierungen wieder:

- **Umvolkung:** Bei den Nazis hatte der Begriff zwei Bedeutungen: erstens „die erpresste Assimilation von Auslandsdeutschen an das Mehrheitsvolk" (Heine 2019, 193) und zweitens „die Eindeutschung von Bevölkerungsgruppen in Mittel- und Osteuropa, die aus Sicht der NS-Rassenideologie dafür geeignet waren" (ebd.). Auf dem Kyffhäuser-Treffen der AfD 2018 wirft Gauland der Bundeskanzlerin vor, einen *„unumkehrbar*[en] *Bevölkerungsaustausch"* herbeiführen zu wollen, weil sie aus nicht nachvollziehbaren Gründen *„etwas gegen das deutsche Volk"* habe, dem sie eigentlich aufgrund ihres Amtseids verpflichtet sei. Aber die gesamte Bundesregierung wolle, dass die einheimischen Deutschen für die Einwanderer arbeiteten, damit diese *„in Ruhe Kinder in die Welt setzen und den Bevölkerungsaustausch vollenden"* könnten (Gauland 2018).

- **System:** Die Nazis sprachen vom System der Weimarer Republik und von Systemzeit, Systembeamten, Systembonzen, Systemregierung, Systempolitikern und Systempartei (Heine 2019, 184 f.). „Wer System, Systempresse oder Systempartei sagt, redet nicht nur wie Goebbels, sondern behauptet damit heute einen verschwörerischen Zusammenhang, in dem alles von einem gewaltigen Netzwerk kontrolliert wird" (ebd., 185).
- **Achse:** Im Dritten Reich bedeutete das Wort Achse die politische Zusammenarbeit zwischen dem nationalsozialistischen Deutschland und dem faschistischen Italien. Bei der AfD gibt es die „Achse des Guten" als rechtsextremistischen Blog, der das Zeitgeschehen kommentiert. (s. u. S. 136 ff.)

Fazit: Der Politologe und Rechtsextremismusexperte **Hajo Funke** (* 1944) sieht den „Höcke-Flügel auf dem Weg zu einer neonazistischen Bewegungspartei":

> Der „Flügel" enthält immer mehr Ingredienzen einer aus unserer Geschichte bekannten faschistischen Bewegung, eben einer „fundamentaloppositionellen Bewegungspartei" (Höcke). Als Bewegung ist sie inzwischen weit gefährlicher als es je die NPD war. Es ist der immer weiter radikalisierte Führerkult, der auf dem Kyffhäusertreffen 2019 inzwischen zu eigenen Abzeichen für Treue führt. Es ist der Führergestus desjenigen, der als einziger Aufrechter gegen die Spaltungen in der Partei und im Land unerbittlich vorgeht und keine Abweichung davon duldet. (2019)

Intellektuelle als autoritär-nationalradikale Mitdenker*innen

Im „Hintergrund" der AfD gibt es eine autoritär-nationalradikale Gruppe von Mitdenker*innen, die die politischen Inhalte und Strategien in Szenarien vorbereiten und veröffentlichen. Im Vergleich zum Rechtspopulismus der rechtsextremen Parteien wie NPD, DVU oder Republikaner „umfasst das nationalradikale Milieu rund um die AfD dabei auch eine Reihe von Intellektuellen, also Personen, die wissenschaftlich, schriftstellerisch, philosophisch, seelsorgerisch oder journalistisch tätig sind und sich zu politischen Themen öffentlich positionieren" (Heitmeyer/Freiheit/Sitzer 2020, 117).

Sie folgen nicht mehr der flachen Ideologie des alten Rechtspopulismus, sondern fungieren als „Ideologieaufrüster" (ebd.), indem sie u. a. frühere Schriften bekannter Rechtsintellektueller „ausgraben", um neue Resonanzen für die Anhänger*innen der AfD zu schaffen und laufend aktuelle politischen Aussagen zu tätigen. Dazu werden im Folgenden zwei Quellen untersucht: das Institut für Staatspolitik mit seinen Veröffentlichungen und der Blog „Die Achse des Guten" mit seinen täglichen Artikeln.

Institut für Staatspolitik

Der bekannteste Mitdenker der rechtsextremen Intellektuellen ist **Götz Kubitschek** (* 1970), der aus Ravensburg im Süden Baden-Württembergs stammt. Er studierte in Heidelberg und Hannover Germanistik, Geografie und Philosophie auf Lehramt. Als Oberstleutnant der Reserve der Bundeswehr nahm er in den 1990er Jahren am Auslandseinsatz in Bosnien teil. Heute wohnt er mit seiner Familie auf einem ehemaligen Rittergut in Schnellroda in Sachsen-Anhalt.

Im Mai 2010 gründeten Götz Kubitschek, Karlheinz Weißmann und fünf weitere Personen das Institut für Staatspolitik (IfS) als Denkfabrik der rechtsextremen Konservativen. Sie veranstalten regelmäßig Sommerakademien und publizieren Bücher und Studien. So hat das Institut für Staatspolitik fünf „staatspolitische Handbücher" unter der Federführung von Erik Lehnert und Karlheinz Weißmann im Verlag Antaios herausgegeben. Zwei von ihnen werden hier sprachpolitisch analysiert, denn sie verraten das Denken der autoritären Nationalradikalen. Das IfS organisiert auch regelmäßig Schulungsseminare mit prominenten AfD-Politiker*innen für das „Fußvolk". 2020 fand bereits die 21. Sommerakademie statt.

Staatspolitisches Handbuch 1: Leitbegriffe

Das 176-seitige erste Handbuch umfasst 102 Begriffe. Im Vorwort wird der politische Zweck der Veröffentlichung eindeutig und klar formuliert:

> Daß *Sprache ein Machtmittel* ist, gehört zu den Allgemeinplätzen: *Wer über Begriffe herrscht, der herrscht auch über Menschen und über Verhältnisse.* Es ist deshalb ein Streit um Worte niemals nur ein Streit um Worte, sondern darum, wer dadurch, daß er einem *Wort Geltung verschafft, Einfluß nimmt.* [...] Wer einen Begriff plaziert und definiert, erreicht, daß man ein Wort benutzt und außerdem, daß man sich darunter etwas Bestimmtes vorstellt. (Weißmann 2018, 7; Herv. d. Verf.)

In diesem Zitat sind bereits zwei Wörter verdächtig: über Menschen „herrschen" und einen Begriff „plazieren". Bei der Analyse der im Handbuch aufgeführten Leitbegriffe fällt Folgendes auf: Erstens werden manche Begriffe nicht aufgeführt und andere Begriffe wiederum werden explizit „plaziert", d.h. es werden bewusst bestimmte Begriffe ausgewählt, um den politischen Diskurs in Richtung Rechtsextremismus zu verschieben. Zweitens werden in jedem Artikel zu einem Begriff Zitate meist bekannter Autor*innen ohne Quellenangaben wiedergegeben.

Einige heutzutage wichtige Begriffe der Politik der letzten Jahrzehnte fehlen im Handbuch: Ethnizität, Menschenrechte, Migration, Nationalsozialismus, Republik. Umgekehrt werden Begriffe politisch aufgewertet und besonders betont wie z. B. Abendland, Ehre, Feind, Heimat, Held, Rasse.

Folgende Zitate entlarven das politische Verständnis des Verfassers des Buches, Karlheinz Weißmann.

> **„Stets wurde die Gesellschaft von oben her bestimmt; was von unten kam, war ihr Ruin."** Antoine Blanc de Saint-Bonnet (1815–1880), französischer Philosoph. (ebd., 79)

Zum Begriff Herrschaft:

> „[S]ie [Herrschaft; Anm. d. Verf.] äußerte sich wahrscheinlich nur **in der selbstverständlichen Befehlsgewalt des Mannes über die Frau, des Vaters gegenüber der Familie, des Stärkeren gegenüber dem Schwächeren.**" (ebd., 78)

Zum Begriff Ehre:

> „Der Grundbegriff aller lebendigen Sitte ist die Ehre. Alles andere, Treue, Demut, Tapferkeit, Ritterlichkeit, Selbstbeherrschung, Entschlossenheit liegen darin. **Und Ehre ist Sache des Blutes, nicht des Verstandes.** Man überlegt nicht – sonst ist man schon ehrlos." Oswald Spengler (ebd., 37) (vgl. den Abschnitt über Vordenker)

Staatspolitisches Handbuch 3: Vordenker

Band 3 des „Staatspolitischen Handbuchs" über Vordenker*innen stellt auf ein- bis zweiseitigen Artikeln viele bekannte Wissenschaftler*innen, Autor*innen und Philosoph*innen vor. Die beiden Herausgeber formulieren folgenden Anspruch in ihrem Vorwort:

> Vielmehr geht es darum, eine möglichst große Bandbreite derjenigen Autoren zu präsentieren, die unmittelbar Einfluß auf die intellektuelle Rechte der Nachkriegszeit genommen haben. [...] Vordenken bedeutet ein Vorangehen in Dingen, die sich erst später, in der Rückschau, in ganzer Gestalt zeigen und für alle sichtbar werden.

> […] sollte bei der Beschäftigung mit den Vordenkern vor allem deutlich werden, daß es ewige Wahrheiten gibt, die in jeder Situation neu entdeckt, verkündet und fruchtbar gemacht werden müssen. (Lehnert/Weißmann 2019, 7 f.)

Neben anderen werden folgende Autoren vorgestellt: Hannah Arendt, Rudolf Bahro, Ernst-Wolfgang Böckenförde, Hans Peter Duerr, Ernst Forsthoff, Arnold Gehlen, Hans Gollwitzer, Martin Heidegger, Samuel Phillips Huntington, Ernst Jünger, Walter Kempowski, Konrad Zacharias Lorenz, Golo Mann, Klaus Mehnert, Elisabeth Noelle, José Ortega y Gasset, Vilfredo Pareto, Ayn Rand, Joseph Ratzinger (Papst Benedikt XVI.), Antoine de Saint-Exupéry, Helmut Schelsky, Erwin Kurt Scheuch, Carl Schmitt, Wolf Jobst Siedler, Peter Sloterdijk, Alexander Issajewitsch Solschenizyn, Botho Strauß, Ernst Topitsch. Nicht alle genannten Autor*innen sind rechte Denker*innen, aber sie werden mit einer einseitigen Auswahl von Zitaten aus ihren Werken instrumentalisiert, um sich das Mäntelchen der Seriosität umzuhängen. Nachstehend zwei Zitate aus dem Handbuch über Vordenker*innen:

> Mittlerweile will man die Demokratie der Bundesrepublik erfunden haben, die uns doch angewidert hat wie die Sünde. Auf eine Bekehrung! Wären wir zu der Herrschaft, wie wir sie wollten, hinaufgelangt, wir hätten uns dort zweifelsohne höchst blutig bewährt. Das geistige Rüstzeug war fertig. An uns hat es nicht gelegen; die Verhältnisse waren stärker. (ebd., 64)

> Der historische Bildungsstand ist bei uns derartig heruntergekommen, daß sich kaum noch jemand klarmacht, was damals wirklich geschah: nämlich die Dezimierung der Substanz des deutschen Volkes, bei der es […] um einen nicht regenerierbaren Verlust geht, um ein Phänomen also, das man in Analogie zu Genozid mit der Bezeichnung „Phylozid" („Stammestötung") belegen müßte, denn es gibt von nun an keine Schlesier, Pommern, Ostpreußen, Sudetendeutsche usw. mehr. (ebd., 86)

21. Sommerakademie des IfS 2020

Auf der Internetseite des Instituts für Staatspolitik findet sich eine Art Protokoll der 21. Sommerakademie vom 12. Oktober 2020, die als Fortsetzung der 20. Winterakademie mit dem Thema „Lektüre" bezeichnet wird. Zur Begrüßung forderte der Leiter des IfS, Erik Lehnert, in seiner Rede danach:

> […] die Restbestände an existenter Ordnung zu bewahren und ihre vollkommene Zerstörung aufzuhalten. Dabei beurteilte er die Lage wie folgt: Derzeit erlebten wir eine Gleichschaltung auf allen Ebenen. Der Staat, dessen eigentliche Hauptaufgabe in der Gewährleistung der inneren und äußeren Sicherheit liege, werde ausgehöhlt

> und stünde in einem Spannungsverhältnis zur aktuellen Ordnung, die er als eine **„gleichgeschaltete Unordnung"** kategorisiert. (IfS 2020)

Am Abend hält Erik Lehnert noch einen Vortag zur Theorie des deutschen Soziologen Max Weber und dessen Buch „Die protestantische Ethik und der Geist des Kapitalismus" von 1905. Benedikt Kaiser, Redakteur der rechtspopulistischen Zeitschrift „Sezession" – herausgegeben vom IfS, Chefredakteur: Götz Kubitschek –, hält eine Rede, angelehnt an sein Buch „Solidarischer Patriotismus. Die soziale Frage von rechts".

> Erst [durch] die Kombination von „Identität" und „Solidarität" […] lasse sich ein funktionierender Sozialstaat realisieren. Kaiser plädiert daher dafür, den totalen Rückbau des Staates zu vermeiden – sein gewichtiges Credo „Wider die Auflösung des Staates durch neoliberale Kapitalisierung und linksextreme Individualisierung". (ebd.)

„Das Buch im Haus nebenan"

In ihrem rechtspopulistischen Verlag Antaios gaben Ellen Kositza und ihr Ehemann Götz Kubitschek „Das Buch im Haus nebenan" (2020) heraus. Mit sieben weiteren Autor*innen stellen sie jeweils fünf Bücher vor und interpretieren diese. Rechtspopulistisches Gedankengut wird in diesem Werk positiv bewertet; Leseempfehlungen werden gegeben. Die Herausgeber*innen gehen von folgender Erkenntnis aus:

> Wer liest, könnte durch die Lektüre zu einem besonderen Menschen werden, aufgerüstet und ausgestattet mit gefährlichen Dingen wie Gefühlen, Erinnerungen, Meinungen, Argumenten, Erregungszuständen, Widerstandskräften, Fragen, Rückzugsräumen, Verweigerungshaltungen, Ideen und Phantasien." (ebd., 7)

Die Verfasser*innen rezensieren Bücher vieler namhafter Autor*innen, indem zunächst der Inhalt kurz, weitgehend korrekt zusammengefasst und als lesenswert eingeschätzt, aber der Text im Anschluss in eine rechtsextremistische Richtung interpretiert wird, damit der*die Leser*in durch die rechtspopulistische Lektüre beeinflusst wird. Zwei Beispiele:

Hannah Arendt: Elemente und Ursprünge totaler Herrschaft. Antisemitismus, Imperialismus, Totalitarismus (1951/dt. 1955)

Das Buch ist ein Klassiker der politischen Philosophie bzw. der Geschichtswissenschaft, Arendt analysiert darin die historischen Entwicklungen von Antisemitismus, Imperialismus, Totalitarismus sehr detailliert. Der Rezensent, Thorsten Hinz, stimmt Arendts Analyse zu (ebd., 72 ff.), um dann als Abschluss „für eine elastische Totalitarismus-Definition" zu plädieren, „welche die pluralistische

Auffächerung der Herrschaft berücksichtigt“ (ebd., 76). Am Ende der Rezension wird dann die Demokratie diffamiert:

> [...] den Umschlag der Demokratie in Tyrannei, Medien, politische Institutionen, der Inlandsgeheimdienst und sogenannte zivilgesellschaftliche Kräfte arbeiten eng zusammen, wenn es darum geht, tatsächliche oder vermutete **Dissidenten sozial zu vernichten und psychisch zu zermürben.** Wer die an keine kontrollierbaren Bedingungen gebundene Macht besitzt, über diese Chancen zu Sanktionszwecken zu verfügen, dessen Sanktionspotential kann mit gutem Grund totalitär genannt werden. (ebd., 77)

Am Ende wird in einer Fußnote noch zu Hannah Arendt gesagt: „Philosophin, war Schülerin und Geliebte von Martin Heidegger“. (ebd., 77) Als Jüdin emigriert sie 1933 nach Paris und nach einer Internierung durch die Nazis flieht sie in die USA.

Niklas Luhmann: Die Realität der Massenmedien (1996)

Zunächst wird Niklas Luhmann als Systemdenker vorgestellt: die Gesellschaft als soziales System, die Reduktion der (Welt-)Komplexität durch Bildung von Subsystemen und die Konstruktion der Wirklichkeit. Doch dann schlägt der Artikel ins Gegenteil um: Aus dem erkenntnistheoretischen Konstruktivismus wird ein politischer Konstruktivismus als Waffe formuliert:

> Ich denke, daß es sich bei den genannten konstruktivistischen linken Studienfächern ähnlich verhält und Wissenschaft in Politisierung ausgeartet ist: Von linguistischen, psychologischen oder eben medienwissenschaftlichen Theorien der Realitätskonstruktion ging man zur daraus abgeleiteten „kritischen“ Destruktion des politischen Gegners über. Volk, Nation, Geschlecht, Familie, Ehe, Rasse wurden dadurch, daß man ihre Konstruiertheit feststellte, zugleich für inexistent, gefährlich oder böse erklärt. (ebd., 228)

Dann wird Luhmann‘s Methode aufgegriffen, denn „die Realität der gegenwärtigen ‚Wahrheitsmedien‘ alias ‚Lügen-‘, ‚Lücken-‘ oder ‚Lumpenpresse‘ läßt sich mit systemtheoretischem Instrumentarium präzise analysieren [...]“ (ebd.). Mit der Systemtheorie kann man alles irgendwie analysieren, der jeweilige Inhalt ist davon unabhängig.

„Die Achse des Guten“

Die „Achse des Guten“ ist ein bereits 2004 gegründeter politischer Blog, der von den Publizisten **Henryk M. Broder** (* 1946) und **Dirk Maxeiner** (* 1953) herausgegeben wird. Täglich werden im Blog die politischen Ereignisse kommentiert (vgl. Baumgarten 2016). Gleich auf der Startseite findet sich „Unsere Liste der Guten": „Ob als Klimaleugner, Klugscheißer oder Betonköpfe tituliert, die Autoren der Achse des Guten lassen sich nicht darin beirren, mit unabhängigem Denken dem Mainstream der Angepassten etwas entgegenzusetzten. Wer macht mit?" (Achse des Guten o. J.).

Auf dem Blog werden über 60 Autor*innen und über 200 Gastautor*innen gelistet. Hamed Abdel-Samad, Politikwissenschaftler und Achse-Autor, beschreibt die Autor*innen wie folgt: „Die Achse-Autoren haben Kante und Biss und keine Angst, falsch zu liegen. Das macht sie beliebt und verhasst zugleich. Viele mögen die Achse nicht und lesen sie trotzdem heimlich. Das muss man erstmal schaffen" (Achse des Guten o. J.). Bekannte Namen sind u. a. der Wirtschaftswissenschaftler Gunnar Heinsohn, die Publizistin und frühere Politikerin Vera Lengsfeld sowie der Publizist und Politiker Thilo Sarrazin.

Der Arzt und Mathematiker **Johannes Eisleben** (* 1971) arbeitet als Systeminformatiker und lebt bei München. Er schreibt durchschnittlich zwei bis drei Artikel pro Woche, in denen er aktuelle und grundsätzliche politische Themen analysiert und kommentiert. Bisher hat er 78 Artikel auf dem Blog „Die Achse des Guten" veröffentlicht (Stand: Ende 2021). Nachstehend finden sich einige Zitate aus seinen Artikeln:

„Die anonyme Ideologie" vom 26. Februar 2018

> Wir sind Zeugen eines antirationalen, gesinnungsorientierten Konsenses der Führungseliten, der in den letzten 60 Jahren entstanden ist. [...] Seine geistige Voraussetzung ist die Leugnung elementarer wissenschaftlicher Erkenntnisse der Physik, Biologie, Volkswirtschaftslehre und hermeneutischen Geschichtswissenschaft [...].
>
> Diese Leugnung unserer rationalen Tradition, [...] benötigt der antirationale Konsens, um eine humanitaristische, pseudoliberale Ideologie des ***subjektivistischen Gleichheitsideals*** zu errichten. In Wirklichkeit handelt es sich um eine klassische Herrschaftsideologie, von der eine dünne Schicht auf Kosten der allermeisten profitiert. [...]
>
> Die Leugnung eines wesentlichen Fundaments unserer Zivilisation, die wissenschaftliche Rationalität, dient dem Zweck, den Weg frei für einen ***hypermoralischen, subjektivistischen Humanitarismus*** zu machen. In seinem Verständnis sind es zwei Werte: Die Gleichheit der Menschen und ihre subjektive Selbstverwirklichung, die alles andere dominieren. (Eisleben 2018)

„Multikulti scheitert wirtschaftlich" vom 27. Juni 2019

In diesem Artikel erwartet Eisleben von den Zuwanderinnen und Zuwanderern Assimilation und formuliert, dass man für das Zusammenleben „gemeinsame Normen und Werte bis hin zu einem gesunden Nationalstolz und zur Dankbarkeit und Opferbereitschaft für das Gemeinwesen braucht" (2019a).

> […] es scheint aber so, dass muslimische Migranten sich nirgendwo assimilieren. Dies liegt am strukturellen Anspruch des Islam, den vorgefundenen Staat zu beseitigen und weltweit eine Theokratie zu errichten […] auf deutschen Schnellstraßen blockieren muslimische Hochzeitsgesellschaften immer wieder rechtswidrig den Verkehr. (ebd.)

Da Migrant*innen und Flüchtlinge mehr konsumieren, als sie zur Produktion betragen, sei Multikulti gescheitert.

„Die prä-revolutionäre Herrschaft Angela Merkels" vom 13. Dezember 2019

In diesem Artikel definiert Eisleben axiomatisch eine revolutionäre Herrschaft als „eine Regierung ohne Legitimität, die vom Volk nicht akzeptiert wird und totalitär mit Hilfe von Staatsterror ihre politischen Vorstellungen durchsetzt". Und eine prä-revolutionäre Regierung bestehe dann, wenn die Legitimität der Herrschaft abgesunken sei und noch weiter absinke. Dieser Prozess habe vor 20 Jahren begonnen.

> […] wichtige erste Meilensteine der Delegitimierung waren die Verträge von Maastricht, Nizza und Lissabon, der einvernehmliche Bruch des Vertrags von Maastricht durch Schröder und Chirac, das EEG-Gesetz mitsamt Atomausstieg sowie die Einführung der doppelten Staatsbürgerschaft. (2019b)

Unter Merkel habe sich dieser Prozess der Delegitimierung der Herrschaft verschärft, denn

> [d]ie verantwortungslose Teilrücknahme der Schröder'schen Agenda 2010, die Verweigerung einer echten Rentenreform, der beschleunigte Atomausstieg, die Abschaffung der Wehrpflicht, die Zersetzung der Verbrennungsmotor-Industrie, aber vor allem die verfassungswidrige ‚Eurorettung', der Versuch zur Widereinführung der Zensur mit Hilfe des NetzDG und die Entstaatlichung mit der Grenzöffnung seit 2015 sind die wichtigsten Beiträge ihrer Regierung zur Delegitimierung. (ebd.)

Hier zeigt sich eine politische Haltung gegen Europa und gegen demokratische Beschlüsse des Bundestags.

„Die Sozialsysteme gehen in die Knie" vom 20. Mai 2020

Eisleben macht hier die Ursache für die angeblich zu hohen Sozialausgaben an drei Punkten fest:

Erstens gebe es „seit 1970 einen in der Geschichte der Menschheit einmaligen Überhang alter Menschen" (2020). „Wir haben es versäumt, dieser Entwicklung durch eine zügige Erhöhung des Renteneintrittsalters, eine Abschaffung der Verrentungspflicht und eine Senkung der Leistungsversprechen im oberen Drittel der Renten- und Beamtenansprüche entgegenzusteuern" (ebd.). Die zweite Ursache sieht Eisleben in der Erwerbsquote, die nur bei 56 % liegt. Drittens „schafft sich unser Sozialstaat durch seine Angebote selbst zusätzliche Nachfrage, die beispielsweise zu Frühverrentung sowie Einwanderung in die Sozialsysteme führt" (ebd.).

Der Autor schließt daraus Folgendes: Die zu hohen Sozialausgaben brächten einen abrupten Rückgang des Wohlstands, angebliche Verstaatlichungskonzepte würden zu einer „Verbrauchs- und Verschrottungswirtschaft" führen. Der Artikel ist ein wirtschafts- und sozialpolitischer Unsinn, denn er ist wissenschaftlich nicht haltbar.

Fazit: „Die Achse des Guten" nutzt die Sprache zur Festigung von Macht und zur Verbreitung radikaler Gedanken, die wissenschaftlich nicht seriös sind.

Rückgriff auf autoritär-nationalradikale Vordenker

Niemand, auch nicht die AfD, erfindet das Rad neu, sondern sie greift auf autoritär-nationalradikale Vordenker, die die Saat gepflanzt haben, zurück. Hier zwei prominente „Beispiele":

Martin Heidegger: Vom wahren Sein zur Volksgemeinschaft

Der deutsche Philosoph **Martin Heidegger** (1889–1976) gilt als wichtiger Vertreter der Existenzphilosophie. Bei ihm studierte u. a. Hannah Arendt. Im Frühjahr 1933 tritt er in die NSDAP ein, und mit der Übernahme des Rektorats der Universität Freiburg unterstreicht er seine Nähe zu den Nationalsozialisten, allerdings tritt er ein Jahr später von seinem Amt zurück (Universitätsbibliothek Freiburg 2022). In seinem bekanntesten philosophischen Werk „Sein und Zeit" (publiziert 1927) erkennt man bereits pro-nationalsozialistische Gedanken (fett und kursiv Herv. d. Verf.):

> Wenn aber ***das schicksalhafte Dasein*** als In-der-Welt-sein wesenhaft im Mitsein mit Anderen existiert, ist sein Geschehen ein Mitgeschehen und bestimmt als *Geschick*. Damit bezeichnen wir das Geschehen der Gemeinschaft, des Volkes. Das Geschick setzt sich nicht aus einzelnen Schicksalen zusammen, sowenig als das Miteinandersein als ein Zusammenvorkommen mehrerer Subjekte begriffen werden kann. Im Miteinandersein in derselben Welt und in der Entschlossenheit für bestimmte Möglichkeiten sind ***die Schicksale im vorhinein schon geleitet***. In der Mitteilung und im Kampf wird die Macht des Geschickes erst frei. ***Das schicksalhafte Geschick des Daseins*** in und mit seiner „Generation" macht das volle, eigentliche Geschehen des Daseins aus. (1986, 384 f.; kursive Herv. i. O.)

Im Sinne der Existenzphilosophie ist der Mensch in die Welt geworfen, nicht das Individuum ist entscheidend, sondern man lebt in einer Schicksalsgemeinschaft. Die Identitäre Bewegung greift Schlüsselbegriffe von Heidegger wie Geschick, Gemeinschaft und Volk auf. Später hat sich Heidegger vom Nationalsozialismus distanziert.

Oswald Spengler: Der Untergang des Abendlandes

Der deutsche Geschichtsphilosoph **Oswald Spengler** (1880–1936) ist durch sein zweibändiges Werk „Der Untergang des Abendlandes", veröffentlicht 1918 bzw. 1922, bekannt geworden. Er war von elitär-autoritärem Denken geprägt und ein Vertreter einer „Konservativen Revolution".

> Spengler entwickelt […] eine spekulative und zyklische Geschichtsphilosophie, welche die weltgeschichtlichen Ereignisse und Transformationen seiner Zeit in einer kulturhistorischen, lebensphilosophischen und insbesondere kulturmorphologischen Langzeitperspektive [...] sowie prophetisch als „Philosophie der Zukunft" zu deuten trachtet. (Rensmann 2020, 66)

Für Spengler gilt Geschichte als „Schicksal von Daseinsströmen in Gestalt von Mann und Weib, Geschlecht, Volk, Stand, Staat, die sich im Wellenschlag der großen Tatsachen verteidigen und gegenseitig überwältigen wollen" (Spengler 1922/23, 977).

Querdenker-Bewegung

In der Corona-Pandemie taucht plötzlich eine neue Protestbewegung auf. Diese „Querdenker" kommen zum Teil von links, aber dominierend ist hier eine eher rechte Teilnehmendengruppe, die die AfD zu vereinnahmen versucht. Der deutsche Wirtschafts- und Gesellschaftswissenschaftler **Oliver Nachtwey** (* 1975) befragte in empirischen Studien zur „politischen Soziologie der Corona-Proteste“ 1150 Kritiker*innen der Corona-Politik. Die Querdenker haben ein breites, heterogenes Milieu in ihren Reihen: Menschen mit Regenbogen- und Friedensfahnen, Reichsbürger*innen, Identitäre, Impfkritiker*innen, Ärzt*innen und andere Akademiker*innen.

> In unserer Stichprobe hatten wir einen relativ großen Anteil von Menschen, die eine gewisse Neigung zum anthroposophischen, zum ganzheitlichen Denken hatten, die eine, wenn man so möchte, Kritik an der industriellen Rationalität, an unserer Hypermoderne geübt haben und sich ein Zurück zur Natur wünschen. (2021, 2)

Auf Demonstrationen der Querdenker gegen die Corona-Maßnahmen finden sich häufig Plakate mit solchen oder ähnlichen Sprüchen:

- „Schluss mit der Panik. Corona-Pandemie Lüge“
- „Willkommen in der Diktatur. Sie verlassen die Demokratie“ (als Straßenschild gemalt)
- „Zu wenig Luft macht krank und kann töten. Maske weg!“
- „Corona-Diktatur. Aufwachen!“

Fazit: Querdenker bedienen sich sprachlicher Mittel und Muster, die sich auch bei der AfD und anderen nationalradikalen Denker*innen erkennen lassen.

Fazit: Figurationsanalyse der Sprache des autoritären Nationalradikalismus

Die Analyse der Sprache des autoritären Nationalradikalismus (Rechtspopulismus) zeigt einen figurativen Zusammenhang von politischem Denken und einer emotionalen Sprachpolitik mittels Framing-Strategien des systematischen provokativen Tabubruchs, um den politischen Diskurs immer weiter nach rechts zu verschieben. Der Jurist und Politikwissenschaftler **Albrecht von Lucke** (* 1967) formulierte im Sinne der Dialektik des Tabubruchs den Dreisatz der Provokation:

Erstens: „Der moderne Populismus bedient sich immer der Strategie der gezielten Regelverletzung. Dabei hüllt er sich in das Mäntelchen des Aufklärers, indem er seine Provokationen als Kampf gegen irrationale Tabus inszeniert“ (2016, 311). Diese Regelverletzung erfolgt durch eine emotionale Sprachpolitik, die Begriffe verwendet, um Vorurteile zu bestätigen, Ängste auszulösen und soziale Unzufriedenheit zu schüren. In der obigen Zitatensammlung sind solch tabubrechenden Slogans und Schlagworte aufgeführt wie u.a. *„Masseneinwande-*

rung ist Messereinwanderung", „Wir Deutschen [machen] keine halben Sachen, dann werden die Schutthalden der Moderne beseitigt", Umvolkung, Flüchtlingswelle, Lügenpresse, Freiheit oder Islamisierung.

Zweitens: Damit die Provokation als Regelverletzung gelingt, muss die*der Provozierte ‚mitspielen', „also als Provozierter reagieren und mit seinem Protest die Antithese zur Provokation selbst beisteuern. Stets kalkuliert der Tabubrecher diese Reaktionen bereits bei seinen Vorüberlegungen ein. Dieser gedankliche Vorsprung macht bereits seine strategische Überlegenheit aus" (ebd.). Auf die regelverletzenden provokativen Tabus folgen einerseits Widerspruch und Kommentare in der „Lügenpresse" und im „Meinungskartell" der Zeitungen und des Fernsehens und anderseits Zustimmungen meist über die sozialen Medien und als Plakate bei rechtspopulistischen Demonstrationen.

Drittens: Dank der provozierten Reaktion

> ist der Tabubrecher endgültig in der Lage, sich als im Namen des Volkes auftretender Robin Hood gegen die Klasse der Etablierten zu inszenieren. Indem er seine These und die Antithese seiner Gegner aufnimmt, kann er diese coram publico synthetisieren und seine Conclusio daraus ableiten: Seht her, nur ich allein setze mich stellvertretend für die unterdrückte Bevölkerung gegen die Meinungsdiktatur der herrschenden Klasse zur Wehr. (ebd.)

Der rechtsextremistische Provokant stilisiert sich mit diesem dialektischen Dreisatz zum Opfer der Eliten in Deutschland. Die AfD stilisiert sich somit zur Partei des „Volkes" und der Unterdrückten oder Unverstandenen.

8. Ideologisierung der Wirtschaftssprache

Ideologisierung der Wirtschaftssprache bedeutet, die ökonomische Lage anders als die soziale Wirklichkeit darzustellen. Der Homo oeconomicus fungiert hier als Realitätsleugner. Das Eigentum wird durch Narrative verklärt und gerechtfertigt.

Die Sprache der Wirtschaft wird ebenso wie die der Politik in einem Framing-Prozess ideologisch (vgl. Kapitel 5) aufgeladen, um die Wirklichkeit im Sinne eigener Interessen legitimierend darzustellen. Die folgenden Unterkapitel befassen sich mit der sozialen Marktwirtschaft als politischem Narrativ, mit der Wirtschaftsverfassung und dem Grundgesetz, mit der Missinterpretation der Schriften von Adam Smith, mit dem Homo oeconomicus als Realitätsverweigerer, mit historischen Narrativen von Eigentum und mit dem Gefühlsmanagement der Wirtschaft.

Soziale Marktwirtschaft als politisches Narrativ

Als „Vater" der sozialen Marktwirtschaft gilt Ludwig Erhard (1897–1977), der von 1949 bis 1963 Bundesminister für Wirtschaft war. 1957 erschien sein Buch „Wohlstand für Alle", was in den Bundestagswahlkämpfen der 1950er Jahre auch der Slogan der CDU/CSU war. Es liefert sowohl die Beschreibung als auch die Begründung seiner Wirtschaftspolitik als Minister.

In Kapitel 9 „Marktwirtschaft ermöglicht gerechten Lohn" formuliert Erhard ohne irgendeine Begründung, was Gerechtigkeit bedeutet oder wie sie in einem Lohnsystem aussehen sollte: „Der *Tatbestand der sozialen Marktwirtschaft* ist vielmehr nur dann als voll erfüllt anzusehen, wenn entsprechend der wachsenden Produktivität zugleich *Preissenkungen* wirksam und damit *echte Reallohnsteigerungen* möglich werden" (2009, 243; Herv. i. O.).

Es ist richtig, dass die Produktivitätssteigerung zu einem Wohlstand der großen Mehrheit der Bevölkerung in Bezug auf Konsumgüter geführt hat. Fast 100 % der deutschen Haushalte besitzen Auto, Computer, Fahrrad, Fernseher, Fotoapparat, Geschirrspüler, Handy, Kühlschrank, Mikrowelle, Radio, Telefon, Wäschetrockner und Waschmaschine.

Der Begriff Kapitalismus war durch die negativen Auswirkungen der Weltwirtschaftskrise von 1929 mit der großen Massenarbeitslosigkeit belastet. Daher war es notwendig, ihn zu vermeiden. Wer den Begriff „soziale Marktwirtschaft" prägte, ist historisch nicht eindeutig geklärt, aber die Urheberschaft wird meist dem Ökonomen **Alfred Müller-Armack** (1901–1978) zugeschrieben. Er war ab 1938 Professor an der Universität Münster, gründete 1950 das Institut für Wirtschaftspolitik in Köln und war von 1952 bis 1963 ein enger Mitarbeiter Ludwig Erhards im Bundeswirtschaftsministerium. Schon 1947 publizierte er das Buch „Wirtschaftslenkung und Marktwirtschaft", in dem er gegen das Modell der Wirtschaftslenkung argumentierte – wie es in der Sowjetunion und im Dritten Reich existierte – und für die Marktwirtschaft als Organisationsprinzip plädierte.

Der Begriff soziale Marktwirtschaft ist zwar die Überschrift des zweiten Teils von Müller-Armacks Buchs, aber der Begriff wird nirgendwo im Text explizit definiert. Er argumentiert nur, dass die Marktwirtschaft keine Rückkehr zu einem liberalen Kapitalismus sei.

> Daher ist es ein bei gutem Willen vermeidbarer Irrtum, wenn der Forderung nach einer Marktwirtschaft die Absicht unterstellt wird, überwundene Zustände des liberalen Kapitalismus bedenkenlos wieder aufleben zu lassen. [...] Wir begreifen gegenwärtig die Marktwirtschaft als ein überzeitliches Organisationsmittel, das uns weder auf eine vergangene Form verpflichtet, noch uns zwingt, unser wirtschaftliches Schicksal untätig hinzunehmen. (1990, 154)

In den weiteren Ausführungen gibt es ein Kapitel über Sozialpolitik, die ausdrücklich als Teil der marktwirtschaftlichen Ordnung gesehen wird. So findet sich dort folgender bemerkenswerter Satz, gegen dessen gesetzliche Umsetzung sich die CDU/CSU jahrzehntelang gewehrt hat: „Es ist marktwirtschaftlich durchaus unproblematisch, als sogenannte Ordnungstaxe eine *staatliche Mindestlohnhöhe* zu normieren, die sich im Wesentlichen in der Höhe des Gleichgewichtslohnes hält, um willkürliche Einzellohnsenkungen zu vermeiden" (ebd., 119; Herv. d. Verf.).

Das Narrativ des Wirtschaftswunders mit der Heldenikone Ludwig Erhard und dem Symbol D-Mark ist bei genauer wirtschaftshistorischer Analyse nicht haltbar. Es ist eine gut gestrickte politische Legende, die in den Köpfen der Bürger*innen fest verankert ist, wird sie doch seit 1949 gepredigt. Sie hat der CDU in den Bundestagswahlkämpfen der 1950/1960er Jahre sehr dabei geholfen, Wahlen zu gewinnen. Ulrike Herrmann entlarvt dieses Narrativ des Wirtschaftswunders in ihrem Buch „Deutschland. Ein Wirtschaftsmärchen" (2019):

> Die deutsche Mark ist keine deutsche Erfindung, sondern wurde von den Amerikanern durchgesetzt. Den zentralen Plan haben drei Männer entwickelt:

> Gerhard Colm, Joseph Dodge und Raymond Goldsmith. Nach den Initialen ihrer Nachnamen wurde das Konzept fortan nur noch „CDG-Plan“ genannt. (36)

Der Bankier Joseph Dodge aus Detroit war der Finanzberater des US-Militärgouverneurs Lucius D. Clay. Bereits im Herbst 1945 prüfte er die Idee einer Währungsreform und traf sich auch mit deutschen Finanzwissenschaftlern. Colm lehrte in Kiel; Goldsmith promovierte in Berlin. Aus jüdischen Familien stammend, emigrierten sie 1933. Der wahre Vater der D-Mark war der in New York geborene 26-jährige Edward A. Tenenbaum, dessen jüdische Eltern aus Polen eingewandert waren. Letztlich hat die amerikanische Militärmacht entschieden, einen solch radikalen Währungsschnitt zu vollziehen (ebd., 36-41). „Doch obwohl Erhard keinerlei Verantwortung trug, heimste er später ungeniert das Lob ein, indem er sich als Schöpfer der D-Mark inszenierte. Zudem erweckte er stets den Eindruck, als habe ‚seine' Währungsreform ein einzigartiges Wirtschaftswunder ausgelöst“ (ebd., 41).

Aus heutiger Perspektive bewertet entlarvt sich das Narrativ des Wirtschaftswunders als ein „Wirtschaftsmärchen“, wie Herrmann deutlich ausdrückt.

Wirtschaftsverfassung und Grundgesetz

In Deutschland ist die (soziale) Marktwirtschaft fast selbst zu einem Mythos geworden, denn sie wird von den Bürger*innen mit dem sogenannten Wirtschaftswunder nach dem Zweiten Weltkrieg verbunden, das zu einem steigenden Wohlstand fast aller Bürger*innen geführt hat. Die Begriffe Markt und Marktwirtschaft werden als Quasi-Gesetzmäßigkeit in der Gesellschaft verstanden. Doch es wird vergessen, dass im Grundgesetz explizit keine Wirtschaftsordnung verankert ist, d. h., es gilt die sogenannte wirtschaftspolitische Neutralität des Grundgesetzes. Der Staatsrechtler **Hartmut Maurer** (* 1931) formuliert dies in seinem Lehrbuch wie folgt:

> Das Grundgesetz enthält keine ausdrücklichen Regelungen über die Ordnung des Wirtschaftslebens. […] Nach der h. L. [herrschenden Lehre; Anm. d. Verf.] ist das Grundgesetz „wirtschaftspolitisch neutral“. Sie beruft sich auf das BVerfG (Bundesverfassungsrecht), das schon frühzeitig die ‚wirtschaftspolitische Neutralität' des Grundgesetzes betont und später bestätigt hat. (2010, 240)

Im Grundgesetz ist keine Wirtschaftsordnung festgeschrieben. Das bedeutet jedoch nicht, dass der Gesetzgeber nicht eine bestimmte Wirtschaftspolitik favorisieren und durch Gesetze inhaltlich beschließen kann, wie das Bundesverfassungsgericht in einem Urteil formuliert: „Der Gesetzgeber darf jede ihm sachgemäß erscheinende Wirtschaftspolitik verfolgen, sofern er dabei das Grundgesetz, insbesondere die Grundrechte beachtet“ (zit. nach ebd., 241). Das bedeutet ein Ja zum Markt- und Wettbewerbsprinzip, aber ein Nein zu unlauterem Wettbewerb, Monopolen, Kartellen und Missbrauch wirtschaftlicher Macht. Weiterhin steht im Grundgesetz der Artikel 15:

> Grund und Boden, Naturschätze und Produktionsmittel können zum Zwecke der Vergesellschaftung durch ein Gesetz, das Art und Ausmaß der Entschädigung regelt, in Gemeineigentum oder in andere Formen der Gemeinwirtschaft überführt werden. Für die Entschädigung gilt Artikel 14 Abs. 3 Satz 3 und 4 entsprechend.

Artikel 14 GG regelt die Enteignung und eine „Entschädigung unter gerechter Abwägung der Interessen der Allgemeinheit und der Beteiligten“.

Fazit: Die Macht des Marktes bzw. der Marktwirtschaft kann also nach dem Grundgesetz auch beschränkt werden.

Adam Smith I versus Adam Smith II

Der schottische Moralphilosoph und Aufklärer **Adam Smith** (1723–1790) gilt als Begründer der klassischen Nationalökonomie. 1751 wurde er Professor für Logik an der Universität Glasgow; ein Jahr später wurde er dort zum Professor für Moralphilosophie berufen. Zu seinen Vorlesungen zur Ethik gehörten vier Bereiche: Natürliche Theologie, Ethik im engeren Sinne, Rechtswissenschaft aus historischer Sicht und Volkswirtschaftspolitik. Dieser letzte Kursteil war dann Grundlage für sein Werk „Der Wohlstand der Nationen“ (hier Smith I) von 1776, zuvor veröffentlichte er 1759 das Werk „Theorie der ethischen Gefühle“ (hier Smith II).

Adam Smith

Smith I

In „An Inquiry into the Nature and Causes of the Wealth of Nations“ formulierte Smith die Grundlage der klassischen Marktwirtschaftstheorie bzw. des Kapitalismus. Meist beruft man sich aus diesem Werk auf eine Textstelle:

> Wenn daher jeder einzelne soviel wie nur möglich danach trachtet, sein Kapital zur Unterstützung der einheimischen Erwerbstätigkeit einzusetzen und dadurch diese so lenkt, daß ihr Ertrag den höchsten Wertzuwachs erwarten läßt, dann bemüht sich auch jeder einzelne ganz zwangsläufig, daß das Volkseinkommen im Jahr so groß wie

> möglich werden wird. Tatsächlich fördert er in der Regel nicht bewußt das Allgemeinwohl, noch weiß er, wie hoch der eigene Beitrag ist. [...] wird in diesem wie auch in anderen Fällen von einer *unsichtbaren Hand* geleitet, um einen Zweck zu erfüllen, den zu erfüllen er in keiner Weise beabsichtigt hat. (Herv. d. Verf.) (Smith 1996, 370 f.)

Diese „unsichtbare Hand“ wird herangezogen, sodass der Markt quasi unter einem Naturgesetz steht und alles am besten regelt. Allerdings wird wohl Smiths Werk nicht immer vollständig gelesen, denn im fünften Buch werden „Die Finanzen des Landesherrn oder des Staates“ ausführlich untersucht. Es gibt darin folgende Teile:

Erster Teil: Ausgaben für die Landesverteidigung
Zweiter Teil: Ausgaben für das Justizwesen
Dritter Teil: Ausgaben für öffentliche Anlagen und Einrichtungen. Darunter fallen:

1. Abschnitt: Bau und Unterhalt öffentlicher Anlagen zu Erleichterung von Handel und Verkehr
2 Abschnitt: Ausgaben der Bildungseinrichtungen für die Jugend
3. Abschnitt: Ausgaben der Bildungseinrichtungen für Menschen jeden Alters

Mit diesen Bildungsstätten für Menschen aller Altersstufen sind Einrichtungen für religiöse Unterweisung gemeint.

Für den Bildungsbereich argumentiert Smith sehr aktuell in Bezug auf die Chancengleichheit:

> Gäbe es keine öffentlichen Lehranstalten, so würden weder Methoden noch Wissenschaften gelehrt, für die keine ausreichende Nachfrage besteht oder die zu erlernen nach den jeweiligen Zeitumständen nicht notwendig, zweckdienlich oder zumindest zeitgemäß ist. [...] Ohne die öffentlichen Bildungseinrichtungen wäre es unmöglich, daß jemand, der mit Fleiß und der nötigen Begabung den nach den Zeitumständen vollkommensten Bildungsgang durchlaufen hat, so bar jeglichen Allgemeinwissens in die Welt tritt, wie dies der Fall ist. (ebd., 661)

Der Übersetzer und Herausgeber des Werks, der Finanzwissenschaftler **Horst Claus Recktenwald** (1920–1980), würdigte die Rolle des Staats bei Smith. Es gebe zwar einen „Torso an Theorie des Staates“ (1996, LXXVI), aber es wird ihm eine Aufgabe zugewiesen. „Eine Marktwirtschaft ohne einen normal funktionierenden Staat, der seine klassischen Aufgaben effizient erfüllt, ist für Smith ebenso undenkbar wie unrealistisch“ (ebd., LXXVI).

Smith II

Vergessen wird allerdings immer der „andere" Adam Smith bzw. sein bereits 1759 erschienenes Werk „Theory of Moral Sentiments", ein unbekanntes oder eher nicht zur Kenntnis genommenes philosophisches Werk. Gleich der erste Satz zeigt ein differenziertes Menschenbild, das Smith entwickelt:

> Mag man den Menschen für noch so egoistisch halten, es liegen doch offenbar gewisse Prinzipen in seiner Natur, die ihn dazu bestimmen, an dem Schicksal anderer Anteil zu nehmen, und die ihm selbst die Glückseligkeit dieser anderen zum Bedürfnis machen, obgleich er keinen anderen Vorteil daraus zieht, als das Vergnügen, Zeuge davon zu sein. Ein Prinzip dieser Art ist das Erbarmen oder das Mitleid, das Gefühl, das wir für das Elend anderer empfinden, sobald wir dieses entweder selbst sehen, oder sobald es uns lebhaft geschildert wird, daß wir es nachfühlen können. (1994, 1)

Durch seine Einbildungskraft vermag sich der Mensch in die Rolle des anderen zu versetzen und Mitgefühl gegenüber dem Elend anderer zu empfinden (vgl. ebd., 2 f.). „‚Erbarmen' und ‚Mitleid' sind Wörter, die dazu bestimmt sind, unser Mitgefühl mit dem Kummer anderer zu bezeichnen" (ebd., 4).

Fazit: Bei Smith gibt es keine reine liberale Marktwirtschaft, sondern der Staat hat bestimmte Aufgaben zu übernehmen, damit die Wirtschaft funktioniert und gedeiht. Jeder Versuch, Smith als neoliberalen Marktwirtschaftler zu stilisieren, ist eine ideologische Verdrehung der Wahrheit.

Homo oeconomicus als Realitätsverweigerer

In den Wirtschaftswissenschaften wird noch immer die Rationalitätsfigur des Homo oeconomicus verkündet. Die Apologet*innen der neoliberalen Wirtschaftstheorie gehen von dem Menschenbild des Homo oeconomicus als dem „ausschließlich von wirtschaftlichen Zweckmäßigkeitserwägungen geleitete Mensch[en]" (DUDEN FW 2007, 567) aus.

Der soziologischen Figur des Homo oeconomicus liegt das Menschenbild der Utilitaristen zugrunde. Lateinisch *utilis* bedeutet nützlich, d. h., es geht um die Maximierung des individuellen und gesellschaftlichen Nutzens. Der Mensch wird auf ein bestimmtes „Verhalten" reduziert: Er handelt stets nach dem Prinzip der Kosten-Nutzen-Analyse. Den ersten philosophischen Baustein für das ökonomistische Menschenbild legte der englische Philosoph **David Hume** (1711–1776). Er gilt zwar in erster Linie als Begründer des Empirismus als Grundlage einer Wissenschaftstheorie, aber in seiner Moralphilosophie hat er sich auch mit der Frage der Gerechtigkeit auseinandergesetzt. Er analysiert die Frage, warum eine Rechtsordnung gesellschaftlich nützlich ist. Seine Thesen lassen sich wie folgt zusammenfassen (vgl. dazu Kulenkampff 1981, 451 ff.):

Erstens gibt es eine Knappheit an Gütern. Zweitens sind die Menschen selbstsüchtig, also nur beschränkt bereit, Leistungen ohne Gegenleistungen zu erbringen. Um das Erworbene in Ruhe zu genießen, braucht man eine Rechtsordnung wie die Institution des privaten Rechts. Folglich gäbe es eine „natürliche Verpflichtung“ (Hume) zur Gerechtigkeit, weil keine Gesellschaft ohne Rechtsordnung bestehen und überleben kann. Da die Rechtsordnung ihren Ursprung allein dem allgemeinen Nutzen verdankt, gilt sie, solange sie nützlich ist. Diese Nützlichkeit führt zu Selbstliebe als Individualprinzip:

> Die Charaktereigenschaft der Gerechtigkeit ist das Mittel zur Aufrechterhaltung der Rechtsordnung, und wir billigen Gerechtigkeit als Mittel zu einem Zweck, den wir billigen, weil er uns nützt. Daß wir billigen, was uns nützt, ist ein nicht weiter zu begründendes Grundprinzip der menschlichen Natur, das Hume das Prinzip der Selbstliebe nennt. [...] Denn das Prinzip der Selbstliebe ist ein Individualnutzenprinzip [...]. (ebd., 452)

Diese Annahme beruhe auf der „menschlichen Natur“. Hume beeinflusste den Begründer der klassischen Nationalökonomie Smith sowie die beiden Begründer des Utilitarismus Jeremy Bentham und John Stuart Mill. In diesem Kontext wird stets das folgende berühmte Zitat von Smith wiedergegeben, um den Kapitalismus als bestes System des wirtschaftlichen Handelns zu begründen:

> Der einzelne ist stets darauf bedacht herauszufinden, wo er sein Kapital, über das er verfügen kann, so vorteilhaft wie nur irgendmöglich einsetzen kann. Und tatsächlich hat er dabei den eigenen Vorteil im Auge und nicht etwa den der Volkswirtschaft. Aber gerade das Streben nach seinem eigenen Vorteil ist es, das ihn ganz von selbst oder vielmehr notwendigerweise dazu führt, sein Kapital dort einzusetzen, wo es auch dem ganzen Land den größten Nutzen bringt. (1996, 369)

In diesem Zitat sehen alle Marktfundamentalist*innen ein Evangelium oder zwei „heilige Kühe“, die man nicht schlachten darf. Der erste Teil der Aussage – „den eigenen Vorteil im Auge“ – legt nahe, der Mensch sei ein Egoist, und der zweite Teil legt dar, dass der Kapitaleinsatz von Nutzen für alle Bürger*innen des Landes sei. Ob diese Aussagen wirklich der Realität entsprechen, ist zu bezweifeln, wenn man ihnen andere Aussagen aus Smiths moralphilosophischem Werk „The Theory of Moral Sentiments“ gegenüberstellt (s. o.).

Größtmögliches Glück für die größtmögliche Zahl

Diesen utilitaristischen Ansatz formulierte der englische Jurist **Jeremy Bentham** (1748–1832) als das ethische Prinzip des „größtmöglichen Glücks für die größtmögliche Zahl". Der britische Philosoph **Bertrand Russell** (1872–1970) fasste Benthams Ansatz so zusammen:

> [...] alles Gute sei Lust oder Glück – er verwendet beide Wörter als Synonyma –, alles Schlechte sei Schmerz. Deshalb ist ein Zustand besser als ein anderer, wenn in ihm die Freuden die Leiden überwiegen oder die Leiden nur wenig die Freuden übersteigen. Von allen möglichen Zuständen ist derjenige der beste, bei dem die Lust am meisten Übergewicht über den Schmerz hat. [...]
>
> Bentham ist nicht nur davon überzeugt, das Gute sei das Glück schlechthin, meint vielmehr auch, daß jedes Individuum immer nur das im Auge habe, was es für sein eigenes Glück hält. (1999, 781)

Seine Glückphilosophie versteht Bentham als Maximierung des gesellschaftlichen Nutzens. Als Maßstab der Nutzung möchte er das Geld anwenden:

> Hier möchte ich mit einem gefühlvollen, mitleidigen Freund einen Waffenstillstand schließen, wenn ich eine so aufs Geld ausgerichtete Sprache rede. Ich tue es notgedrungen und möchte auch die Menschheit dazu auffordern, es nur notgedrungen zu tun. Das Thermometer ist das Instrument, um draußen die Temperatur zu messen; das Barometer ist das Instrument, um den Luftdruck zu messen. Wer mit der Genauigkeit dieser Instrumente nicht zufrieden ist, muß andere zu finden suchen, oder er muß der Naturwissenschaft Lebewohl sagen. Das Geld ist das Instrument, um die Menge des Schmerzes oder der Lust zu messen. [...] Daher sollte niemand erstaunt oder empört sein, wenn er findet, daß ich in dieser Arbeit alles am Geldwert messe. (Bentham 1843; zit. nach Kurz 1999, 77 f.)

Die historischen Narrative von Eigentum

Das Narrativ als sinnstiftende, Emotionen transportierende oder auslösende Erzählung (vgl. Kapitel 5 zu Narrativen und Mythen) gilt auch für das Eigentum, das zur „Natur" des Menschen gehört. Hierzu gibt es in der Philosophie unterschiedliche Argumentationsketten. Vier bekannte Positionen werden hier analysiert, um das ideologische Narrativ zu erkennen: John Lockes Eigentum als Ergebnis der Arbeit, Jean-Jacques Rousseaus Frage, wie es zum Eigentum kam, Thomas Pikettys proprietaristische Ideologie und schließlich das Eigentum im Grundgesetz als Verpflichtung und Sozialisierung.

John Locke: Eigentum als Ergebnis der Arbeit

Die bekannteste Position zugunsten des Eigentums vertrat der englische Philosoph **John Locke** (1632–1704). Er argumentiert wie folgt: (1) Da Gott die Welt den Menschen gemeinsam gab, gehört die Erde allen Menschen. (2) Der Mensch hat ein Eigentum an seiner Person und (3) die Arbeit ist sein Eigentum.

> Through the Earth, and all inferior Creatures be common to all Men, yet every Man has a *Property* in his own *Person*. This no Body has any Right to but himself. The *Labour* of his Body, and the *Work* of his Hands, we may say, are properly his. [...] For this *Labour* being unquestionable Property of the Labourer [...] (Locke 2012, 48; Herv. i. O.).
>
> God gave the World to Men in Common. (ebd., 56).
>
> God commanded, and his Wants forced him to *labour*. That was his *Property* which could not be taken from him where-ever he had fixed it. [...] So that God, by commanding to subdue, gave Authority so far to *appropriate*. And the Condition of Humane Life, which requires Labour and Materials to work on, necessarily introduces *private Possessions*. (ebd., 60; Herv. i. O.)

John Locke

(4) Aber das Eigentum ist auch begrenzt, d. h. für den Gebrauch zum eigenen Nutzen, was darüber hinausgeht, gehört den anderen. „The same Law of Nature, that does this by means give us Property, does also *bound* that Property too. *God has given us all things richly*. [...] But how far has he given it us? To *enjoy*. [...] Whatever is beyond this, is more than his share, and belongs to others" (ebd., 54; Herv. i. O.). Das klingt in sich alles logisch, aber Locke lebte im 17. Jahrhundert, also vor der Industriellen Revolution, und damit vor der Entstehung kapitalistischer Produktionsverhältnisse. Heute ist die*der Lohnarbeiter*in in einem Unternehmen nur beschäftigt, aber sie*er kommt nicht in den Besitz ihrer*seiner Arbeit, sondern sie*er erhält nur den Lohn für ihre*seine im Rahmen der Tarifverträge vereinbarte Arbeit, aber die*der Kapitalist*in eignet sich den Mehrwert als Profit an.

Jean-Jacques Rousseau: Wie kam es zum Eigentum?

Der französisch-schweizerische Philosoph **Jean-Jacques Rousseau** (1712–1778) vertritt die radikalste Gegenposition zur Eigentumsfrage, indem er analysiert, wie es überhaupt zum Eigentum kommen konnte.

> Der erste, welcher ein Stück Land umzäunte, sich in den Sinn kommen ließ zu sagen: *dieses ist mein*, und einfältige Leute antraf, die es ihm glaubten, der war der wahre Stifter der bürgerlichen Gesellschaft. Wie viel Laster, wie viel Krieg, wie viel Mord, Elend und Gräuel hätte einer nicht verhüten können, der die Pfähle ausgerissen, den Graben verschüttet und den Mitmenschen zugerufen hätte: „Glaubt diesem Betrüger nicht, ihr seid verloren, wenn ihr vergesst, dass die Früchte euch allen, der Boden aber niemanden gehört". (Rousseau 1755/1984, 173; Herv. i. O.)

Diese Frage, wie es zum privaten Eigentum gekommen ist, hat bis heute niemand klären können, oder? Es ist wohl anzunehmen, dass es in der Jäger- und Sammlergesellschaft und auch in der Nomadengesellschaft kein privates Eigentum gab. In vor- und frühgeschichtlicher Zeit gab es Grabbeigaben wie Tonkrüge, Geschirr, Schmuck und Waffen, von denen Historiker*innen annehmen, dass sie den Toten als Besitz gehörten oder dass sie sie geschenkt bekamen (BR Bayern 2, 2007, 1).

Thomas Piketty: Proprietaristische Ideologie

Der französische Wirtschaftswissenschaftler **Thomas Piketty** (* 1971) erforscht in seinem Werk „Kapital und Ideologie" die Geschichte und Zukunft sozialer Ungleichheit in vielen Ländern der Welt (2020). Für den Begriff „Ideologie" gibt er folgende Definition:

> Ich werde im Rahmen dieses Buchs versuchen, einen positiven und konstruktiven Ideologiebegriff zu verwenden, der Ideologie als Gefüge von Ideen und Diskursen versteht, die auf grundsätzlich plausible Weise beschreiben wollen, wie die Gesellschaft zu organisieren sei. Dabei soll die jeweilige Ideologie in ihren zugleich sozialen, ökonomischen und politische Dimensionen betrachtet werden. (17)

Zwei Variablen stehen bei ihm im Vordergrund der historisch-politökonomischen Analyse: erstens das politische Regime, „also die Gesamtheit der Regeln, die eine Gemeinschaft definieren und ihr Hoheitsgebiet abstecken, die Mechanismen kollektiver Beschlussfassung und die politischen Rechte ihrer Mitglieder" (ebd.). Dazu gehören auch Fragen nach der Rolle von Parteien und Wahlen, Minister*innen und König*innen, Kolonialmächten und Kolonien.

Thomas Piketty

Zweitens geht es auch um die Frage des Eigentumsregimes, „d.h. der Gesamtheit der Regeln, die über mögliche Eigentumsformen entscheiden, sowie der Rechtsmittel und Praktiken, die die Eigentumsverhältnisse zwischen den jeweiligen Gesellschaftsgruppen regeln und über die Einhaltung dieser Regeln wachen“ (ebd.).

Sekundär spielt in der Analyse von Piketty auch das (ungleiche) Bildungs- und Steuersystem eine Rolle.

Piketty nennt das Eigentumsregime *Proprietarismus*, abgeleitet von französisch *la propriété* ‚Eigentum' bzw. *le propriétaire* ‚Eigentümer'. Das Wort kommt von lateinisch *proprietas* ‚Eigentümlichkeit, Besitz(-recht)'. Da die fünf Übersetzer*innen des Buchs kein deutsches Wort für geeignet hielten, wurde das französische Wort als Fachbegriff übernommen. Für Piketty ist die Ideologie des Eigentums eine Sakralisierung, eine Heiligsprechung zum obersten Wert in Wirtschaft und Gesellschaft. Das Hauptargument pro Eigentumsordnung ist das Versprechen von sozialer und politischer Stabilität, aber auch von Emanzipation. „Von Anfang an beruht die proprietaristische Ideologie auf einem Versprechen von sozialer und politischer Stabilität, aber auch von individueller Emanzipation durch das Eigentumsrecht, das angeblich allen offenstehe, oder wenigstens allen Erwachsenen männlichen Geschlechts [...]“ (ebd., 164). Durch die Entmachtung und Enteignung des Adels und des Klerus (Landbesitz und Klöster) während der Französischen Revolution wurden formal alle männlichen Bürger*innen gleichberechtigt in Bezug auf den Erwerb von Eigentum.

Fazit: Der Kompromiss in der Französischen Revolution liegt darin, dass einerseits auch die feudalen Stände des Adels und des Klerus Steuern zahlen mussten, ihnen aber andererseits das Recht auf Eigentum garantiert wurde.

Eigentum im Grundgesetz: Verpflichtung und Sozialisierung

Schon zu Beginn dieses Kapitels wurde festgestellt, dass die Wirtschaftsordnung nicht explizit im Grundgesetz steht. In Bezug auf das Eigentum sind zwei Artikel von Bedeutung:

> **Artikel 14 (Eigentum, Erbrecht, Enteignung)**
>
> (1) Das Eigentum und das Erbrecht werden gewährleistet. Inhalt und Schranken werden durch die Gesetze bestimmt.
>
> (2) Eigentum verpflichtet. Sein Gebrauch soll zugleich dem Wohle der Allgemeinheit dienen.
>
> (3) Eine Enteignung ist nur zum Wohle der Allgemeinheit zulässig. Sie darf nur durch Gesetz oder auf Grund eines Gesetzes erfolgen, das Art und Ausmaß der Entschädigung regelt. Die Entschädigung ist unter gerechter Abwägung der Interessen

der Allgemeinheit und der Beteiligten zu bestimmen. Wegen der Höhe der Entschädigung steht im Streitfalle der Rechtsweg vor den ordentlichen Gerichten offen.

Artikel 15 (Sozialisierung)
Grund und Boden, Naturschätze und Produktionsmittel können zum Zwecke der Vergesellschaftung durch ein Gesetz, das Art und Ausmaß der Entschädigung regelt, in Gemeineigentum oder in andere Formen der Gemeinwirtschaft überführt werden. Für die Entschädigung gilt Artikel 14 Abs. 3 Satz 3 und 4 entsprechend.

In einem Kommentar zum Grundgesetz heißt es: Die in Artikel 14, Absatz 3, Satz 3 formulierte „Enteignungsentschädigung soll das Ergebnis eines Interessenausgleichs sein und nicht die einseitige Anerkennung der Interessen des Betroffenen, aber auch nicht die der Allgemeinheit darstellen (BVerfG 24, 420 f.)" (Hömig/Wolf 2018, 252). Der Rechtsweg über die ordentlichen Gerichte wegen der Höhe der Entschädigung stellt „auch eine besondere Rechtschutzgarantie dar" (ebd.). Für die Sozialisierung braucht man politische Mehrheiten im Bundestag, und das kostet bei einer zu leistenden Entschädigung viele Millionen oder Milliarden Euro.

Der Staatsrechtler **Hartmut Maurer** (* 1931) definiert die unterschiedliche Begrifflichkeit von Enteignung und Sozialisierung:

> *Enteignung* ist der Entzug einzelner Vermögensobjekte zur Erfüllung bestimmter öffentlicher Aufgaben (Hauptbeispiel: Entzug eines Grundstücks zum Bau einer Straße). Die Enteignung will die Eigentumsordnung nicht verändern, sondern lediglich ein im konkreten Fall erforderliches, aber nicht freihändig erwerbbares Vermögensobjekt zwangsweise beschaffen. [...] Die *(echte) Sozialisierung* zielt dagegen auf die Veränderung der Eigentumsordnung im Rahmen einer grundlegenden Umgestaltung der Wirtschafts- und Gesellschaftsordnung. (2010, 244; Herv. i. O.)

Maurer betont, dass aufgrund der Garantie des Privateigentums in Art. 14 Abs. 1 GG der Art. 15 GG nicht ausgehöhlt werden kann. Erlaubt sind allenfalls partielle Sozialisierungen.

Fazit: Die Ausführungen zeigen, dass das Eigentum ein historisches Produkt gesellschaftspolitischer Denkvorstellungen ist, das durch Narrative festgehalten und untermauert wird. Das führte zum Beispiel nach langjähriger Beratung zum Inkrafttreten des Bürgerlichen Gesetzbuch (BGB) am 1. Januar 1900 mit seinen fünf Büchern über u. a. Schuldverhältnisse, Sachen-, Familien- und Erbrecht.

Gefühlsmanagement der Wirtschaft

In der Wirtschaft spielt emotionale Sprache eine große Rolle z. B. bei Kaufentscheidungen und stützt die Imagepflege von Unternehmen. Folgende Aspekte werden hier untersucht: die Kommerzialisierung der Gefühle, die Entwicklung zu einer „Emotional Economy", die Imagepflege der Unternehmen und die Influencer.

Kommerzialisierung der Gefühle

Schon vor der umfassenden Digitalisierung und dem machtvollen Aufkommen der Technologiekonzerne mit ihren digitalen Plattformen sprach die amerikanische Soziologin **Arlie Russell Hochschild** (* 1940) in den 1970er und 1980er Jahren von einer „Kommerzialisierung der Gefühle". In ihrem 1983 erschienenen Werk „The Managed Heart", deutsch „Das gekaufte Herz" geht es um die kommerzielle Nutzung von Gefühlen im Berufsleben.

Hochschild untersuchte empirisch die humanen, also die personenbezogenen Berufe im Dienstleistungsbereich und führte dazu Interviews mit Flugbegleiterinnen und mit leitenden Mitarbeiter*innen, die für Personal, Einstellung, Ausbildung und Verkauf zuständig waren, der amerikanischen Fluggesellschaft DELTA und beobachtete bei Pan American Airways das Einstellungsverfahren.

Ausgangspunkt ihrer Analyse sind zunächst die „Gefühle als Tauschwert", wenn wir „Gesten und andere Gefühlszeichen miteinander austauschen" (2006, 85). „Gefühlsarbeit, Gefühlsnormen und interpersoneller Austausch bilden zusammen unser privates Gefühlssystem. Wir verbeugen uns nicht nur mit dem Körper, sondern auch mit dem Herzen voreinander" (ebd.).

Dieses private Gefühlssystem wird in der Ausbildung manipuliert und zur kommerziellen Nutzung umfunktioniert. Die Flugbegleiterinnen werden aufgefordert, „sich den Fluggast als ‚persönlich eingeladenen Gast in den eigenen vier Wänden' vorzustellen" (ebd., 100). Es geht um eine instrumentelle Haltung gegenüber Gefühlen, um Gefühlsmanagement. In seiner Einleitung zur deutschen Neuausgabe fasst der deutsche Soziologe **Sighard Neckel** (* 1956) die „Kultur des emotionalen Kapitalismus" wie folgt zusammen:

> Hochschilds Studie über das gekaufte Herz stellt die bis auf den heutigen Tag fundamentalste Kritik an dieser Entwicklung einer zunehmenden Ökonomisierung der Gefühle dar. Die kommerzielle Nutzung von Emotionen läuft ihr zufolge auf eine Konditionierung des persönlichen Gefühlslebens hinaus und lässt bei den Individuen subjektives Leid und Selbstentfremdung zurück. (2006, 19)

Die Emotionalisierung der Wirtschaftssprache gewinnt durch die digitalen Plattformen eine neue Qualitätsstufe, um die Konsument*innen nach Zielgruppen geordnet direkter anzusprechen.

Emotional Economy

Da sich über die digitalen Plattformen (gemeint sind sowohl „Marktplätze" wie Amazon, eBay etc. als auch soziale Plattformen wie z. B. Facebook, Instagram, Twitter und YouTube) im Kapitalismus die Gefühle in Bezug auf die Wirtschaft verändert haben, definiert der Publizist **Sascha Lobo** (* 1975) „Emotional Economy" wie folgt: „Unter Emotional Economy verstehe ich, dass Gefühle beim Kauf, bei der Verwendung, bei der Kommunikation und auch beim Produkt selbst eine immer größere Bedeutung bekommen. [...] Die digitale Sphäre ist zum Gefühlsraum geworden, like, love, lol, wow, sad, angry" (2019, 345).

> Emotional Economy bedeutet, dass die Wirtschaft ihre Produkte, Dienstleistungen und auch die dazugehörige Kommunikation immer offensiver emotional aufladen [sic!], bis die Erzeugung oder Verstärkung von Gefühlen zum wesentlichen Produktmerkmal werden. [...] Digitale Plattformen haben eine katalytische Funktion, sie verwandeln ganze Märkte in Gefühlslandschaften. (ebd., 347)

Drei Gefühle sind hier entscheidend: Begeisterung, Ungeduld, Bequemlichkeit. Gefühle spielten auch schon früher eine Rolle beim Kauf von Konsumgütern, aber die digitale Vernetzung der Bürger*innen hat den Emotionalisierungsprozess verstärkt.

Begeisterung

Wenn Apple ein neues Produkt herausbringt, stehen Apple-Kund*innen bereits tagelang vorher vor dem Geschäft, um morgens als Erste das neue Produkt kaufen zu können. Das ist vergleichbar mit dem Verhalten von Fans, egal ob von Fußballvereinen, Musiker*innen oder Schauspieler*innen. „Gekauft wird, was begeistert, benutzt wird, was erfreut oder aufregt. Nutzungsfreude und Gebrauchseifer sind für eine digitale Generation zur Selbstverständlichkeit geworden" (ebd., 350).

Ungeduld

Ungeduld ist eine normale menschliche Gefühlsregung, die sich bei Nutzung sozialer Medien noch steigert. „Die digitale Vernetzung hat uns die Möglichkeit des Sofortkonsums verschafft. [...] jeder Kauf ist nur einen Klick entfernt" (ebd., 350). Mehr als zwei Drittel der Onlinekäufer*innen brechen ihren Einkauf ab, wenn die Seite nach drei Sekunden nicht vollständig geladen ist. „Die allermeisten Kunden, 85 Prozent, schließen von der Geschwindigkeit einer Seite auf die Vertrauenswürdigkeit des Betreibers. [...] Wie sehr die Ungeduld die Märkte verändert" (ebd., 352).

Bequemlichkeit

Die Bequemlichkeit des Menschen bzw. der Konsumierenden ist ebenfalls eine Triebkraft im Kapitalismus für die Entwicklung und Herstellung von Waren und Dienstleistungen, denn „Produkte sind erfolgreich, wenn sie das Leben vereinfachen und versüßen" (ebd., 353). Daher spielt schnelle und auf die Konsumierenden genau zugeschnittene Werbung auf den Internet-Plattformen eine große Rolle. „Werbung ist nichts als der Handel mit der Aufmerksamkeit der Menschen, und je stärker das Netz die Augäpfel und Trommelfelle erobert, umso größer wird der Sog" (ebd., 356).

Emotionale Slogans der Unternehmen

Marketingstrategien und Werbung sind notwendige Mittel im Konkurrenzkampf der Unternehmen um Kund*innen.

> Werbung und Marketing können Erkenntnisse der Kognitionsforschung nutzen, um Menschen zum Kauf ihrer Produkte und Dienstleistungen zu bewegen. Liefern das Produkt oder die Dienstleitung dann auch wirklich den beworbenen materiellen oder emotionalen Mehrwert, ist das eine rundum gelungene ökonomische Interaktion. (Wehling 2017, 63)

Ein geeignetes Mittel, um diese Kundenbindung zu erreichen, sind Slogans. Das Wort kommt zwar aus dem Englischen, aber der Ursprung liegt im Gälischen, einer keltischen Sprache: sluagh-ghairm ‚Kriegsgeschrei' oder ins Deutsche übersetzt: „Einprägsame, wirkungsvoll formulierte Redewendung, Werbeschlagworte, Wahlspruch, Parole" (Duden FW 2007, 1254). Slogans sind durch sprachliche Bilder und Verknüpfungen emotional aufgeladen. Nachstehend eine Auswahl bekannter Slogans von Unternehmen bzw. von Produkten (vgl. Markenlexikon o. J.).

> AOK: Die sind immer für mich da.
> Audi: Vorsprung durch Technik
> Bahlsen: In Bahlsen steckt viele Liebe drin.
> BMW: Freude am Fahren
> C&A: Fashion for living
> Der Spiegel: Spiegel-Leser wissen mehr.
> dm: Hier bin ich Mensch, hier kauf' ich ein.

FAZ: Dahinter steckt immer ein kluger Kopf.
Hamburg-Mannheimer: Damit Sie mehr vom Leben haben. Tag Herr Kaiser, gut, dass ich Sie treffe.
Hornbach: Es gibt immer was zu tun.
Ibis Hotels: Die mit den ausgeschlafenen Gästen
Ikea: Wohnst Du noch oder lebst du schon?
Krombacher: Reicher Genuss entspringt der Natur./Eine Perle der Natur
Kukident: Sicherheit, die man sieht und spürt
Maggi: Mit Maggi macht das Kochen Spaß./Immer eine gute Suppe
Media Markt: Ich bin doch nicht blöd!/Wir können nur billig.
Milka: Die zarteste Versuchung, seit es Schokolade gibt
Real: Einmal hin, alles drin
TUI: Sie haben es sich verdient.
Volkswagen: Das Auto/Aus Liebe zum Automobil

Influencer*innen

Das neueste Instrument im Marketing sind die in den sozialen Medien tätigen Influencer*innen, die potenzielle Kund*innen beeinflussen sollen. Das Wort kommt von englisch *to influence* ‚beeinflussen', das wiederum vom lateinischen Verb *influere* kommt, und zwar mit zwei Bedeutungsfeldern: (1) real ‚hineinfließen, strömen' und (2) im übertragenen Sinne ‚unvermerkt eindringen, sich einschleichen, sich einschmeicheln'. Die Werbebotschaft soll unbemerkt schleichend in das Gehirn eindringen. Influencer*innen sind Meinungsmacher*innen mit einer großen Community. Sie sollen Botschafter*innen für Produkte, Marken und Dienstleistungen sein.

Der deutsche Entertainer, Satiriker und Moderator **Jan Böhmermann** (* 1981) kommentierte in seinem ZDF-Magazin Royale am 12. Februar 2021 die Auswanderung deutscher Influencer*innen nach Dubai, Hauptstadt des Emirats Katar. Diese Influencer*innen preisen auf ihren Social-Media-Kanälen die Schönheit und angebliche Freiheit des reichen Wüstenstaats an. Sie zeigen ihren Millionen Follower*innen Wolkenkratzer, riesige Springbrunnen, Shopping Malls, schöne Strände usw. (Böhmermann 2021).

Der Grund für ihre Auswanderung ist die Steuerfreiheit. Aber sie müssen eine Influencer*innen-Genehmigung beantragen, mit der sie versichern, dass sie sich nicht politisch äußern, d. h. sie dürfen nur Positives über das Emirat berichten. Fußball-Kaiser Franz Beckenbauer sagte nach seinem Besuch in Katar, wo 2022 die Fußball-Weltmeisterschaft ausgetragen wird: „Ich habe noch keinen einzigen Sklaven in Katar gesehen. Ich weiß nicht, woher diese Berichte kommen. Ich war schon oft in Katar und habe deshalb ein anderes Bild, das glaube ich realistischer ist“ (o. A. 2013).

Fazit: Figurationsanalyse von Ideologie und Sprache der Wirtschaft

Ideologische Framing-Prozesse zur Rechtfertigung gesellschaftspolitischer Machtpositionen spiegeln sich auch in der Sprache der Wirtschaft wider. Es hat sich eine figurative Wechselseitigkeit zwischen makrogesellschaftlichen Interessen und mikrogesellschaftlicher Wahrnehmung der Sprache durch die Individuen entwickelt. Die ideologisch definierte Realität wird von den Individuen nicht hinterfragt, denn sie kennen keine andere Sprache als die im Framing-Prozess verkündeten ideologischen Begriffe.

9. Hasssprache und Volksverhetzung gegen *die Anderen*

*Hasssprache im gesellschaftlichen Gegeneinander der Bürger*innen hat zugenommen. Die anonymen sozialen Medien fördern Hasssprache gegen Minderheiten und Frauen, Cybermobbing, Sexismus und sexuelle Belästigung sowie verbalen Antisemitismus.*

Dieses Kapitel knüpft an die beiden Sprachphilosoph*innen John Langshaw Austin und Judith Butler an (vgl. Kapitel 1). Perlokutionäre Sprechakte und ihre Handlungswirkungen sind eine diskriminierende Erscheinung in unserer Gesellschaft. Sprache wird genutzt als Hasssprache gegen alle, die anders sind, aber insbesondere gegen Frauen und Minderheiten. Das Kapitel befasst sich mit folgenden Themen: Emmanuel Lévinas' Verantwortungsethik; die Enzyklika „Fratelli Tutti" statt Hass; Hass als Echoraum im Internet; Simone de Beauvoir und die Männlichkeit gegen Frauen; Sarah Bosetti und Hasssprache gegen Frauen; Sexismus und sexuelle Belästigung; Cybermobbing; Mansplaining und Sprache als Waffe des verbalen Antisemitismus.

Emmanuel Lévinas: Verantwortungsethik

Der litauisch-französische Philosoph **Emmanuel Lévinas** (1905–1995) wurde in Kaunas (Litauen) geboren und siedelte 1930 nach Frankreich um. Er war Professor für Philosophie an der Sorbonne in Paris. Seine gesamte jüdische Familie wurde durch den nationalsozialistischen Terror vernichtet. Er selbst geriet in deutsche Kriegsgefangenschaft. Vor dem Hintergrund dieser persönlichen Erfahrungen entwickelte er seine Philosophie als eine Kritik am universalen Anspruch der abendländischen Philosophie, nämlich daran, dass der Anspruch auf Gleichheit des Anderen dazu führt, dass das Fremde ausgegrenzt oder vereinnahmt wird.

> Die philosophische Vereinnahmung des Anderen sieht Lévinas in der Rückführung des Anderen auf Dasselbe. Den Anderen auf eine Stufe mit mir zu stellen, ist ein wesentlicher Impuls europäischer Geistesgeschichte, der zur Gleichberechtigung führt und die Grundlage für Menschenrechte und Demokratie bildet. Aber dieser abendländische Grundimpuls der Gleichheit hat einen Janus-Kopf: Der Andere wird dadurch auch gleichgemacht und mir und meinen Vorstellungen angepasst. Er muss in

> meine Schemata passen. Abendländische Philosophie, so Lévinas, ist allergisch gegen alles Fremde und Unverstandene. Alles muss begriffen, verstanden und beherrscht werden. (Freise 2007, 32 *f.*)

Lässt sich aber das Fremde, die*der Andere immer verstehen? Fragen wir doch oft, ob man etwas erklären könne, damit wir es oder die*den Andere*n besser verstehen können. Nach Freise kann Emmanuel Lévinas der interkulturellen Arbeit folgenden Impulse geben: *Den Anderen zu verstehen, ist nicht das vorrangige Ziel* (34 f.). Trotz Empathie muss man damit rechnen, dass Menschen anderer kultureller Herkunft uns fremd bleiben. In der Interaktionstheorie nennt man das Ambiguitätstoleranz, also die Fähigkeit, die*den Anderen auch in ihrer*seiner Unterschiedlichkeit zu ertragen und zu respektieren. „Ich muss nicht alles kategorisieren, verstehen, beurteilen können. Ich kann akzeptieren, dass die Regeln meiner Lebenswelt nicht für alle Menschen gelten, und ich kann damit umgehen, dass ich das Verhalten anderer Menschen nicht vorhersehen und zuordnen kann“ (ebd., 34). Hier kann man wohl am besten mit Sokrates antworten: „Ich weiß, dass ich nichts weiß.“

Der Impuls der selbstlosen Verantwortlichkeit steht quer zur Diskussion und zur Werbung für das Ehrenamt, dass man mit seinem Engagement für Klient*innen immer „etwas zurückbekommt“, was aber oft mit Enttäuschungen verbunden ist. Im Sinne von Lévinas fordert Freise: „Nur wenn ich aufbreche, Neues riskiere und mich dem Fremden stelle, kann ich auch die Erfahrung machen, dass der Andere, der Fremde auf mich wieder zukommt […] Selbstloses Engagement kann nicht eingefordert werden“ (ebd., 35).

Fazit: Die philosophische Aussage von Lévinas bedeutet, dass wir den Anderen nicht nach unserem eigenen Maßstab messen dürfen, sondern ihn in seinem Denken respektieren müssen.

Enzyklika „Fratelli Tutti“ statt Hass

„Fratelli Tutti“ ist der Titel der im Oktober 2020 veröffentlichten Enzyklika von Papst Franziskus „über die Geschwisterlichkeit und die soziale Freundschaft“. Unter dem Zwischentitel „Die Täuschung der Kommunikation“ sind die Punkte 42 bis 50 versammelt, in denen es um digitale Kommunikation, Hass, Aggressivität ohne Scham und Information ohne Weisheit geht.

> Jeder Einzelne wird zum Objekt von oftmals verborgenem Interesse, das ihn bespitzelt, entblößt und in die Öffentlichkeit zerrt. Die Achtung vor dem anderen bröckelt […] Auf der anderen Seite bilden die zerstörerischen Hassgruppen im Netz nicht

> eine geeignete Plattform gegenseitiger Hilfe, sondern sind reine Vereinigungen gegen einen Feind. Ja, durch digitale Medien besteht die Gefahr, dass Nutzer abhängig werden, sich isolieren und immer stärker den Kontakt zur konkreten Wirklichkeit verlieren, wodurch die Entwicklung echter zwischenmenschlicher Beziehungen behindert wird. (Punkt 43)

Es bleibt zu fragen, ob die häufige Nutzung der digitalen Medien als Beschleuniger des schon von Ulrich Beck analysierten Prozesses der Individualisierung wirkt (vgl. 1986). Individualisierung kann Menschen zu digitalen Einsiedler*innen machen, die sich im wahren Leben bzw. der analogen Welt nicht mehr mit realen Freund*innen treffen, sondern nur viele „Likes" digitaler „Freund*innen" auf Facebook sammeln.

Hass als Echoraum im Internet

Hass hat es immer in der Gesellschaft gegeben, aber vor dem digitalen Zeitalter war dies „persönlicher Hass", den man einer anderen Person in der politischen Auseinandersetzung, im partnerschaftlichen Streit oder in großer Wut von Angesicht zu Angesicht entgegengeschleudert hat. Heute findet Hass anonym im Internet statt.

> Das Internet kehrt die hässlichen Seiten unserer Gesellschaft sichtbar hervor. Es macht den Hass sichtbar, der zuvor nur den direkt Betroffenen sichtbar war. *Scheiß Ausländer! Du Schlampe!* Es ist eine kurze Begegnung, jemand raunt Ihnen diese Worte ins Ohr, und niemand außer Ihnen beiden kann es bezeugen. Dieser flüchtige Moment, in dem der Hassende seinen Hass dem Gehassten offenbart, findet im Netz einen Echoraum, wiederholt sich, radikalisiert sich – und manifestiert sich so zu einer *dauerhaften* Öffentlichkeit. Der Hass wird zur neuen Normalität. (Gümüşay 2020, 118; Herv. i. O.)

Da die Algorithmen auf den sozialen Plattformen der großen Medienplayer nicht einsehbar sind, bleibt die digitale Architektur intransparent. Durch diese „Internetisierung" des Hasses ist es auch in der Realität gefährlich geworden, wie die Philosophin und Publizistin **Carolin Emcke** (* 1967) formuliert:

> Was viel bedrohlicher ist: das Klima des Fanatismus. Hier und anderswo. Diese Dynamik aus immer fundamentalerer Ablehnung von Menschen, die anders oder nicht glauben, die anders aussehen oder anders lieben als eine behauptete Norm. Diese wachsende Verachtung von allem Abweichenden, die sich verbreitet und nach und nach alle beschädigt. (2019, 17)

Hass bzw. Hasssprache erniedrigt und ist ein Angriff auf die Menschenwürde.

> Es ist die Entmenschlichung der *Anderen*, die es uns ermöglicht, sie zu hassen. Sie wird ermöglicht durch verrohte Sprache, durch einseitige Bilder, aber auch durch eine Abstraktion menschlicher Schicksale in Szenarien, Zahlen und Thesen, in denen das Schicksal des Einzelnen verschwindet, unsichtbar wird. (Gümüşay 2020, 148; Herv. i. O.)

Simone de Beauvoir: Männlichkeit gegen Frauen

Simone de Beauvoir

Hasssprache als Erniedrigung und Angriff auf die Menschenwürde trifft Frauen besonders; Frauen blicken auf eine lange Geschichte der Unterdrückung zurück, vom griechischen und römischen Patriarchat in der Antike über die Fortsetzung im Mittelalter bis in unsere heutige Zeit. Das Wahlrecht wurde Frauen erst 1919 in der Weimarer Republik zugestanden, in Frankreich sogar erst 1944, die Gleichberechtigung erst mit dem Grundgesetz 1949, wobei das „Gesetz über die Gleichberechtigung von Mann und Frau auf dem Gebiet des bürgerlichen Rechts" erst 1957 beschlossen wurde. Die französische Schriftstellerin, Philosophin und Feministin **Simone de Beauvoir** (1908–1986) formulierte in ihrem Buch „Das andere Geschlecht" (1949/dt. 1951) bereits in der Einleitung folgende These:

> Die Menschheit ist männlich, und der Mann definiert die Frau nicht als solche, sondern im Vergleich zu sich selbst: sie wird nicht als autonomes Wesen angesehen. […] Und sie ist nichts anderes als das, was der Mann bestimmt. […] Sie wird mit Bezug auf den Mann determiniert und differenziert, er aber nicht in Bezug auf sie. Sie ist das Unwesentliche gegenüber dem Wesentlichen. Er ist das Subjekt, er ist das Absolute: sie ist das Andere. (2007, 12)

Die französische Philosophin **Manon Garcia** (* 1985) formulierte in Anlehnung an de Beauvoir den Titel ihres Buchs noch klarer: „Wir werden nicht unterwürfig geboren. Wie das Patriarchat das Leben von Frauen bestimmt" (2021). Ein historischer Rückblick auf Entwicklungen in der deutschen Sprache zeigt auch etymologisch, wie sich die Bedeutung der „benannten" Frau im „Glaskäfig der Sprachmacht" durch die „Benennung" durch Männer verändert hat. Während man bei der Anrede immer nur von ‚Herr' sprach, gab es früher im Deutschen die beiden Wörter ‚Frau' und ‚Fräulein' wie noch heute *Mrs.* und *Miss* im Englischen, *Madame* und *Mademoiselle* im Französischen oder *Señora* und *Señorita* im Spanischen. Ausschlaggebend war das frühere kulturelle Machtverhältnis von Mann und Frau:

> In einer patriarchalisch geprägten Gesellschaft steht der Mann im Zentrum, die Frau wird als von ihm abhängig angesehen und über ihn definiert. So wurde es bei Frauen lange, lange als wichtig empfunden, ob sie verheiratet waren, also zu einem Mann „gehörten", oder nicht – das Fräulein transportierte über „junge Frauen" hinaus zugleich die Information „verfügbar für Männer" mit. (Kopf 2014, 206)

Früher war dann Fräulein auch eine Anrede für berufstätige Frauen in der Dienstleistungsbranche: Telefonistinnen waren das *„Fräulein vom Amt"* und Kellnerinnen wurden gewöhnlich mit *„Fräulein? Können wir zahlen?"* angesprochen. Der sprachliche Wandel des Wortpaars *Mann und Frau* und *Dame und Herr* ist Ausdruck der geschlechtlichen Machtverhältnisse. Herr als männlicher Erwachsener hieß im Althochdeutschen *hērio* – vom Adjektiv her ‚ehrwürdig, vornehm, *hehr*' – von dem alle anderen abhängig waren. Das althochdeutsche Wort *fro* war die Bezeichnung für die germanischen Gottheiten, daher die Umdeutung im Christentum im Wort *Fronleichnam* (vgl. Pfeifer 1993, 379). Von männlich *fro* wurde die weibliche Form *frouwa* als Anrede für die verheirate Edeldame gebildet. Frau ist die weibliche Erwachsene. Die Sprachpartnerin zum Mann war das alt- und mittelhochdeutsche *wip* ‚Frau' – wie heute *wife* im Englischen –, später auch noch das Weib in der Bibelübersetzung. So steht im Lukasevangelium zu Jesu Geburt und der Volkszählung unter Kaiser Augustus: „[…] damit er sich schätzen ließe mit Maria, seinem vertrauten Weibe, die war schwanger" (Lukas 2, Vers 5; Bibel 1985, Neues Testament, 70). Doch das Weib verschwand im Sprachkeller und erhielt zum einen eine abwertende Bedeutung: *Waschweib, Tratschweib, Klatschweib*, und wurde zum anderen aus männlicher Perspektive ein Begriff sexueller Attraktivität: *Prachtweib, Rasseweib* oder *Luxusweib* (vgl. Kopf 2014, 213). „Die niedrige gesellschaftliche Stellung der Frau spiegelt sich unverschleiert in der Sprache wider" (ebd., 214).

Und diese männliche Dominanz gegenüber der Frau spiegelt sich ganz besonders in der Verwendung von Hasssprache wider, wie Sarah Bosetti dokumentiert.

Sarah Bosetti: Hasssprache gegen Frauen

Judith Butler untersuchte die Rolle von Hasssprache sprachphilosophisch (vgl. Kapitel 1). Über den anonymen Echoraum Social Media bekommen heute besonders Frauen Hass zu spüren. Sie sind die am meisten von Hass betroffene

Sarah Bosetti

Gruppe in unserer männlich dominierten Gesellschaft. Doch diese Hasssprache gegen Frauen hat einen historischen Vorlauf, wie man schon bei Aristoteles nachlesen kann: „Endlich verhält sich Männliches und Weibliches von Natur so zueinander, daß das eine das Bessere, das andere das Schlechtere und das eine das Herrschende und das andere das Dienende ist" (1995, 10).

Die Kabarettistin und Kolumnistin **Sarah Bosetti** (* 1984) erhält regelmäßig über Facebook, YouTube, Twitter oder per E-Mail anonyme Hassnachrichten zu ihrer Person bzw. über Frauen allgemein. Sie sammelte die Hasskommentare von Männern und machte aus ihnen Liebesgedichte, die sie 2020 unter dem Titel „‚Ich hab nichts gegen Frauen, du Schlampe!' Mit Liebe gegen Hasskommentare" veröffentlichte, Hier eine kleine Auswahl der Hasskommentare. Die Schreibweise hält sich an das Original. Die aus ihnen geformten Gedichte können in Bosettis Werk nachgelesen werden.

Kapitel 1: Der böse Ausländer

> „Sie sollten einen ausländischen Vergewaltiger bei Ihnen zuhause aufnehmen." (18)

Kapitel 2: Die dumme Frau

> „mit frauen diskutiere ich nicht, das sind keine logischen wesen. Die sind hysterisch und wollen drama." (34)

Kapitel 3: Die da oben

> „Wir leben in Deutschland in einer gewählten Diktatur!! Die da oben entscheiden und wir müssen kuschen!" (58)

Kapitel 4: Die böse Frau

> „Ja was soll man erwarten von ABSOLUT verblödeten links faschistoiden traum tänzer fotzen." (68)

Kapitel 5: Der böse Feminismus

> „Moderner ‚Feminismus' dient NUR dazu, den MÄNNERN den JAGDTRIEB zu verbieten und auszutreiben, sodaß diese zu gallertartigen Schwabbelwesen werden, die aus lauter Sexualfrust nur noch KONSUMIEREN." (94)

Kapitel 6: Der böse Sex

„IQ schwach lochgesteuertes Multikultiflittchen! Schade das man dich nicht verbieten kann.“ (106)

Diese Zitate sprechen für sich. Die verwendete Sprache ist obszön, menschenverachtend, in vielen weiteren Zitaten rassistisch. Im Prolog kommentiert Bosetti: „Geteilter Hass ist potenzierter Hass. Also teilen wir ihn, prügeln ihn buchstabenweise ins Internet und wundern uns dann, dass die Welt dadurch nicht besser wird. Einer der härtesten Jobs in diesem Land dürfte der einer Hasskommentar-Tastatur sein“ (ebd., 11).

Sexismus und sexuelle Belästigung

Die beiden Begriffe Sexismus und sexuelle Belästigung liegen eng beieinander, in wissenschaftlicher Literatur werden sie wie folgt definiert:

> Sexismus bezeichnet auf das Geschlecht bezogene Diskriminierung, wird unter dieser Definition in der Gesetzgebung, genauer: im Allgemeinen Gleichbehandlungsgesetz (AGG), berücksichtigt und ist Gegenstand der Sozialforschung. Sexismus zeichnet sich damit insbesondere durch die strukturelle Unterscheidung von Frauen und Männern aufgrund ihres Geschlechts aus. Darunter fallen außerdem geschlechterstereotype, also vorurteilsbehaftete, oft negative Einstellungen, die wiederum zu Erwartungen, Wahrnehmungen, Affekten und Verhaltensweisen führen, die Menschen abwerten und einen ungleichen sozialen Status von Frauen und Männern herstellen oder festigen. [...] Während Sexismus die soziale Konstruktion von Unterschieden zwischen Frauen und Männern bezeichnet, und damit die ideologische Grundlage für Diskriminierung aufgrund des Geschlechts bildet, stellt sexuelle Belästigung als ein geschlechtsbezogenes, unangemessenes Verhalten eine mögliche Form resultierenden, sexistischen Verhaltens dar. (Diehl/Rees/Bohner 2014, 22 f.)

Sexismus ist der umfassendere Begriff, denn er schließt Überzeugungen mit ein, während sich sexuelle Belästigung auf ein Verhalten bezieht:

> Nach Paragraf 3, Absatz 4 des AGG ist sexuelle Belästigung „ein unerwünschtes, sexuell bestimmtes Verhalten, wozu auch unerwünschte sexuelle Handlungen und Aufforderungen zu diesen, sexuell bestimmte körperliche Berührungen, Bemerkungen sexuellen Inhalts sowie unerwünschtes Zeigen und sichtbares Anbringen von pornografischen Darstellungen gehören, (das) bezweckt oder bewirkt, dass die Würde der betreffenden Person verletzt wird, insbesondere wenn ein von Einschüchterungen, Anfeindungen, Erniedrigungen, Entwürdigungen oder Beleidigungen gekennzeichnetes Umfeld geschaffen wird. (ebd.)

Unter sexueller Belästigung werden Übergriffe von Männern gegenüber Frauen verstanden: Vergewaltigungen, Grabschen und sexistische Sprüche. Sexuelle Belästigung beginnt mit der Sprache und männlicher Dominanz gegenüber Frauen. Dass dieses Verhalten auch umgekehrt auftritt, steht außer Frage, wird aber doch weitaus seltener beobachtet.

Catcalling

Catcalls sind sexuelle Aufdringlichkeiten ohne Körperkontakt, d.h. Wörter, Gesten, Fotos und Videos (o. A. 2021a). Dabei handelt es sich um verbale und nonverbale sexuelle Belästigung im öffentlichen (digitalen) Raum. „Dazu gehören anzügliche Gesten und Kommentare zum Aussehen genauso wie auch Pfeif- und Kussgeräusche – daher der Name „Catcalling“: als spreche man mit einer Katze“ (Wulf 2020, 8). Männern geht es dabei darum, Macht zu demonstrieren und mittels Sprache Frauen herabzuwürdigen und einzuschüchtern. Solche Anmachversuche finden meist in flüchtigen Situationen statt, im Vorbeigehen, aus einer Gruppe heraus, durch sexistische Blicke.

2020 startete Antonia Quell eine Petition, um Catcalling strafbar zu machen (vgl. Hildebrand 2021). In einigen Ländern ist das schon der Fall, so in Belgien seit 2014, in Portugal seit 2015 und in Frankreich seit 2018 (vgl. Wulf 2020, 8). In Deutschland kann Catcalling nur als Beleidigung geahndet werden, es wird diskutiert, ob Deutschland hier einen Nachholbedarf hat.

Digitales Stalking

Stalking war bisher mit räumlicher Nähe verbunden, d.h., die*der Täter*in hat sich dem Opfer körperlich genähert, ihm aufgelauert und es belästigt. Neben den Vorteilen des Smartphones (unterwegs telefonieren, Fotos machen, chatten) gibt es durchaus auch negative Seiten, von denen digitales Stalking nur ein Beispiel ist. Das Wort leitet sich vom englischen Verb *to stalk* „jagen, anpirschen, nachstellen“ ab. Ein Stalker ist eine Person, die „jemanden verfolgt, belästigt und terrorisiert“ (Pons 2014, 1064).

Beim digitalen Stalking installiert die*der Täter*in unbemerkt eine App auf dem Handy des Opfers, hat dadurch vollständigen Zugriff auf das Gerät und kann es so ausspionieren. Die Überwachungs-App wird zwar legal angeboten und gekauft, aber die Nutzung, d. h. die Ausspähung, ist nach Paragraf 202a StGB illegal. Bei den Täter*innen handelt es sich häufig um (ehemalige) Partner*innen, Affären, Bekanntschaften oder sogar Familienangehörige. Die Dunkelziffer der digitalen Stalking-Fälle ist hoch. Die IT-Sicherheitsfirma Kaspersky verzeichnet einen Anstieg um 77 % von 2010 bis 2019. „Insgesamt konnte in Deutschland, der Schweiz und Österreich in 2775 Fällen Stalkerware auf einem Smartphone identifiziert werden" (Krull 2020, 2).

Cybermobbing

Der Begriff Mobbing kommt aus dem Englischen. Das englische Verb *to mob* bedeutet ‚über jemanden herfallen, ihn anpöbeln; attackieren' (Pons 2014, 695 f.). Das Wort existiert seit fast 50 Jahren. „Der Verhaltensforscher Konrad Lorenz führte den Begriff ‚Mobbing' im Jahr 1963 ein, als er das Gruppenverhalten von Graugänsen beobachtete. So wurden behinderte oder kranke Gänse aus der Gemeinschaft verstoßen, was letztlich deren isolierten Tod bedeutete" (Kubitza 2014, 15). Mobbing wurde zuerst am Arbeitsplatz thematisiert. In einem Urteil vom 10. April 2001 definierte die 5. Kammer des Landesarbeitsgerichts Thüringen Mobbing juristisch klar:

> Mobbing sei im arbeitsrechtlichen Verständnis eine fortgesetzte, aufeinander aufbauende oder ineinander übergreifende, der Anfeindung, Schikane oder Diskriminierung dienende Verhaltensweise, die nach Art und Ablauf im Regelfall einer übergeordneten, von der rechtsprechnung nicht gedeckten Zielsetzung förderlich sei und jedenfalls in ihrer Gesamtheit das allgemeine Persönlichkeitsrecht oder andere ebenso geschützte Rechte wie die Ehre oder die Gesundheit verletze. (LAG Thüringen 5 Sa 403/99; zit. nach Honsa/Mauer 202, 37).

Inzwischen ist Mobbing auch ein großes Thema an Schulen. Das „klassische" Mobbing ist zwar die Ausübung von Macht mit sprachlichen Mitteln, aber es geschieht noch Face to Face, d. h., eine mobbende Person sagt der gemobbten Person etwas direkt ins Gesicht. Doch mit den digitalen sozialen Medien hat Mobbing größere Ausmaße angenommen: Cybermobbing.

Die Vorsilbe Cyber- kommt vom griechischen Wort *κυβερνητικη* (*τέχνη*) ‚Steuermannskunst' von *κυβερναν* ‚steuern, leiten, regieren'. Aus dieser Wurzel kommen auch die Wörter Gouvernante, Gouverneur, englisch *government*, französisch *le gouvernement*, italienisch *il governo* und spanisch *el gobierno*. Der amerikanische Mathematiker **Norbert Wiener** (1894–1964) prägte den Begriff ‚Kybernetik' 1949, indem er auf das Griechische zurückgriff. Kybernetik ist eine „wissenschaftliche Forschungsrichtung, die vergleichende Betrachtungen über Gesetzmäßigkeiten im Ablauf von Steuerungs- und Regelungsvorgängen in Technik, Biologie und Soziologie anstellt" (Duden FW 2007, 786).

Diese Steuerung erfolgt durch neue Technologien wie E-Mails, Chats und Messengerdienste oder Plattformen wie Facebook und Instagram. Hier findet Mobbing nicht mehr privat statt, sondern öffentlich, d. h., die gesamte virtuelle

Welt kann daran live teilnehmen, denn „durch den rapiden Datentransfer können Äußerungen, Videos oder Texte in kürzester Zeit unbegrenzt viele Rezipienten erlangen“ (Kubitza 2014,16). Die deutsche Pädagogin **Kathrin Nicole Kubitza** ordnet verschiedene Sprechakte mit Gewaltpotenzial ein (vgl. im Folgenden ebd., 32 ff.):

1. **Sprechakt „Beschimpfen, Beleidigen“**
   Statt des Eigennamens werden Schimpfwörter verwendet, in der Fachsprache „pejorative Lexeme“ oder „Maledikta“ genannt, um die Individualität der*des Betroffenen anzugreifen, z. B. „faule Socke“ oder „Du Schlampe“. Viele dieser Schimpfwörter kommen aus dem Tierbereich (Schwein, Huhn, Gans), um die Adressat*innen zu entmenschlichen und zu objektifizieren.
2. **Sprechakt „Auslachen“**
   Auslachen ist eine grausame Art der verbalen Verletzung: nachäffen, hänseln, verspotten, ironisieren oder sarkastisch sein. Die*der Sprecher*in signalisiert, dass sie*er den*die Andere*n in ihrer*seiner Meinung nicht ernst nimmt. Sie*er verletzt die Menschenwürde dieser Person.
3. **Sprechakt „Aggressives Kritisieren“**
   Aggressives Kritisieren ist tadelnd und destruktiv und sucht Defizite bei der*dem Rezipient*in, um ihr*ihm Mangel an Moral und Kompetenz vorzuwerfen. „Der Triumph am Sieg und die Lust an der Erniedrigung machen den Sprechakt zu einem Gewaltakt“ (ebd., 38).
4. **Sprechakt „Aggressives Auffordern“**
   Aggressive Aufforderungen sind solche Sätze wie „Halt's Maul, du Esel!“, „Wirst du endlich mal still sein!“, „Verpiss dich und komm nicht wieder!“, „Hau bloß ab!“ Sie können mit Drohungen und Beleidigungen kombiniert werden und dienen dazu, Adressat*innen zu kränken oder zu provozieren.
5. **Sprechakt „Drohen“**
   Mit dem Drohen kündigt die*der Sprecher*in eine Handlung an, die real eintreten kann, wie zum Beispiel „Ich geb' dir gleich eine Ohrfeige“. Es gibt unrealistische, ausgedachte, leere Drohungen. Drohungen können auch mit der Anrufung einer höheren Instanz (Eltern, Chef*in, Polizei, Anwält*innen) einhergehen.
6. **Widersprechen**
   Beim Sprechakt Wiedersprechen lassen sich vier Typen unterscheiden: erstens die konträre Intervention, ein Widerspruch ohne Sachverhaltsdarstellung im Sinne, es stimme nicht; zweitens die Polarisierung, bei der man eine Behauptung mit einer Gegenbehauptung beantwortet; drittens die Kontrastierung, d.h. die Behauptung wird mit einer abweichenden Darstellung

> beantwortet, und viertens die konträre Dimensionierung, d.h. die Behauptung wird mit einer nicht-konkreten Angabe beantwortet. (ebd., 41 f.)

Alle Sprechakte können auch miteinander kombiniert werden: Schimpf- und Reizworte, Übertreibungen, Aggressivität oder die Verwischung von Wahrheit und Lüge können genutzt werden. Aber allen Strategien gemeinsam

> ist die Abzielung auf die Gefühle des Rezipienten. In der Regel werden Gefühle, wie Angst und Kränkung, beim Rezipienten durch emotionsreiche, hasserfüllte Sprache ausgelöst. [...] Durch die *mentale Waffe der Sprache*, die beim Opfer Emotionen auslöst, soll diesem ein dauerhafter, irreparabler Schaden zugefügt werden. (ebd., 43; Herv. i. O.)

Die „mentale Waffe der Sprache" erinnert an den Satz von Tucholsky: „Die Sprache ist eine Waffe, haltet sie scharf!"

Mansplaining

Das amerikanische Wort *mansplaining* ist eine Zusammensetzung aus *man* ‚Mann' und *to explain* ‚erklären'. Die amerikanische Schriftstellerin, Journalistin und Kulturhistorikerin **Rebecca Solnit** (* 1961) veröffentlichte 2008 den Essay „Wenn Männer mir die Welt erklären". Dieser Essay spiegelt die Erfahrungen, die sie oft in Gesprächen mit Akademikern machte, wider.

> Männer erklären mir die Welt, mir und anderen Frauen, ob sie nun wissen, wovon sie reden, oder nicht. Manche Männer jedenfalls. [...] Der Kampf mit den Männern, die uns die Welt erklären, hat viele Frauen niedergedrückt – Frauen meiner Generation und der nächsten Generation, die wir so dringend brauchen [...] (2017, 14 ff.)

Die US-Webseite „Academic Men Explain Things to Me. Where women recount their experiences of being mansplained, in academia and elsewhere" dokumentiert Fälle ausgeprägten „Monologverhaltens" von Männern, die alles besser als Frauen wissen. Beispiel sind solche Sätze der Männer: „Lass mich dir das mal genauer erklären" oder „Das kannst du doch gar nicht wissen".

Sprache als Waffe – verbaler Antisemitismus

> Sprache definiert und verdammt den Feind nicht nur, sie erzeugt ihn auch; und dieses Erzeugnis stellt nicht den Feind dar, wie er wirklich ist, sondern vielmehr, wie er sein muß, um seine Funktion für das Establishment zu erfüllen. (Herbert Marcuse; zit. nach Schwarz-Friesel 2013, 330)

Schwarz-Friesel untersucht, wie Sprache als Waffe des verbalen Antisemitismus zum Schüren von Ressentiments und Hass genutzt wird:

> Die repräsentationale Kopplung und prozessuale Interaktion von kognitiver Stereotypisierung und emotionaler Bewertung zeigt sich besonders deutlich, wenn Sprache in diskriminierender, abwertender und ausgrenzender Funktion benutzt wird, wenn Sprache als Handlungsinstrument zur Waffe wird. (2013, 330)

Die stereotypen Verbalmanifestationen des Antisemitismus sind seit dem 19. Jahrhundert bis heute Teil des kulturellen Gedächtnisses und der kommunikativen Alltagspraxis vieler Bürger*innen in Deutschland. Schwarz-Friesel sieht ihn als kommunikatives Phänomen und unterteilt ihn in drei Kategorien:

Klassischer Antisemitismus

Antisemitismus hat eine lange Vergangenheit, er reicht bis ins Mittelalter zurück und findet seinen mörderischen Höhepunkt in der Shoah. Der Journalist Wilhelm Marr gründete die Antisemitenliga, prägte 1879 Antisemitismus als Begriff für rassistische statt religiöse Judenfeindschaft (vgl. ebd., 334). Verschiedene Stereotypen über Jüdinnen und Juden entwickelten sich: „Geldmenschen, vaterlandslos, wuchern, haben Schacher- und Wuchergeist, scheuen sich vor wirklicher Arbeit, hochbegabt, hochtalentiert, feindselig gegenüber anderen, glatt, listig, dominant, einflussreich, verjudete Tagespresse, rachsüchtig" (ebd.). Für antisemitische Äußerungen gibt es viele „prominente" Belege, wie Zitate des Komponisten Richard Wagner oder des Schriftstellers Gustav Freytag zeigen:

> Der Jude, der an sich unfähig ist, weder durch seine äußere Erscheinung noch durch seine Sprache, am allerwenigsten aber durch seinen Gesang, sich uns künstlerisch kundzugeben, hat nichtsdestoweniger es vermocht, in der verbreitetsten der modernen Kunstarten, der Musik, zur Beherrschung des öffentlichen Geschmacks zu gelangen. (Wagner 1850; zit. ebd., 334)

> […] und in dem Viereck […] windet sich aalglatt der jüdische Faktor hindurch […]. (Freytag, „Soll und Haben"; zit. nach ebd., 335)

Dieser antijüdische Sprachgebrauch zieht sich durch die deutsche Geschichte und wurde von Adolf Hitler bereits in einer Rede am 13. August 1920 im Festsaal des Hofbräuhauses München klar und deutlich formuliert:

> „Niemals hat der Jude eine eigene Kunst besessen […] Und auch musikalisch wissen wir nichts als daß er befähigt ist, Musik anderer gut zu kopieren, wobei ich nicht verschweigen will, daß wir heute viele berühmte Kapellmeister aus ihren Reihen besit-

> zen, die berühmt werden dank einer bis auf den Pfiff organisierten jüdischen Presse". (Hitler 1920; zit. nach ebd., 337)

Weitere solche „Begründungen" finden sich auch in „Mein Kampf". Diese antijüdische Polemik führte letztlich zum Holocaust.

Eliminatorischer Antisemitismus

Im nationalsozialistischen Dritten Reich mündete der rassistische Antisemitismus in die Realisierung des eliminatorischen Antisemitismus (ebd., 336-339). Die Shoah wurde systematisch sprachlich „vorbereitet":

- Stigmatisierung durch Namenszuordnung: *Sarah, Israel, Cohen*
- Berufsbezeichnungen als pejorative Beschimpfungen: *Rechtsverdreher, Zähnejuden*
- rassistische Bezeichnungen aus der Biologie: *Bazillen, Parasiten, Blutsauger*
- Tierbezeichnungen: *Judensau, Judenschwein*
- klischeehafte stereotype Bezeichnungen: *Geldschacherer, Krämerseele, arroganter Intellektueller, Intrigant, Bolschewik*
- Beschwörungsfloskeln: *„Die Juden sind unser Unglück."*

Stereotypen sind sozialpsychologische Vorstellungen in der Gesellschaft, sie dienen dazu, soziale und ethnische Gruppen zu stigmatisieren. Sie sind im Langzeitgedächtnis mental verankert und werden über die familiäre und politische Sozialisation an die nächste Generation weitergereicht.

Post-Holocaust-Antisemitismus

Nach dem Zusammenbruch des Dritten Reichs gab es zunächst keinen offenen Antisemitismus, sondern es entwickelte sich ein „sekundärer Antisemitismus", der sich auf die Erinnerung an die Shoah, den Umgang mit der deutschen Verantwortung und die sogenannten Wiedergutmachungszahlungen bezieht:

> Im Post-Holocaust-Antisemitismus findet sich als Kernaussage, dass Juden den Holocaust ausnutzen, um den deutschen Staat moralisch und finanziell unter Druck zu setzen. [...] Ausbeutungslegende, Täter-Opfer-Umkehr, Juden als Verursacher des Antisemitismus, Leugnen und Relativieren von Antisemitismus, Abwehr von Verantwortungsgefühl und Erinnerungsbewahrung. (ebd., 344)

Dieses Bild manifestiert sich explizit in den Texten von neonazistischen und rechtsradikalen Bands:

> Sollen freche Juden uns're Herren sein?

Wo sitzen Deutschlands schlimmste Feinde?
In der jüdischen Gemeinde!
Die widerwärtigen Krummnasen
Mit ihrem Märchen vom Vergasen.
Hat es schon mal Mörder gegeben,
deren Opfer alle überleben?
Solln wir Deutschen ewig zahlen
Für nie erlittene Qualen? [...]
Wenn and're auch mal was besitzen, müßt ihr es sofort stibitzen.
(Innenministerium NRW 2001, 33)

Verbaler Antisemitismus

Verbaler Antisemitismus liegt vor, „wenn in einer Äußerung eine generelle und/oder spezifische judenfeindliche Einstellung ausgedrückt wird" (Schwarz-Friesel 2013, 350). Da antisemitische Inhalte primär über die Sprache vermittelt werden, unterscheidet Schwarz-Friesel zwischen einem intentionalen und einem nicht intentionalen Verbal-Antisemitismus. Beim intentionalen Verbal-Antisemitismus liegt die Handlungsabsicht vor, sich anti-jüdisch diskriminierend zu äußern. Beim nicht intentionalen Antisemitismus gibt es zwei Varianten. In der ersten wird der Prozess der Verbalisierung durch mentale Stereotypen beeinflusst. Das sind solche Äußerungen wie (ebd., 351):

„Ich hätte Sie nie für einen Juden gehalten."
„Sie sehen ja gar nicht jüdisch aus."
„Und, war es schön in der Heimat?" (Kontext: Frage an einen von einer Israelreise zurückkommenden deutschen Juden)

Die zweite Variante umfasst Redewendungen wie „Das sind ja jüdische Preise", „Schacher wie beim Juden". Auch die Trennung zwischen „den Deutschen" und „den Juden" stellt letztere in einen Glaskäfig, macht sie so zu „den Anderen".

Fazit: Figurationsanalyse von Hasssprache als Mittel der Machtausübung

Dieses Kapitel zeigt besonders deutlich die Figuration von Sprache und Macht im digitalen Zeitalter, denn Hasstiraden können im Internet anonym ohne gesellschaftliche Ächtung und strafrechtliche Verfolgung geschehen. Sprach- und Handlungsmacht werden durch Emotionen und Bildassoziationen verstärkt. Hasssprache ist stets emotional aufgeladen: Wut verursacht Angst.

Teil C Sprache schafft positives Bewusstsein

In den bisherigen Teilen ging es um wissenschaftliche Theorien sowie um Sprache als (negativen) Machtfaktor und als verletzende (Hass-)Waffe. Aber unsere Sprache hat auch ihre wunderbaren Seiten, die wir in der Literatur von Gedichten und Romanen lieben und schätzen. Teil C umfasst erstens berühmte Reden der Menschheitsgeschichte und zweitens Weltansichten: Einzigartige Wörter und Redensarten in anderen Sprachen.

10. Berühmte Reden

Sprache kann auch einen Bewusstseinswandel und dadurch große gesellschaftliche und politische Veränderungen anstoßen. Nachfolgend kommen zehn Personen der Zeitgeschichte zu Wort. Alle diese Redner haben gesellschaftspolitische Anstöße gegeben, deren authentische Aussagen zum Nachdenken anregten oder zum Vorbild für andere Menschen wurden. Außerdem wird die Bedeutung des Grundgesetzes und der Entscheidungen des Bundesverfassungsgerichts für die Politik erläutert.

Jesus von Nazareth: „Liebt eure Feinde"

Die Bergpredigt hat **Jesus von Nazareth** (7/4 v. Chr. bis 30/31 n. Chr.) im Alter von ungefähr 30 Jahren auf einem Berg im Norden Israels gehalten. Sie ist der Beginn seines öffentlichen Wirkens und wohl seine bekannteste Predigt. Unabhängig von der theologischen Wertung bleibt das Denken von Jesus von Nazareth „philosophisch-revolutionär", denn mit seiner Bergpredigt verkündet er ein radikal anderes Menschenbild als das damals gängige. Nachstehend einige Zitate aus dem Evangelium nach Matthäus (Bibel 1999, Neues Testament, 6 ff.):

> Selig sind, die da hungert und dürstet nach der Gerechtigkeit; denn sie sollen satt werden. (Matthäus 5, 6)
>
> Ich aber sage euch: Liebt eure Feinde und bittet für die, die euch verfolgen. (Matthäus 5,44)
>
> Gib dem, der dich bittet, und wende dich nicht ab von dem, der etwas von dir borgen will. (Matthäus 5, 42)
>
> Wenn du nun Almosen gibst, sollt du es nicht vor dir ausposaunen, wie es die Heuchler tun in den Synagogen und auf den Gassen […]. (Matthäus 6, 2)
>
> Alles nun, was ihr wollt, daß euch die Leute tun sollen, das tut ihnen auch! Das ist das Gesetz und die Propheten. (Matthäus 7,12)

Der langjährige CDU-Generalsekretär Heiner Geißler (1930–2017) formuliert es so:

> Die Forderung der Nächsten- und Feindesliebe ist neben dem neuen Bild vom Menschen der revolutionäre Kern der evangelischen Botschaft. Sie lässt fast alles hinter

> sich, was bis dahin in der griechischen Philosophie und den Religionen des Altertums über die Beziehungen der Menschen untereinander gesagt worden ist. (2003, 28)

Die Lehre von Jesus war der Ausgangspunkt für die Entstehung des Christentums und der Entwicklung der Kirche weltweit.

Martin Luther: „Hier stehe ich. Ich kann nicht anders"

Diese Worte sind zwar so nie vom Reformator **Martin Luther** (1483–1546) bei seinem Auftritt vor Kaiser Karl V. und den Reichsständen am 18. April 1521 in Worms gefallen, aber sie passen zu dem, was und wie er dort seinen theologischen Standpunkt verteidigt:

> [...] – denn ich glaube weder dem Papst noch den Konzilien allein, dieweil es Tag ist, dass sie öfters geirrt und sich selbst widersprochen haben –, so bin ich überwunden durch die heiligen Schriften, so von mir angeführt und mein Gewissen ist gefangen in Gottes Wort. Derhalben kann und will ich nichts widerrufen, dieweil wieder das Gewissen zu handeln beschwerlich, unheilsam und gefährlich ist. Ich kann nicht anders. Hier stehe ich. Gott helfe mir. Amen (Kaufhold 2015, 84)

Diese Rede Luthers war ein weiterer Anstoß für die Entwicklung des protestantischen Glaubens, also die Trennung von der katholischen Kirche und die Entstehung der evangelischen Kirche.

Abraham Lincolns „Gettysburg Address"

Vom 1. bis 3. Juli 1863 fand eine der entscheidenden Schlachten im Amerikanischen Bürgerkrieg zwischen den Nord- und Südstaaten nahe der Stadt Gettysburg in Pennsylvania statt. Im noch andauernden Bürgerkrieg wurde am 19. November 1863 ein Soldatenfriedhof eingeweiht. Der 16. Präsident der USA **Abraham Lincoln** (1809–1865, Präsident 1861–1865) hielt eine kurze, heute berühmte Rede. Hier der Anfang und das Ende der Rede:

> Four score and seven years ago our fathers brought forth on this continent a new nation, conceived in liberty, and dedicated to the proposition that all men are created equal. [...] that we here highly resolve that these dead shall not have died in vain – that this nation, under God, shall have a new birth of freedom – and that *government of the people, by the people, for the people*, shall not perish from the earth. (Lincoln 1863)

Die letzten Worte zur Regierung wurden in vielen Verfassungen übernommen, so auch in der constitution française von 1958. Dort lauten der vierte und fünfte Satz des zweiten Artikels: „La devise de la République est Liberté, Égalité, Fraternité. Son principe est: *gouvernement du peuple, par le peuple et pour le peuple*" (Herv. d. Verf.).

Winston Churchill: „Blood, toil, tears and sweat"

Winston Churchill (1874–1965) war in seinem politischen Leben eine schillernde Persönlichkeit mit mehrmaligen Wechseln zwischen der konservativen und der liberalen Partei. Mit seiner Ernennung zum britischen Premierminister am 10. Mai 1940 gelangte er zu Weltruhm. Berühmt geworden sind seine Worte in der ersten Rede als neuer Premier vor dem Unterhaus, am 13. Mai 1940:

> I have nothing to offer but blood, toil, tears and sweat. [...] We have before us many, many long months of struggle and of suffering. You ask, what is our policy? I will say, it is to wage war, by sea, land and air, with all our might and with all the strength that God can give us; to wage war against a monstrous tyranny, never surpassed in the dark, lamentable catalogue of human crime. That is our policy. You ask, what is our aim? I can answer in one word: Victory, victory at all costs, victory in spite of all terror, victory, however long and hard the road may be; for without victory, there is no survival. (Churchill 1940a)

Insgesamt hielt Churchill während des Zweiten Weltkriegs vier große Ansprachen an die britische Bevölkerung, deren zentrale Aussagen zu ikonischen Worten wurden. Am 4. Juni 1940 erinnerte er die Brit*innen nach der Dünkirchen-Evakuierung mit den Worten „we shall fight on the beaches" daran, dass der Krieg noch nicht gewonnen war (vgl. International Churchill Society o. J.). Diese Rede ergänzte Churchill durch eine weitere am 18. Juni 1940. In ihr analysiert er nach der Niederlage Frankreichs die schwierige militärische Lage des Landes. Churchill appellierte schon fast hymnisch, wie in einem Gebet, an die britische Bevölkerung: „Let us therefore brace ourselves to our duties, and so bear ourselves that, if the British Empire and its Commonwealth last for a thousand years, men will still say, ‚This was their finest hour'" (Churchill 1940b). In der vierten Rede am 20. August ehrte Churchill die Piloten der Royal Air Force: „Never in the field of human conflict was so much owed by so many to so few" (Churchill 1940c).

Mahatma Gandhi: „Quit India" und Ahimsa

Der indische Rechtsanwalt, Publizist und Pazifist **Mahatma Gandhi** (1869–1948) wurde durch seinen gewaltlosen Kampf des zivilen Ungehorsams gegen die britische Kolonialherrschaft und für die Unabhängigkeit Indiens in den 1930er und 1940er Jahren bekannt. 1942 startete er seine Quit-India-Bewegung. Das Schlüsselwort seines Denkens ist *Ahimsa*. Das Wort stammt aus dem Sanskrit und bedeutet ‚Nicht-Verletzen', steht also für das Prinzip der Gewaltlosigkeit. Ahimsa ist für Gandhi „a priceless gift", ein unbezahlbares Geschenk. Am 8. August 1942 hielt er folgende Rede (Auszüge):

> Let me, however, hasten to assure that I am the same Gandhi as I was in 1929. I have not changed in any fundamental respect. I attach the same importance to nonviolence that I did then. […] Let me explain my position clearly. God has vouchsafed to me a priceless gift in the weapon of Ahimsa. I and my Ahimsa are on our trail today. […] Ours is not a drive for power, but purely a nonviolent fight for India's independence. […] I believe that in the history of the world, there has not been a more genuinely democratic struggle for freedom than ours. […] In the democracy which I have envisaged, a democracy established by nonviolence, there will be equal freedom for all. Everybody will be his own master […] Our quarrel is not with the British people, we fight their imperialism […] We must, therefore, purge ourselves of hatred. Speaking for myself, I can say that I have never felt any hatred. As a matter of fact, I feel myself to be a greater friend of the British now than ever before. (Gandhi 1942)

Mahatma Gandhis Ahimsa-Ideal als politisches Konzept der Gewaltlosigkeit wurde zu einem Vorbild für viele Bürgerrechtsbewegungen weltweit.

Ernst Reuter: „Ihr Völker der Welt […] Schaut auf diese Stadt"

Nach dem Zweiten Weltkrieg und der bedingungslosen Kapitulation der Wehrmacht wurde Deutschland in vier Besatzungszonen und Berlin in vier Sektoren aufgeteilt. Schon bald verschärfte sich die politische Lage zwischen West und Ost, es war der Beginn des sogenannten Kalten Kriegs. Die Sowjetunion sperrte 1948 die Zugangswege von Westdeutschland durch die sowjetische Zone in die drei Westsektoren von Berlin. Man wollte den Westteil der Stadt aushungern und so zur Aufgabe zwingen.

Der zunächst im Juni 1947 von der Stadtverordnetenversammlung von ganz Berlin gewählte Oberbürgermeister **Ernst Reuter** (1889–1953) wurde von der sowjetischen Besatzungsmacht nicht anerkannt. 1948 wurde Reuter erneut zum Oberbürgermeister gewählt, ab 1950 lautete der Amtstitel „Regierender Bürgermeister". Er hielt am 9. September 1948, nach dem Beginn der Blockade, vor ca. 300.000 Berliner*innen auf dem Platz vor dem Reichstagsgebäude eine eindringliche Rede, in der er die westlichen Länder darum bat, (West-)Berlin nicht aufzugeben.

> Ihr Völker der Welt, ihr Völker in Amerika, in England, in Frankreich, in Italien! Schaut auf diese Stadt und erkennt, dass ihr diese Stadt und dieses Volk nicht preisgeben dürft, nicht könnt! Es gibt nur eine Möglichkeit für uns alle: gemeinsam so lange zusammenzustehen, bis der Kampf gewonnen, bis dieser Kampf endlich durch den Sieg über die Feinde, durch den Sieg über die Macht der Finsternis besiegelt ist. (Kaufhold 2015, 195)

Die West-Berliner*innen wurden durch die kämpferische Rede zum Durchhalten motiviert, um die im Juni 1948 von den Amerikanern und Briten gestartete Luftbrücke zu unterstützen. Die Stadt wurde elf Monaten lang mit Lebensmitteln versorgt, bis die Sowjetunion die Blockade wieder aufhob.

Martin Luther King: „I have a dream"

Am 28. August 1963 hielt der bekannteste Sprecher der amerikanischen Bürgerrechtsbewegung **Martin Luther King** (1929–1968) seine berühmt gewordene Rede vor dem Lincoln Memorial in Washington, D.C. vor mehr als 250.000 Menschen. Hier ein Auszug aus der Rede:

> And so even though we face the difficulties of today and tomorrow, I still have a dream. It is a dream deeply rooted in the American dream.
> I have a dream that one day this nation will rise up and live out the true meaning of its creed: "We hold these truths to be self-evident, that all men are created equal."
> I have a dream that one day on the red hills of Georgia, the sons of former slaves and the sons of former slave owners will be able to sit down together at the table of brotherhood.
> I have a dream that one day even the state of Mississippi, a state sweltering with the heat of injustice, sweltering with the heat of oppression, will be transformed into an oasis of freedom and justice.
> I have a dream that my four little children will one day live in a nation where they will not be judged by the color of their skin but by the content of their character.
> I have a *dream* today! (King 1963)

Diese visionäre Rede gilt bis heute als ein sprachlicher Motor auf dem langen Wege zur Gleichberechtigung der Afroamerikaner*innen in den USA. 1968 wurde Martin Luther King ermordet, er wurde mit seiner Rede und seiner Ermordung zum Symbol für die Emanzipation der Afro-Amerikaner*innen.

Richard von Weizsäcker: „Der 8. Mai 1945 war ein Tag der Befreiung"

Am 8. Mai 1985 hielt Bundespräsident **Richard von Weizsäcker** (1920–2015, Präsident 1984–1994) bei der Gedenkveranstaltung zum 40. Jahrestag des Endes des Zweiten Weltkriegs im Plenarsaal des Deutschen Bundestags eine bedeutsame Rede. Im Saal war es totenstill, als von Weizsäcker sprach. Diese Rede war ein schonungsloses Bekenntnis zur deutschen Schuld verbunden mit der Mahnung, die Vergangenheit nicht zu vergessen, denn nur so lasse sich gemeinsam die Zukunft der Völker gestalten. Hier ein Auszug aus der Rede:

> [...] der 8. Mai 1945 ist ein Datum von entscheidender historischer Bedeutung in Europa. [...]
> *Der 8. Mai war ein Tag der Befreiung.* Er hat uns alle befreit von dem menschenverachtenden System der nationalsozialistischen Gewaltherrschaft.
> Niemand wird um dieser Befreiung willen vergessen, welche schweren Leiden für viele Menschen mit dem 8. Mai erst begannen und danach folgten. Aber wir dürfen nicht am Ende des Krieges die Ursache für Flucht, Vertreibung und Unfreiheit sehen. *Sie liegt vielmehr in seinem Anfang und im Beginn jener Gewaltherrschaft, die zum Krieg führte.*
> *Wir dürfen den 8. Mai 1945 nicht vom 30. Januar 1933 trennen.* (Bundespräsidialamt 1985, 1 f.; Herv. d. Verf.)

Dieser Satzteil „Der 8. Mai war ein Tag der Befreiung" war eine noch nie in der alten Bundesrepublik ausgesprochene Wahrheit. Diese Rede veränderte das politische Bewusstsein der Mehrheit der Deutschen.

> Heute scheinen sich die Aussagen des Bundespräsidenten endgültig in allen politischen Lagern als eine Art (Minimal-)Konsens etabliert zu haben. [...] Ihre Wirkung war auch Thema der Trauerreden und Nachrufe, als Richard von Weizsäcker Anfang des Jahres verstarb. Beim offiziellen Staatsakt [...] betonte der amtierende Bundespräsident Joachim Gauck, sein Amtsvorgänger habe sich mit seiner „Rede um sein Vaterland verdient gemacht". (Hammerstein/Hofmann 2015, 4)

Willy Brandt: „Das Ja zu diesem Vertrag, zur Aussöhnung, zum Frieden [...]"

Willy Brandt (1913–1992), SPD-Vorsitzender von 1964 bis 1987, Bundeskanzler von 1969 bis 1974, Friedensnobelpreisträger von 1971, gilt als Wegbereiter einer neuen Ostpolitik. In seiner Amtszeit wurden auch der Moskauer Vertrag

(1970) und der Vertrag über die „Grundlagen der Normalisierung der gegenseitigen Beziehungen" mit der Volksrepublik Polen (1972) abgeschlossen. Es ging um die Anerkennung der Oder-Neiße-Grenze als deutsche Ostgrenze, um die Anerkennung der Folgen des verlorenen Zweiten Weltkriegs und um den Bau einer Brücke zu diesen beiden Ländern. Im Rahmen dieser Politik fuhr Willy Brandt zu einem Staatsbesuch nach Polen. Am 7. Dezember 1970 ging ein Bild um die Welt: Am Vormittag legte er am Mahnmal für die Opfer des Aufstands im Warschauer Ghetto einen Kranz nieder. Und plötzlich – für alle, auch für seine Mitarbeiter*innen überraschend – kniete er vor dem Denkmal nieder.

Am Abend des 7. Dezembers hielt Willy Brandt aus Warschau eine Fernsehansprache an die Deutschen zu Hause. Hier ein Auszug:

> Wir dürfen nicht vergessen, dass dem polnischen Volk nach 1939 das Schlimmste zugefügt wurde, was es in seiner Geschichte hat durchmachen müssen. Dieses Unrecht ist nicht ohne Folgen geblieben. […]
> Namen wie Auschwitz werden beide Völker noch lange begleiten und uns daran erinnern, dass die Hölle auf Erden möglich ist; wir haben sie erlebt. Aber gerade diese Erfahrung zwingt uns, die Aufgaben der Zukunft entschlossen anzupacken. Die Flucht vor der Wirklichkeit schafft gefährliche Illusionen. Ich sage: Das Ja zu diesem Vertrag, zur Aussöhnung, zum Frieden, ist ein Bekenntnis zur deutschen Gesamtgeschichte. […]
> Wir müssen unseren Blick in die Zukunft richten und die Moral als politische Kraft erkennen. Wir müssen die Kette des Unrechts durchbrechen. Indem wir dies tun, betreiben wir keine Politik des Verzichts, sondern eine Politik der Vernunft. […]
> Frieden ist nicht möglich ohne europäische Solidarität. (Brandt 1970)

Die Ostverträge, Brandts Besuch in Polen, sein Kniefall in Warschau und seine Rede wurden als glaubwürdiges, friedliches Politikverständnis der Bundesrepublik Deutschland in den Nachbarländern gewürdigt.

Nelson Mandela: „Freedom" und „Reconciliation"

Der Aktivist und Anti-Apartheid-Kämpfer **Nelson Mandela** (1918–2013) ist eine herausragende Persönlichkeit der Weltgeschichte. Im sogenannten Rivonia-Prozess (1963–1964) wurden Mandela und sieben weitere Männer wegen Sabotage und „Verschwörung zum bewaffneten Umsturz" angeklagt und am 12. Juni 1964 zu lebenslanger Haft verurteilt. In seiner weltweit bekannt gewordenen zehnstündigen Verteidigungsrede vom 20. April 1964 sagte er am Schluss folgende Worte:

> During my lifetime I have dedicated myself to this struggle of the African people. I have fought against white domination, and I have fought against black domination. I have cherished the ideal of a democratic and free society in which all persons live together in harmony and with equal opportunities. It is an ideal which I hope to live for and to achieve. But if needs be, it is an ideal for which I am prepared to die. (Mandela 1964)

In seiner Antrittsrede als Präsident Südafrikas am 10. Mai 1994 sagte Nelson Mandela:

> Our daily deeds as ordinary South Africans must produce an actual South African reality that will reinforce humanity's belief in justice, strengthen its confidence in the nobility of the human soul and sustain all our hopes for a glorious life for all. [...]
> The time for the healing of the wounds has come. The moment to bridge the chasms that divide us has come. The time to build is upon us. We have, at least, achieved our political emancipation. We pledge ourselves to liberate all our people from the continuing bondage of poverty, deprivation, suffering, gender and other discrimination. We succeeded to take our last steps to freedom in condition of relative peace. We commit ourselves to the construction of a complete, just and lasting peace.
> We have triumphed in the effort to implant hope in the breasts of the millions of our people. We enter into a covenant that we shall build the society in which all South Africans, both black and white, will be able to walk tall, without any fear in their hearts, assured of their inalienable right to human dignity – a rainbow nation at peace with itself and the world. [...]
> We understand it still that there is no easy road to freedom. We know it well that none of us acting alone can achieve success. We must therefore act together as a united people, for national reconciliation, for nation building, for the birth of a new world.
> Let there be justice for all. Let there be peace for all. Let there be work, bread, water and salt for all. Let each know that for each the body, the mind and the soul have been freed to fulfil themselves.
> Never, never and never again shall it be that this beautiful land will again experience the oppression of one by another and suffer the indignity of being the skunk of the world.
> Let freedom reign. The sun shall never set on so glorious a human achievement.
> God bless Africa! (Mandela 1994)

Kein Wort des Hasses oder der Vergeltung gegenüber den Weißen, sondern Worte der Versöhnung und des gemeinsamen Aufbaus des Lands. Ohne dieses Ideal, ohne diese Worte, die er sich auch nach 27 Jahren Haft bewahrt hatte, wäre der Übergang vom Apartheid-Regime zu einer Demokratie in Südafrika nicht so friedlich verlaufen. Mandela ist – wie in seiner Verteidigungsrede beim Prozess gegen ihn 1994 – seinem „Ideal einer demokratischen und freien Gesellschaft“ treu geblieben.

Grundgesetz: Menschenwürde

Im Auftrag der drei westlichen Besatzungsmächte erarbeitete im August 1948 ein Verfassungskonvent die Grundlagen für die Verfassung der Bundesrepublik Deutschland. Am 8. Mai 1949 konnten dann die 61 Väter und vier Mütter des Grundgesetzes, die Mitglieder des Parlamentarischen Rats, die neue Verfassung präsentieren. Dabei fanden sie sprachliche Formulierungen, die sich bis heute auswirken. Auf der Grundlage des Grundgesetzes hat das Bundesverfassungsgericht mit seiner Auslegung viele weitreichende Urteile beschlossen, die das Leben der Bürger*innen positiv beeinflusst haben. Hier folgen zwei Beispiele:

Gleichberechtigung von Männern und Frauen

Im Parlamentarischen Rat 1948/49 saßen nur vier Frauen, die SPD-Politikerin Frieda Nadig, Helene Weber (CDU), Helene Wessel (Deutsche Zentrumspartei) und die Juristin und Sozialdemokratin **Elisabeth Selbert** (1896–1986). Obgleich die Männer zunächst nicht bereit waren, die Gleichberechtigung der Frau im Grundgesetz aufzunehmen, gelang es ihr doch, sie durchzusetzen. Nach einer von ihr mitinitiierten Öffentlichkeitskampagne der Frauenorganisationen übernahm der Parlamentarische Rat ihren Vorschlag und verankerte die Gleichberechtigung in Artikel 3, Absatz 2: „Männer und Frauen sind gleichberechtigt“ (vgl. BMFSFJ 2019).

Diese Gleichberechtigung wird allerdings nur sehr langsam Schritt für Schritt in den nächsten Jahrzehnten umgesetzt:

1958: Das Gleichberechtigungsgesetz tritt in Kraft, u. a. dürfen Frauen nun auch gegen den Willen ihres Ehemanns arbeiten.

1977: Das Gesetz zur Reform des Ehe- und Familienrechts tritt in Kraft: Die gesetzlich vorgeschriebene Rollenverteilung in der Ehe wird abgeschafft, d. h., die Gleichung Mann gleich berufstätig, Frau gleich Haushalt und Familie gilt nicht mehr.

1994: GG-Artikel 3, Absatz 2 wird um einen weiteren Satz ergänzt: „Der Staat fördert die tatsächliche Durchsetzung der Gleichberechtigung von Frauen und Männern und wirkt auf die Beseitigung bestehender Nachteile hin“.

Nichtsdestotrotz ist der Weg zur völligen Gleichberechtigung der Frau noch weit.

Die Würde des Menschen ist unantastbar

Das Bundesverfassungsgericht als die höchste Instanz der Jurisdiktion im Rahmen der Gewaltenteilung (neben Legislative und Exekutive) soll zwar nur entscheiden dürfen, ob Gesetze gegen das Grundgesetz verstoßen, aber auch die Richter*innen vertreten ihre ethischen Grundsätze. Daher machen Verfassungsrichter*innen indirekt auch Politik, indem sie den Bundestag „zwingen", Entscheidungen zu revidieren, weil sie mit dem Grundgesetz nicht im Einklang stehen. Nachstehend ein weitreichendes Urteil zu Hartz IV:

Am 9. Februar 2010 hat das Bundesverfassungsgericht in seiner Entscheidung eine grundlegende Legitimationsbasis für ein Recht auf ein menschenwürdiges Existenzminimum und damit eine Legitimationsbasis der Sozialen Arbeit geschaffen. Gleich zu Beginn wird in den „Leitsätzen zum Urteil des Ersten Senats (BVerfG, 1 BvL. 1/09 vom 9. Februar 2010, Absatz Nr. 1-220)" mit dem Grundgesetz (GG) wie folgt argumentiert:

> 1. Das Grundrecht auf Gewährleistung eines *menschenwürdigen Existenzminimums* aus Art. 1 Abs. 1 GG in Verbindung mit dem Sozialstaatsprinzip des Art. 20 Abs. 1 GG sichert jedem Hilfebedürftigen diejenigen materiellen Voraussetzungen zu, die für seine *physische Existenz* und für ein Mindestmaß an *Teilhabe am gesellschaftlichen, kulturellen und politischen Leben* unerlässlich sind.
> 2. Dieses Grundrecht aus Art. 1 Abs. 1 GG hat als Gewährleistungsrecht in seiner Verbindung mit Art. 20 Abs. 1 GG neben dem absolut wirkenden Anspruch aus Art. 1 Abs. 1 GG auf Achtung der Würde jedes Einzelnen eigenständige Bedeutung. Es ist dem Grunde nach unverfügbar und muss eingelöst werden, [...] (BVerfG 2010; Herv. d. Verf.)

In seiner Urteilsbegründung wird die Unantastbarkeit der Menschenwürde betont und daraus die staatliche Verpflichtung zur Gewährleistung eines menschenwürdigen Daseins abgeleitet:

> Art. 1 Abs. 1 GG erklärt die Würde des Menschen für unantastbar und verpflichtet alle staatliche Gewalt, sie zu achten und zu schützen. [...] Als Grundrecht ist die Norm nicht nur Abwehrrecht gegen Eingriffe des Staates. Der Staat muss die Menschenwürde auch positiv schützen. [...] Wenn einem Menschen die zur Gewährleistung eines menschenwürdigen Daseins notwendigen materiellen Mittel fehlen, weil er sie weder aus seiner Erwerbstätigkeit, noch aus eigenem Vermögen noch durch Zuwendungen Dritter erhalten kann, ist der Staat im Rahmen seines Auftrages zum Schutz der Menschenwürde und in Ausfüllung seines sozialstaatlichen Gestaltungsauftrages verpflichtet, dafür Sorge zu tragen, dass die materiellen Voraussetzungen

> dafür dem Hilfebedürftigen zur Verfügung stehen. Dieser objektiven Verpflichtung aus Art. 1 Abs. 1 GG korrespondiert ein Leistungsanspruch des Grundrechtsträgers, da das Grundrecht die Würde jedes individuellen Menschen schützt und sie in solchen Notlagen nur durch materielle Unterstützung gesichert werden kann. (BVerfG 2010)

Artikel 1 GG definiert ein physisches und auch ein soziales Existenzminimum als ein Grundrecht für die Bürger*innen, die einen Anspruch auf Solidarität haben. Aus der Menschenwürde und dem Sozialstaatsgebot wird das Existenzminimum begründet und legitimiert. Hier noch einmal die wichtigste Passage des Urteils:

> 1. Das Grundrecht auf Gewährleistung eines menschenwürdigen Existenzminimums ergibt sich aus Art. 1 Abs. 1 GG in Verbindung mit Art. 20 Abs. 1 GG. [...] Art. 1 Abs. 1 GG begründet diesen Anspruch. Das Sozialstaatsgebot des Art. 20 Abs. 1 GG wiederum erteilt dem Gesetzgeber den Auftrag, jedem ein menschenwürdiges Existenzminimum zu sichern, wobei dem Gesetzgeber ein Gestaltungsspielraum bei den unausweichlichen Wertungen zukommt, die mit der Bestimmung der Höhe des Existenzminimums verbunden sind. [...] Dieses Grundrecht aus Art. 1 Abs. 1 GG hat als Gewährleistungsrecht in seiner Verbindung mit Art. 20 Abs. 1 GG neben dem absolut wirkenden Anspruch aus Art. 1 Abs. 1 GG auf Achtung der Würde jedes Einzelnen eigenständige Bedeutung. Es ist dem Grunde nach unverfügbar und muss eingelöst werden, bedarf aber der Konkretisierung und stetigen Aktualisierung durch den Gesetzgeber, der die zu erbringenden Leistungen an dem jeweiligen Entwicklungsstand des Gemeinwesens und den bestehenden Lebensbedingungen auszurichten hat. Dabei steht ihm ein Gestaltungsspielraum zu. (ebd.)

Diese und andere Entscheidungen des Bundesverfassungsgerichts haben auch dazu beigetragen, dass der Sozialstaat weiter ausgebaut wurde und sich in das Bewusstsein der Bürger*innen eingeprägt hat. Insoweit hat Deutschland eine soziale Marktwirtschaft mit großer Dominanz und Einfluss des Kapitals in und auf die Politik einerseits und der Korrektur und des Ausgleichs durch den Sozialstaat insbesondere durch die Sozialpolitik andererseits.

Fazit: Figurationsanalyse der Sprache als Bewusstseinsbildung

Die Figuration von Sprache, Denken und Emotionen in der Rede eines Menschen einerseits und individuelle Wahrnehmung andererseits können individuelles Bewusstsein schaffen, das sich positiv in der Politik auswirkt, d.h. zu veränderten politischen Entscheidungen führen kann. Makro- und mikrogesellschaftliche Prozesse bedingen sich wechselseitig.

11. Weltansicht: Einzigartige Wörter und Redensarten

Das vorletzte Kapitel schaut auf die Vielfältigkeit und Einzigartigkeit anderer Sprachen der Welt.

Zum Abschluss wird anhand einzigartiger, aber unübersetzbarer Wörter, seltsamer Sprachen und verschiedener Redensarten in anderen Sprachen die „gute" Seite der Sprache gezeigt, nämlich ihre Fähigkeit, Welten zu bilden und das Denken zu prägen.

Einzigartige Wörter

Es gibt einzigartige Wörter in vielen Sprachen, die man nicht übersetzen, sondern nur umschreiben kann, um sie annäherungsweise zu verstehen. Sie sind Beispiele für die Sprache als Weltansicht (Wilhelm von Humboldt) (vgl. im Folgenden Tripolina 2017).

- **Abbiocco** (italienisch): Die plötzliche Schläfrigkeit nach dem Verzehr einer üppigen Mahlzeit (10)
- **Ah-un** (japanisch): Unausgesprochene Kommunikation zwischen engen Freunden (ebd.)
- **Arbejdsglaede** (dänisch): Freude und Zufriedenheit, die durch Arbeit erreicht wird (12)
- **Arriviste** (französisch): Ein ambitionierter Aufsteiger, der dabei auch zu rücksichtlosen Mitteln greift (12)
- **Bayanihan** (Tagalog/Filipino): Kooperatives Bestreben im Dienst eines gemeinsamen Ziels (16)
- **Bon vivant** (französisch): Jemand, der das angenehme Leben genießt und schätzt (19)
- **Coup de foudre** (französisch): Plötzliche und kraftvolle Liebe auf den ersten Blick (25)
- **Curglaff** (gälisch): Das schockierende und belebende Gefühl, plötzlich in kaltes Wasser einzutauchen (ebd.)
- **Cynefin** (walisisch): Die Beziehung, die man zu dem Ort hat, in dem man geboren wurde und sich zu Hause fühlt (ebd.)

- **Dor** (rumänisch): Sehnsucht nach einer Person, einem Ort oder einer Sache, die außerhalb der Reichweite ist und die man sehr liebt (31)
- **ДУША** (Duscha) (russisch): Das innere Herz und die Seele (ebd.)
- **ευδαιμονία** (griechisch): Häufig übersetzt mit Glückseligkeit, meint es jedoch die tiefste Form der Erfüllung, oft verbunden mit einem erfüllenden Arbeits- und Liebesleben (35). *ευδαιμονία* ist ein zentraler Begriff der Philosophie von Aristoteles.
- **Feierabendstimmung** (deutsch): Festliche Stimmung, die am Ende eines Arbeitstags entsteht (38)
- **Fernweh** (deutsch): Der Ruf von weit entfernten Orten, Sehnsucht nach dem Unbekannten (39)
- **Fika** (schwedisch): Eine traditionelle Pause während der Arbeit, um einen Kaffee oder ein anderes Getränk zu trinken (ebd.)
- **Flâneur** (französisch): Jemand, der gemächlich durch die Straßen schlendert, um die Stadt zu erleben (40)
- **Frimousse** (französisch): Ein süßes, kleines Gesicht (41)
- **Friluftsliv** (norwegisch): Leben im Einklang mit der Natur (43)
- **Fylleangst** (norwegisch): Ein moralischer Kater; Furcht davor, was man während eines betrunkenen Blackouts getan hat (43)
- **Geborgenheit** (deutsch): Das Gefühl, geschützt und sicher zu sein (46)
- **Gelassenheit** (deutsch): Selbsthingabe, Entspanntheit im Hinblick auf ein in der Zukunft liegendes Ereignis (ebd.)
- **Gemütlichkeit** (deutsch): Ein Gefühl von Komfort, Behaglichkeit und Wohnlichkeit (47)
- **Gluggaveður** (isländisch): „Fensterwetter", wenn das Wetter durchs Fenster gut aussieht, es in Wirklichkeit aber nicht ist (49)
- **Habseligkeiten** (deutsch): Kostbare und persönlich wichtige Besitztümer (54)
- **Hedersman** (norwegisch). Ein ehrlicher Mann mit großer Integrität (55)
- **Hygge** (dänisch/norwegisch): Ein tiefes Gefühl für einen Ort, Wärme, Freundschaft und Zufriedenheit (57), Wohnlichkeit, Traulichkeit, Wohnlichkeit, gemütliche Atmosphäre (dänisches Wörterbuch)
- **Inschalllah** (arabisch): Hoffnungsvoller Wunsch, den Gott erfüllen möge (61)
- **Inuuqatigiittiarnig** (Inuit): Respektvoll gegenüber allen Menschen" (ebd.)
- **Kairos** (griechisch): Der günstigste Zeitpunkt für eine Entscheidung, dessen ungenutztes Verstreichen nachteilig sein kann (68)
- **Kalsarikännit** (finnisch): Sich zu Hause in der Unterhose betrinken und keine Anstalten machen, das Haus zu verlassen (ebd.)

- **Kilig** (Tagalog): Gefühl von Schmetterlingen im Bauch, das entsteht, wenn man jemanden liebt oder anziehend findet (71)
- **Kitsch** (deutsch): Objekte oberflächlicher Schönheit, die unnütz und überladen sind, aber dennoch geschätzt werden (73)
- **Koev halev** (hebräisch): Empathie, tiefes Mitgefühl mit dem Leid anderer (ebd.)
- **Kummerspeck** (deutsch): Das Gewicht, das man zulegt, wenn man zu viel isst, weil man traurig ist (75)
- **Lebenslüge** (deutsch). Eine Lüge, die man sich selbst erzählt, um das Leben erträglicher zu machen (78)
- **Lekker** (niederländisch): Lekker Essen, entspannt, komfortabel, angenehm, sexy (ebd.)
- **Manaakitanga** (Maori): Gastfreundschaft, Freundschaft, Güte, Unterstützung, Respekt und Fürsorge für andere (83)
- **Mantra** (Sanskrit): Geistiges Werkzeug, ein Wort, eine Phrase oder ein Ton, auf den man sich in der Meditation konzentrieren kann (84)
- **Mepak** (serbisch): Vergnügen an einfachen Sachen finden (86)
- **Mirkkis** (finnisch): Ein moralischer Kater; Verlegenheit und Scham über die betrunkenen Possen der vergangenen Nacht (88) (siehe Fylleangst)
- **Mysa** (schwedisch): Es gemütlich haben, kuscheln (89)
- **Nachlass** (deutsch): Sammlung von Werken, die ein*e Gelehrte*r nach ihrem*seinem Tod hinterlässt (92), englische Übersetzung: unpublished works
- **Namus** (türkisch): Ehre, Keuschheit, Anstand und Tugend (93)
- **Nunchi** (koreanisch): Die seltene Kunst des Zuhörens und die Fähigkeit, die Gefühle von anderen zu lesen (95)
- **Nyaka** (Bengali): Geheimnistuerisch, Ignoranz vortäuschend (oft abwertend verwendet) (ebd.)
- **On** (japanisch): Das Gefühl, man sei bei jemandem moralisch verschuldet (in Bezug auf einen Gefallen) (98)
- **Petta redast** (isländisch): Es wird alles klappen (wird vor allem verwendet, wenn die Dinge nicht optimistisch aussehen) (105)
- **Pihentagyú** (ungarisch): Schlagfertig und scharfsinnig sein (106)
- **Pisanzapra** (malaysisch): Die Zeit, die man benötigt, um eine Banane zu essen (108)
- **Sambo** (schwedisch): Ein unverheiratetes Paar, das zusammenlebt (120)
- **Savoir-vivre** (französisch): Wissen, wie man leben soll (besonders elegant), Vertrautheit mit Normen und Sitten (122)

- **Schnapsidee** (deutsch): Lächerlicher Plan, der häufig nach Alkoholkonsum entstand (in der Regel abwertend verwendet) (ebd.)
- **Sehnsucht** (deutsch): Intensives inneres Verlangen nach jemanden oder etwas (ebd.)
- **Sigurista** (Tagalog): Jemand, der etwa nur dann tut, wenn das (positive) Ergebnis vorher feststeht (ebd.)
- **Sitzfleisch** (deutsch): Die Bereitschaft, Aufgaben zu erledigen, die schwer oder langwierig sind (125)

Seltsame Sprachen

Harald Haarmanns Buch „Die seltsamsten Sprachen der Welt“ (2021) belegt sowohl eindeutig die sprachphilosophischen Erkenntnisse von Wilhelm von Humboldt zu Sprache als Weltansicht und als auch Guy Deutschers Ideen von Sprache als Spiegel der Kultur. Hier zwei Beispiele:

Das Gespür der Saamen für Schnee

Oft wird behauptet, dass die Inuit viele verschiedene Wörter für Schnee haben, aber das stimmt nicht. Viel bedeutender sind für sie Kenntnisse der Eisverhältnisse, „denn es war absolut wichtig zu wissen, ob die Eisdecke dünn und brüchig oder fest und stabil war, wenn der Jäger sich auf dem Schelfeis vor der Küste an das Jagdtier im wahrsten Sinne des Wortes heranrobbte‘“ (70).

Dagegen haben die Saamen im hohen Norden Europas eine hochdifferenzierte Schneeterminologie. Ihr Siedlungsgebiet ist auf die vier Staaten Norwegen, Schweden, Finnland und Russland verteilt. Hier einige Beispiele (vgl. ebd., 73 f.): *čaerga* „dünner harter Schnee“, *kamadoh* „im Frühjahr gefallener Schnee, der leicht bricht“, *muovla* „sehr weicher Schnee, in den jemand einsinkt, der sich auf Skiern bewegt“, *seeli* „Schnee, der vollkommen weich ist“, *kolšša* „harte und rutschige Schneedecke“, *šleätta* „weicher, nasser Schnee“, *šohma* „Schneematsch auf dem Eis eines Flusses oder Sees“, *šolkka* „Schnee, den die Hufe der Rentiere hart gepresst haben“.

Das Khmer und die hundert Arten, „ich“ zu sagen

Khmer ist die Amtssprache Kambodschas und die Erstsprache der Khmer. Die verschiedenen Formen von „Ichs“ drücken die Unterschiede im Sozialstatus der Sprechenden und der Angeredeten aus (vgl. ebd., 116 f.): *Khnomkaruna* ‚ich‘ als sehr höfliche Form, insbesondere im Umgang mit Mönchen, *khnomba:t* ‚ich‘ nur von Mönchen gebraucht, *an* ‚ich‘ als familiäre Sprache von Älteren gegenüber

Jüngeren, *jen khnom* als ‚ich' gebraucht von einer Person, die als Repräsentant*in auftritt. Diese sprachlichen Statusmarkierungen spiegeln eine historische Entwicklung.

> Für Kambodschaner war nicht die Zugehörigkeit zu einer sozialen Gruppe entscheidend, die ihrerseits einen bestimmten Rang in der gesellschaftlichen Hierarchie einnahmen, sondern seine eigene individuelle Positionierung gegenüber anderen Individuen. Wichtig für den Einzelnen war das Streben nach Patronat, um Sicherheit im Umkreis einer Person mit Status zu finden. (ebd., 117)

Redensarten in europäischen Sprachen

Die Sprache als Spiegel der Kultur (Deutscher) und damit auch der Weltansichten (von Humboldt) erkennt man auch an Sprichwörtern und Redensarten, die in den Sprachen verschiedenartig wiedergegeben werden (vgl. Baum 2005 und Röhrich 1991). Was genau ist ein Sprichwort? **Miguel de Cervantes** (1547–1616) liefert eine einfache und präzise Antwort auf diese Frage: „Ein Sprichwort ist ein kurzer Satz, der sich auf lange Erfahrung gründet".

Das soll aber nicht heißen, dass Sprichwörter in europäischen Sprachen identisch sind, es handelt sich mehr um „Multiplex unitas" (Morin 1987/1991, 19), also Vielfalt in der Einheit. Was genau das bedeutet, werden die folgenden Beispiele zeigen Nowak 2022).

Eulen nach Athen

Das Sprichwort „Eulen nach Athen tragen" taucht erstmals in der satirischen Komödie „*Ορνιθες*" („Die Vögel") des griechischen Komödiendichters **Aristophanes** (um 445 bis 386 v. Chr.) auf, der sich über seine Heimatstadt Athen lustig machte: Eine Eule fliegt herbei, und es wird gefragt: „*Τις λαυκ Αθήναζ ήγαγε*", „Wer hat die Eule nach Athen gebracht", wo es doch dort schon so viele gibt (Röhrich 1991, 404). Dieses Sprachbild ist über die Römer – „ululas Athenas" – auch ins Deutsche und in andere Sprachen kulturell übertragen worden:

Niederländisch: „*uilen naar Athene dragen*"

Schwedisch: „*bära ugglar till Aten*"

Die dahinterstehende Bedeutung dieser Redensart findet sich auch in weiteren europäischen Sprachen wieder, allerdings werden andere Bilder zur Veranschaulichung verwendet:

Albanisch: „*rreh ujë në havan*", d. h. Wasser im Mörser schlagen

Dänisch: *„give bagerbørn hvedebrød"*, d. h. dem Bäckerskind Weißbrot geben

Englisch: *„carry coals to Newcastle"*, d. h. Kohle nach Newcastle bringen (früher wurde in Newcastle viel Kohle abgebaut)

Französisch: *„porter du bois à la forêt"*, Holz in den Wald bringen

Italienisch: *„portare acqua al mare"*, Wasser ins Meer bringen

Norwegisch: *„gå over beeken etter vann"*, über einen Bach zum Wasser gehen

Spanisch und Portugiesisch: *„vender miel al colmenero"* bzw. *„vender mel ao colmeeiro"*, dem Imker Honig verkaufen

Türkisch: *„tereciye tere satmak"*, dem Kresseverkäufer Kresse verkaufen

Eier, Erbsen oder Wassertropfen

Im Deutschen kennen wir die Redensart „sich gleichen wie ein Ei dem anderen" In vielen europäischen Sprachen gibt es andere Bilder, die den gleichen Sinn ausdrücken:

Englisch: „to be as like as two peas in a pod", also sich so ähnlich sein wie zwei Erbsen in einer Schote.

In den nachfolgend aufgezählten Sprachen sind es zwei Wassertropfen, die sich ähneln:

Französisch: *„se ressembler comme deux gouttes d'eau"*

Italienisch: *„assomigliarsi come due gocce d'acqua"*

Niederländisch: *„als twee druppels water op elkar lijken"*

Portugiesisch: *„ser tal qual como duas gotas de água"*

Spanisch: *„se parecen como dos gotas de agua"*

Im Gänsemarsch

Da Gänse oft in einer Reihe hintereinandergehen, hat sich der Begriff des Gänsemarschs im 19. Jahrhundert in der deutschen Sprache eingebürgert. So heißt es im Grimm'schen Wörterbuch (Grimm 1991, Bd. 4, 1275): „im scherze machen denn auch junge leute gänsemarsch, und so ist das wort in den 30er Jahren in gang gekommen, vielleicht durch die studenten in leipzig, wo denn ehrsame bürger damit geärgert wurden, indem man einen zum unfreiwilligen führer des marsches nahm".

Die Spanier und Portugiesen nahmen – nach der Entdeckung Amerikas 1492 – das Verhalten der indigenen Bevölkerung als sprachliches Bild für den Gänsemarsch, nämlich in „indianischer Reihe“: Spanisch **in fila india**, Portugiesisch **em fila indiana**, amerikanisches Englisch **Indian file** statt britischem Englisch **in single file.**

Mit seinem Latein am Ende sein

Wenn jemand mit seinem Latein am Ende ist, dann heißt das, dass er nicht mehr weiterweiß, d. h. sich keinen Rat mehr weiß. Latein war im Mittelalter die Sprache der Kirche und der Wissenschaft; an Universitäten wurde ausschließlich auf Latein gelehrt. Das Sprichwort lautet in anderen Sprachen wie folgt:

Die Italiener sagen: *non sapere più che pesci pigliare*, nicht mehr wissen, welche Fische man fangen soll.

Die Portugiesen sagen: *chegar ao fim da sua ciência*, an das Ende seiner Wissenschaft kommen.

Die Türken sagen: *hoşafinin yağı kesilmek*, das Fett der Kaltschale (des Kompotts) wird ranzig.

Deutsches versus französisches Kulturverständnis

„Das kommt mir Spanisch vor“ versus „ne pas être catholique“ („etwas zwielichtig, undurchsichtig, nicht ganz sauber sein“). Die deutsche Redewendung, dass etwas merkwürdig bzw. komisch ist, hat folgenden historischen Hintergrund: „Die Wendung geht wohl auf die Zeit zurück, als Karl I., ein Spanier, die deutsche Kaiserkrone trug, und die Deutschen spanische Mode, spanische Sitten und Gebräuche kennenlernten, die ihnen fremdartig und seltsam vorkamen“ (Duden I 1992, 670).

Fazit: Figurationsanalyse von Sprache und Weltansicht bzw. Kultur

Diese Ausführungen im 11. Kapitel dienen als Beleg für den Zusammenhang von Sprache und Weltansicht (Wilhelm von Humboldt) bzw. für die Annahme, dass Sprache als Spiegel der Kulturen fungiert (Guy Deutscher). Daher ist die Übersetzung, insbesondere eines Romans, aus einer anderen Sprache und Kultur ins Deutsche eine schwierige Aufgabe, denn Übersetzer*innen müssen nicht nur die Sprache an sich verstehen, sondern auch die Kultur kennen.

12. Schlussbetrachtung: Figuratives Netzwerkmodell der Sprache als Macht

Sprache und Macht sind eng miteinander verwoben, und zwar nicht nur theoretisch auf der wissenschaftlichen Erkenntnisebene, sondern auch in der alltäglichen Praxis im Gebrauch der Sprache. Es geht um Machterhalt und Machtgewinnung und auch um die Diffamierung politischer Gegner*innen; Sprache wird zur Diskriminierung von Menschen genutzt, insbesondere von Frauen und Minderheiten. Die in der Einleitung dargestellte Figurationsanalyse kann am Ende aller Kapitel zu einem figurativen Modell als Netzwerk aller analytischen Bausteine der Sprache als Macht zusammengefügt werden. Es geht um acht Elemente:

1. Sprecher*in hat **Machtstreben**, entweder zu behalten und zu gewinnen.
2. **Denken**, wie man es machen sollte
3. **Emotionen** sollen Gefühle bei den Bürger*innen auslösen
4. **Visualisierungen** und **Narrative** sollen die Bürger*innen überzeugen
5. Politisches **Framing** in sprachlichen Zusammenhängen zur Gestaltung von Politik
6. **Sprache** als Instrument der Umsetzung
7. Gesellschaftliche **Konstruktion der sozialen Wirklichkeit**
8. **Machteinfluss** ausüben

Dieses Sprache-Macht-Netzwerk ist sehr engmaschig, denn alle acht analytischen Elemente bedingen sich wechselseitig, d.h. das Netzwerk ist hochkomplex.

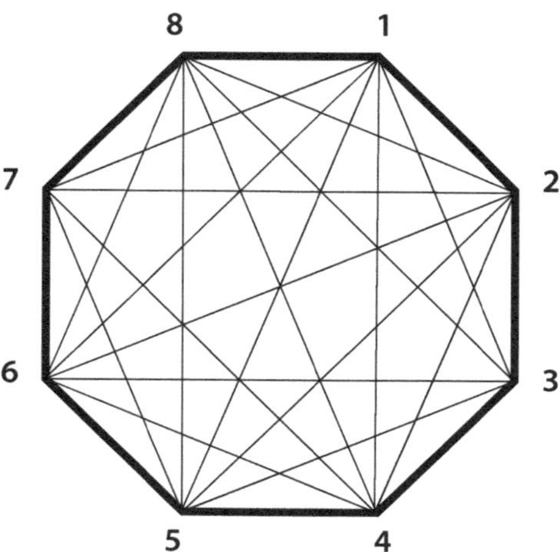

Literatur

Achse des Guten (o. J.): Unsere Liste der Guten. Online unter: https://www.achgut.com/ sowie https://www.achgut.com/autoren

Agencia Estatal Boletín Oficial del Estado (o. J.): Die Spanische Verfassung. Online unter: https://www.boe.es/legislacion/documentos/ConstitucionALEMAN.pdf

Amann, Melanie (2018): E-Mail bringt AfD-Mann in Erklärungsnot. In: Der Spiegel, Artikel v. 10.02. Online unter: https://www.spiegel.de/politik/deutschland/peter-boehringer-e-mail-bringt-afd-mann-in-erklaerungsnot-a-1192686.html

am Orde, Sabine (2019): Nachfolger Gaulands als AfD-Chef: Das harmlose Gesicht. In: die tageszeitung, Artikel v. 01.12. Online unter: https://taz.de/Nachfolger-Gaulands-als-AfD-Chef/!5641426/

Apel-Jösch, Vera (2020): Leichte Sprache. Barrierefreie Kommunikation in helfenden und beratenden Berufen. Norderstedt

Aral, Sinan Kayhan (2020): The Hype Machine. How Social Media Disrupts Our Elections, Our Economy and Our Health – and How We Must Adapt. London

Arendt, Hannah (152017): Vita activa oder Vom tätigen Leben. München/Zürich

Arendt, Hannah (272019): Macht und Gewalt. München

Aristoteles (1995): Politik. In: Ders.: Philosophische Schriften in sechs Bänden. Bd. 4. Hamburg

Aristoteles (2018): Rhetorik. Griechisch/Deutsch. Ditzingen

Austin, John Langshaw (2019): Zur Theorie der Sprechakte (How to do things with Words). Ditzingen

Bauer, Ullrich/Hurrelmann, Klaus (132020): Einführung in die Sozialisationstheorie. Das Modell der produktiven Realitätsverarbeitung. Weinheim/Basel

Baum, Franziska (2005): Europäische Sprichwörter und sprichwörtliche Redensarten. Bachelorarbeit. Katholische Hochschule Eichstätt-Ingolstadt. Online unter: http://www1.ku-eichstaett.de/SLF/EngluVglSW/schule28.pdf

Baumgarten, Christoph (2016): Scharf rechts abgebogen. In: die tageszeitung, Artikel v. 25.08. Online unter: https://taz.de/Weblog-Die-Achse-des-Guten/!5330795/

Beauvoir, Simone de (2007): Das andere Geschlecht. Sitte und Sexus der Frau. Reinbek b. Hamburg

Beck, Ulrich (1986): Risikogesellschaft. Auf dem Weg in eine andere Moderne. Frankfurt/M.

Bender, Justus (2017): Gauland: Özoguz in Anatolien entsorgen. In: Frankfurter Allgemeine Zeitung, Artikel v. 28.08. Online unter: https://www.faz.net/aktuell/politik/bundestagswahl/afd-alexander-gauland-traeumt-von-entsorgung-aydan-oezoguz-15171141.html

Berger, Peter L./Luckmann, Thomas (232010): Die gesellschaftliche Konstruktion der Wirklichkeit. Eine Theorie der Wissenssoziologie. Frankfurt/M.

Bertram, Georg W. (2011): Sprachphilosophie zur Einführung. Hamburg

Beyme, Klaus von (1984): Die politischen Theorien der Gegenwart. Eine Einführung. Überarbeitete Neuausgabe. München/Zürich

Bezzel, Chris (1988): Wittgenstein zur Einführung. Hamburg

Bibel (1999) nach der Übersetzung Martin Luthers. Stuttgart

BMFSFJ (Bundesministerium für Familie, Senioren, Frauen und Jugend) (Hg.) (132019): Mütter des Grundgesetzes. Online unter: https://www.bmfsfj.de/blob/jump/94392/muetter-grundgesetz-data.pdf

Böhmermann, Jan (2021): ZDF Magazin Royale. In ZDF-Mediathek, Sendung v. 18.02. Online unter: https://www.zdf.de/comedy/zdf-magazin-royale/zdf-magazin-royale-vom-12-februar-2021-100.html

Bosetti, Sarah (22020): „Ich habe nichts gegen Frauen, du Schlampe!“. Mit Liebe gegen Hasskommentare. Hamburg

Bourdieu, Pierre (1992): Die verborgenen Mechanismen der Macht. Hamburg

Bourdieu, Pierre (91997): Die feinen Unterschiede. Kritik der gesellschaftlichen Urteilskraft. Frankfurt/M.

Bourdieu, Pierre (2014): Über den Staat. Vorlesungen am Collège de France 1989-1992. Hg. v. Patrick Champagne et al. Berlin

Bourdieu, Pierre (42016): Sozialer Raum und „Klassen“. Leçon sur la Leçon. Zwei Vorlesungen. Frankfurt/M.

BpB (Bundeszentrale für politische Bildung) (o. J.): Ius sanguinis. In: Glossar Migration – Integration – Flucht & Asyl. Online unter: https://www.bpb.de/nachschlagen/lexika/270377/ius-sanguinis

BpB (Bundeszentrale für politische Bildung) (2020): Vor 30 Jahren: Nelson Mandela wird aus der Haft entlassen. Online unter: https://www.bpb.de/politik/hintergrund-aktuell/305010/nelson-mandela

BR Bayern2 (2007): Geschichte des Eigentums. https://www.br.de/radio/bayern2/sendungen/radiowissen/ethik-und-philosophie/eigentum-segen-fluch-thema100.html#:~:text=Erste%20Hinweise%20auf%20Eigentums%2D%20oder,Jahrtausend%20vor%20Christus

Brandt, Willy (1970): Fernsehansprache aus Warschau zum deutsch-polnischen Vertrag, 7. Dezember 1970. In: Willy Brandt Online Biografie. Online unter: https://www.willy-brandt-biografie.de/quellen/bedeutende-reden/fernsehansprache-aus-warschau-zum-deutsch-polnischen-vertrag-7-dezember-1970/

Bundespräsidialamt (1985): Rede von Richard von Weizsäcker im Bundestag. Online unter: https:/www.bundespraesident.de/SharedDocs/Reden/DE/Richard-von-Weizsaecker/Reden/1985/05/19850508_Rede.html

Burkhardt, Armin (1998): Deutsche Sprachgeschichte und politische Geschichte. In: Besch, Werner (Hg.): Sprachgeschichte. Ein Handbuch zur Geschichte der deutschen Sprache und ihrer Erforschung. 2., vollständig neu bearbeitete und erweiterte Auflage. 1. Teilband. Berlin, S. 98–122

Butler, Judith (62018): Hass spricht. Zur Politik des Performativen. Frankfurt/M.

Butler, Judith (102019): Psyche der Macht. Das Subjekt der Unterwerfung. Frankfurt/M.

Butter, Michael (42020): „Nichts ist, wie es scheint“. Über Verschwörungstheorien. Berlin

BVerfG (Bundesverfassungsgericht) (2010): Urteil des Ersten Senats vom 09. Februar 2010 – 1 BvL 1/09 -, Rn. 1-220, Online unter: http://www.bverfg.de/e/ls20100209_1bvl000109.html

Cassirer, Ernst (1931): Die Sprache und der Aufbau der Gegenstandswelt. Vortrag in Hamburg. In: Bermes, Christian (Hg.): Sprachphilosophie. Freiburg/Br./München, S. 121–142

Cassirer, Ernst (2010): Philosophie der symbolischen Formen. Erster Teil: Die Sprache. Hamburg

Churchill, Winston (1940a): Blood, Toil, Tears and Sweat. In: International Churchill Society: Speeches. 1940: The Finest Hour (ca, ab Min. 3:27). Online unter: https://winstonchurchill.org/resources/speeches/1940-the-finest-hour/blood-toil-tears-sweat/

Churchill, Winston (1940b): Their Finest Hour. In: International Churchill Society: Speeches. 1940: The Finest Hour. Online unter: https://winstonchurchill.org/resources/speeches/1940-the-finest-hour/their-finest-hour/

Churchill, Winston (1940c): The Few: In: International Churchill Society: Speeches. 1940: The Finest Hour. Online unter: https://winstonchurchill.org/resources/speeches/1940-the-finest-hour/the-few/

Cicero, Marcus Tullius 1976: De oratore. Über den Redner. Lateinisch/Deutsch. Übersetzt und herausgegeben von Harald Merklin. Stuttgart

CompactTV (2017): Dresdner Gespräche mit Björn Höcke. In: YouTube, Video v. 17.01. Online unter: https://www.youtube.com/watch?v=sti51c8abaw&t=4320s

C&M Hilfeforum (2019): Genauso sieht unsere Zukunft aus. https://t.ress.at/kzt62

Destatis (Statistisches Bundesamt) (o. J.): Migration und Integration: Migrationshintergrund. Online unter: https://www.destatis.de/DE/Themen/Gesellschaft-Umwelt/Bevoelkerung/Migration-Integration/Glossar/migrationshintergrund.html

Detering, Heinrich (2019): Was heißt hier „wir"? Zur Rhetorik der parlamentarischen Rechten. 6., durchgesehene und bibliographisch ergänzte Auflage. Ditzingen

Detjen, Marion (2020): „Wir schaffen das" oder „revolutionäres Bewusstsein"? Überlegungen zur Willkommenskultur 2015. In: Aus Politik und Zeitgeschichte 30–32. Online unter: https://www.bpb.de/apuz/312830/ueberlegungen-zur-willkommenskultur-2015

Deutscher Bundestag (2018): Stenografischer Bericht. 32. Sitzung. Berlin, Mittwoch, den 16. Mai 2018. Plenarprotokoll 19/32. Online unter: https://dserver.bundestag.de/btp/19/19032.pdf

Deutscher, Guy (32011): Im Spiegel der Sprache. Warum die Welt in anderen Sprachen anders aussieht. München

Die Republikaner (2022): https://de.wikipedia.org/wiki/Die_Republikaner

Die Zeit (1963): Die Zeit, 01.03.1963. Online unter: https://www.zeit.de/1963/09/das-pferde-plagiat.

Diehl, Charlotte/Rees, Jonas/Bohner, Gerd (2014): Die Sexismus-Debatte im Spiegel wissenschaftlicher Erkenntnisse. In: Aus Politik und Zeitgeschichte, 8. Online unter: https://www.bpb.de/system/files/dokument_pdf/APuZ_2014-08_online_0.pdf (Zugriff am 30.09.2020)

Digitales Wörterbuch der deutschen Sprache (o. J.): Algorithmus. Online unter: https://www.dwds.de/wb/Algorithmus

Dorloff, Axel (2017): Sozialkredit-System China auf dem Weg in die IT-Diktatur. In: Deutschlandfunk, Beitrag vom 09.09. Online unter: https://www.deutschlandfunk.de/sozialkredit-system-china-auf-dem-weg-in-die-it-diktatur-100.html

Duden I (1992): Redewendungen und sprichwörtlich Redensarten. Wörterbuch der deutschen Idiomatik. Mannheim/Leipzig/Wien/Zürich

Duden FW (2007): Das große Fremdwörterbuch. Herkunft und Bedeutung der Fremdwörter. 4., aktualisierte Auflage. Herausgegeben und bearbeitet v. Wissenschaftlichen Rat der Dudenredaktion. Mannheim/Leipzig/Wien/Zürich

Duden R (2020): Die deutsche Rechtschreibung. 28., völlig neue bearbeitete und erweiterte Auflage. Hg. v. der Dudenredaktion. Duden Bd. 1. Berlin

Eagleton, Terry (2000): Ideologie. Eine Einführung. Stuttgart/Weimar

Eisleben, Johannes (2018): Die anonyme Ideologie. In: Die Achse des Guten, Artikel v. 26.02. Online unter: https://www.achgut.com/artikel/die_anonyme_ideologie

Eisleben, Johannes (2019a): Multikulti scheitert wirtschaftlich In: Die Achse des Guten, Artikel v. 27.06. Online unter: https://www.achgut.com/artikel/multikulti_scheitert_wirtschaftlich

Eisleben, Johannes (2019b): Die prä-revolutionäre Herrschaft Angela Merkels In: Die Achse des Guten, Artikel v. 13.12. Online unter: https://www.achgut.com/artikel/die_prae_revolutionaere_herrschaft_angela_merkels

Eisleben, Johannes (2020): Die Sozialsysteme gehen in die Knie. Die Achse des Guten, Artikel v. 20.05. Online unter: https://www.achgut.com/artikel/die_sozialsysteme_gehen_in_die_knie

Elberfeld, Rolf (22013): Sprache und Sprachen. Eine philosophische Grundlegung. Freiburg/Br./München

Elias, Norbert (1976): Über den Prozeß der Zivilisation. Soziogenetische und psychogenetische Untersuchungen. Zweiter Band. Wandlungen der Gesellschaft. Entwurf zu einer Theorie der Zivilisation. Frankfurt/M.

Elias, Norbert (1987): Die Gesellschaft der Individuen. Frankfurt/M.

Elias, Norbert/Scotson John L. (1990): Etablierte und Außenseiter. Frankfurt/M.

Emcke, Carolin (22019): Gegen den Hass. Frankfurt/M.

Erhard, Ludwig (2009): Wohlstand für Alle. Köln. Online unter: https://www.ludwig-erhard.de/wp-content/uploads/wohlstand_fuer_alle.pdf

Euchner, Walter (1995): Ideologie. In: Nohlen, Dieter/Schultze, Rainer-Olaf (Hg.): Lexikon der Politik. Bd. I. Politische Theorien. München, S. 192–195

Fackelmann, Bettina (2014): Legitim? Herrschaft durch Sprache in Politik und Wissenschaft. In: Aus Politik und Zeitgeschichte, 9–11. Online unter: https://www.bpb.de/apuz/179349/sprache-in-politiik-und-wissenschaft (Zugriff am 30.09.2020)

Fischer, Steven Roger (2001): Eine kleine Geschichte der Sprache. Frankfurt/M./New York

Flam, Helena (2002): Soziologie der Emotionen. Eine Einführung. Konstanz

Flashar, Hellmut (2013): Aristoteles. Lehrer des Abendlandes. München

Freise, Josef (2005): Interkulturelle Soziale Arbeit. Theoretische Grundlagen – Handlungsansätze – Übungen zum Erwerb interkultureller Kompetenz. Schwalbach/Ts.

Foucault, Michel (2016): Überwachen und Strafen. Die Geburt des Gefängnisses. Frankfurt/M.

Funke, Hajo (2019): AfD – Gefährlicher als die NPD/Jede AfD-Stimme ist verschenkt! Hintergrundinformationen zu den Landtagswahlen. Beitrag v. 10.08. Online unter: https://hajofunke.wordpress.com/2019/08/10/funke-afd-gefahrlicher-als-die-npdjede-afd-stimme-ist-verschenkt-hintergrundinformation-zu-den-landtagswahlen/

Fürst, Roland/Hinte, Wolfgang (Hg.) (2019): Sozialraumorientierung. Ein Studienbuch zu fachlichen, institutionellen und finanziellen Aspekten. 3., aktualisierte Auflage. Wien

Gablers Wirtschaftslexikon (2022): http://www.wirtschaftslexikon24.com/d/regelkreis/regelkreis.htm#:~:text=Ein%20Regelkreis%20ist%20ein%20Modell,Informationen%20(Stellglieder%20im%20Sinne%20von 8

Galtung, Johan (1975): Strukturelle Gewalt. Beiträge zur Friedens- und Konfliktforschung. Reinbek bei Hamburg

Gandhi, Mahatma (1942): Quit India. Online unter: https://www.mkgandhi.org/speeches/qui.htm

Garcia, Manon (2021): Wir werden nicht unterwü2918rfig geboren. Wie das Patriarchat das Leben von Frauen bestimmt. Berlin

Gauland, Alexander (2018): Rede auf dem Kyffhäusertreffen 2018. In: www.youtube.com/watch?v=IHGeX55vd00 (Zugriff am 14.11.2018)

Georges, Karl-Ernst (2013): Der Neue Georges. Ausführliches lateinisch-Deutsches Handwörterbuch. 8. Auflage. Darmstadt

Gehlen, Dirk von (2020): Meme: Digitale Bildkulturen. Berlin

Geißler, Heiner (72003): Was würde Jesus heute sagen? Die politische Botschaft des Evangeliums. Berlin

Gemoll, Wilhelm/Vretska, Karl (2006): GEMOLL. Griechisch-deutsches Schul- und Handwörterbuch. 10., völlig neu bearbeitete Auflage. München

Gerhards, Jürgen (1988): Soziologie der Emotionen. Fragestellungen, Systematik und Perspektiven. Weinheim/München

Götzinger, Christian (2013): Euphemismen in der politischen Sprache. Eine Untersuchung ihrer Verwendung und Übernahme durch die Presse, sowie ihrer öffentlichen Wahrnehmung. Wissenschaftliche Hausarbeit an der Technischen Universität Darmstadt. Institut für Sprach- und Literaturwissenschaft. Online unter: https://www.linglit.tu-darmstadt.de/media/linglit/mitarbeitende/janich/abschlussarbeiten/Goetzinger_LaG.pdf

Gräf, Sarah/Pürckhauer, Andrea (2020): Alternativen zum „Migrationshintergrund". In: Mediendienst Integration, Beitrag v. 22.04. Online unter: https://mediendienst-integration.de/artikel/alternativen-zum-migrationshintergrund.html

Grimm, Jacob und Wilhelm (1991): Deutsches Wörterbuch. Bd. 4. München

Grothüschen, Anke, Buddeberg, Klaus (Hg.) 2020: Leo 2018 – Leben mit geringer Literalität. Bielefeld

Grunwald, Armin (2019): Der unterlegene Mensch. Die Zukunft der Menschheit im Angesicht von Algorithmen, künstlicher Intelligenz und Robotern. München

Gümüşay, Kübra (72020): Sprache und Sein. München

Haarmann, Harald (2010): Weltgeschichte der Sprachen: Von der Frühzeit des Menschen bis zur Gegenwart. 2., durchgesehene Auflage. München

Haarmann, Harald (2021): Die seltsamsten Sprachen der Welt. Von Klicklauten und hundert Arten, „ich" zu sagen. München

Habermas, Jürgen (1971): Vorbereitende Bemerkungen zu einer Theorie der kommunikativen Kompetenz. In: Habermas, Jürgen/Luhmann, Niklas: Theorie-Diskussion. Theorie der Gesellschaft oder Sozialtechnologie – Was leistet die Systemforschung? Frankfurt/M., S. 101–141

Habermas, Jürgen (1981): Philosophisch-politische Profile. Frankfurt/M.

Habermas, Jürgen (1992): Faktizität und Geltung. Beiträge zur Diskurstheorie des Rechts und des demokratischen Rechtsstaats. Frankfurt/M.

Hammerstein, Katrin/Hofmann, Birgit (2015): „Wir […] müssen die Vergangenheit annehmen". Richard von Weizsäckers Rede zum Kriegsende 1985. In: Deutschland Archiv, Beitrag v. 18.12. Online unter: www.bpb.de/217619 (Zugriff am 13.06.2020)

Harari, Yuval Noah (2019): Homo Deus. Eine Geschichte von morgen. 10., durchgesehene Auflage. München

Harari, Yuval Noah (2020): The world after Corona. In: Financial Times, Artikel v. 20.03. Online unter: https://www.ft.com/content/19d90308-6858-11ea-a3c9-1fe6fedcca75

Heberer, Thomas/Müller, Arnim (2020): Entwicklungsstaat China. Politik, Wirtschaft, sozialer Zusammenhalt und Ideologie. Studien der Friedrich-Ebert-Stiftung. Berlin. Online unter: https://library.fes.de/pdf-files/iez/16040.pdf

Heidegger, Martin (1986): Sein und Zeit. Tübingen

Heidegger, Martin (1990): Die Sprache. In: Bermes, Christian (Hg.): Sprachphilosophie. Freiburg/Br./München. S. 167–186

Heine, Heinrich (1960): Gesammelte Werke in zwei Bänden. Hg. v. Hans Martin Elster. Zweiter Band: Versepen Prosa. Bielefeld

Heine, Matthias (2019): Verbrannte Wörter. Wo wir noch reden wie die Nazis – und wo nicht. Berlin

Heitmeyer, Wilhelm/Freiheit, Manuela/Sitzer, Peter (2020): Rechte Bedrohungsallianzen. Signaturen der Bedrohung II. Berlin

Hemmersmeier, Jan (2020): Amazons Fitnessarmband Halo. Die Vermessung des Kunden. In: Spiegel Netzwelt. https://www.spiegel.de/netzwelt/gadgets/fitnessarmband-halo-von-amazon-die-vermessung-des-kunden-a-344d307e-4ee8-4157-940d-fa9839828d4d

Herb, Karlfriedrich (2008): Machtfragen. Vier philosophische Antworten. Über Machiavelli, Hobbes, Arendt und Foucault. In: Die politische Meinung, Nr. 459, Februar, S. 68–76. Online unter: https://www.kas.de/de/web/die-politische-meinung/artikel/detail/-/content/machtfragen.-vier-philosophische-antworten

Herbert, Ulrich (1986): Fremdarbeiter. Politik und Praxis des „Ausländer-Einsatzes" in der Kriegswirtschaft des Dritten Reiches. Berlin/Bonn

Herder, Johann Gottfried (2001): Abhandlung über den Ursprung der Sprache. Hg. v. Hans Dietrich Irmscher. Stuttgart

Herrmann, Ulrike (2019): Deutschland, ein Wirtschaftsmärchen. Warum es kein Wunder ist, dass wir reich geworden sind. Frankfurt/M.

Hildebrand, Lukas (2021): Aktivistin Antonia Quell: „Der Tag eines Mannes hat 24 Stunden, der einer Frau, solange es hell draußen ist". In: Stern, Interview v. 19.11. Online unter: https://www.stern.de/politik/deutschland/catcalling---deshalb-hat-der-tag-einer-frau-keine-24-stunden—30653290.html

Hobbes, Thomas (1996): Leviathan. Hamburg

Hochschild, Arlie Russell (2006): Das gekaufte Herz. Die Kommerzialisierung der Gefühle. Frankfurt/M./New York

Höcke, Björn (2017): „Gemütszustand eines total besiegten Volkes". In: Der Tagesspiegel, Beitrag v. 19.01. Online unter: https://www.tagesspiegel.de/politik/hoecke-rede-im-wortlaut-gemuets-zustand-eines-total-besiegten-volkes/19273518.html (Zugriff am 04.01.2021)

Höcke, Björn (42020): Nie zweimal in denselben Fluss. Björn Höcke im Gespräch mit Sebastian Hennig. Lüdinghausen/Berlin

Höffe, Otfried (1981): Aristoteles. In: Ders. (Hg.): Klassiker der Philosophie. Erster Band von den Vorsokratikern bis David Hume. München, S. 63–94

Høibraaten, Helge 1999: Kommunikative und sanktionsgestützte Macht bei Jürgen Habermas. Online unter: https://www.ni.hu-berlin.de/de/konf/henrikstefens/archiv-hsv/ws0405/habermas.pdf

Homer (2008): Ilias. Übertragen von Raoul Schrott. München

Hömig, Dieter/Wolff, Heinrich Amadeus (Hg.) (122018): Grundgesetz für die Bundesrepublik Deutschland. Handkommentar. Baden-Baden

Honsa, Hans-Jürgen/Mauer, Sandra (2020): Mobbing und sexuelle Belästigung im öffentlichen Dienst. Ursachen – Auswirkungen – Bekämpfungsstrategie. 3., neu bearbeitete Auflage. Berlin

Hobsbawm, Eric J. (1996): Nationen und Nationalismus. Mythos und Realität seit 1780. München

Humboldt, Wilhelm von (1820/1905): Über das vergleichende Sprachstudium in Beziehung auf die verschiedenen Epochen der Sprachentwicklung. In: Ders.: Wilhelm von Humboldts Gesammelte Schriften. Bd. 4. Hg. v. Albert Leitzmann. Berlin, S. 1–34

Humboldt, Wilhelm von (1973): Schriften zur Sprache. Hg. v. Michael Böhler. Ditzingen.

Humboldt, Wilhelm von (1994): Über die Sprache. Eden vor der Akademie. Herausgegeben, kommentiert und mit einem Nachwort versehen von Jürgen Trabant. Tübingen/Basel

IfS (Institut für Staatspolitik) (2020): Das war die 21. Sommerakademie des IfS. In: Webseite des IfS, Beitrag v. 12.10. Online unter: https://staatspolitik.de/das-war-die-21-sommerakademie-des-Ifs/ (Zugriff am 04.11.2020)

ILO (2021): Global Estimates on International Migrant Workers. Results and Methodology. Third edition

Innenministerium NRW (42001): Skindheads und Rechtsextremismus. Broschüre. Online unter: www.jugendarbeit.ch/download/rex_nrw2001.pdf

International Churchill Society (o. J.): 1940: The Finest Hour. Fight Them on the Beaches. Online unter: https://winstonchurchill.org/resources/speeches/1940-the-finest-hour/fight-them-on-the-beaches/

Jacobsen, Lenz (2015): Im Bund mit den Ängstlichen. In: Die Zeit, Artikel v. 28.11. Online unter: https://www.zeit.de/politik/deutschland/2015-11/alternative-fuer-deutschland-parteitag-frauke-petry-hannover/komplettansicht

Joas, Hans (1999): George Herbert Mead (1863–1931). In: Kaesler, Dirk (Hg.): Klassiker der Soziologie. Bd. I: von Auguste Comte bis Norbert Elias. München, S. 177–189

Kaegi, Dominic (1996): Ernst Cassirer. In: Borsche, Tilman (Hg.): Klassiker der Sprachphilosophie. Von Platon bis Noam Chomsky. München, S. 347–363

Kahneman, Daniel (2011): Schnelles Denken, langsames Denken. München

Kandel, Eric R./Schwartz, James H./Jessel, Thomas M. (Hg.) (2011): Neurowissenschaften. Eine Einführung. Heidelberg

Kant, Immanuel (1784): Beantwortung der Frage: Was ist Aufklärung. In: Berlinische Monatsschrift, Dezember, S. 481–494. Online unter: https://www.deutschestextarchiv.de/book/view/kant_aufklaerung_1784?p=17

Kappler, Andreas (2022): Ungleiche Brüder. Russen und Ukrainer. Vom Mittelalter bis zur Gegenwart. 2. Aufl. München

Kara, Stefanie/Wüstenhagen, Claudia (2012): Die Macht der Worte. In: Zeit Wissen, Nr. 6, Artikel v. 09.10. Online unter: https://www.zeit.de/zeit-wissen/2012/06/Sprache-Worte-Wahrnehmung/komplettansicht

Katz, Jack (2015): Über ausrastende Autofahrer und das Weinen. Untersuchungen zur emotionalen Metamorphose des Selbst. Wiesbaden

Kaufhold, Martin (82015): Die großen Reden der Weltgeschichte. Wiesbaden

Keller, Rudi (2003): Sprachwandel. Von der unsichtbaren Hand in der Sprache. 3., durchgesehene Auflage. Tübingen/Basel

Kellerhoff, Sven-Felix/Lutz, Martin/Müller, Uwe (2017): Alice Weidel will Veröffentlichung rassistischer E-Mail stoppen. In: Welt, Artikel v. 09.09. Online unter: https://www.welt.de/politik/article168489086/Alice-Weidel-will-Veroeffentlichung-rassistischer-E-Mail-stoppen.html

King, Martin Luther (1963): I have a dream. In: American Rhetoric. Top 100 Speeches. Online unter: https://www.americanrhetoric.com/speeches/mlkiihaveadream.htm. (Zugriff am 24.02.2021)

Kirsch, Anja/Wrohlich, Katharina (2012): Aufsichtsratsarbeit vieler Unternehmen profitiert von mehr Geschlechterdiversität. In: DIW Wochenbericht, Nr. 3, S. 36–42. Online unter: https://www.diw.de/documents/publikationen/73/diw_01.c.808784.de/21-3-3.pdf

Kiyak, Mely (2020): Egal! Egal! In: Kiyaks Theater Kolumne, Beitrag v 06.10. Online unter: https://kolumne.gorki.de/kolumne-121/

Klein, Josef (2010): Sprache und Macht. In: Aus Politik und Zeitgeschichte, Nr. 8. Online unter: www.bpb.de/apuz/32949/sprache-und-macht?o=all (Zugriff am 13.06.2020)

Klein, Josef (2019): Politik und Rhetorik. Eine Einführung. Wiesbaden

Klemperer, Victor (2007): LTI. Stuttgart

Knobloch, Clemens (2009): Orientierung oder Manipulation – Metaphern in der politischen Kommunikation. In: extrakte. Auszüge aus der Wissenschaft. Online unter: https://www.uni-siegen.de/uni/publikationen/extrakte/ausgaben/200906/pdf/extrakte_nr6.pdf

Kohring, Matthias/Zimmermann, Fabian (2019): Fake News als aktuelle Desinformation. In: Bundeszentrale für Politische Bildung, Artikel v. 02.05. Online unter: http://www.bpb.de/gesellschaft/digitales/digitale-desinformation/290561/fake-news-als-aktuelle-desinformation (Zugriff am 21.02.2021)

Kopf, Kristin (22014): Das kleine Etymologicum. Eine Entdeckungsreise durch die deutsche Sprache. Stuttgart

Kösemann, Orkan (2017): Willkommenskultur in Deutschland. Mehr als nur ein Modewort? In: Bertelsmann Stiftung. Policy Brief: Migration fair gestalten, Nr. 12. Online unter: https://www.bertelsmann-stiftung.de/fileadmin/files/Projekte/Migration_fair_gestalten/IB_PolicyBrief_2017_12_Willkommenskultur.pdf (Zugriff am 07.07.2021)

Kositza, Ellen/Kubitschek, Götz (2020): Das Buch im Haus nebenan. Schnellroda

Krewer, Hanna (2021): Verbotene Bücher. Vor 55 Jahren wurde der „Index Librorum Prohibitorum" abgeschafft. In: Domradio, Beitrag v. 09.04. Online unter: https://www.domradio.de/themen/weltkirche/2021-04-09/verbotene-buecher-vor-55-jahren-wurde-der-index-librorum-prohibitorum-abgeschafft

Kreye, Andrian (2020): Nutzlose App. In: Süddeutsche Zeitung, Nr. 277, Artikel v. 30.11.2020. In: https://www.sueddeutsche.de/kultur/corona-warn-app-datenschutz-kommentar-1.5131425?reduced=true

Kröning, Anna (2017): Björn Höcke hat eine irritierende Ansicht zu Adolf Hitler. In: Welt, Artikel v. 06.03. Online unter: https://www.welt.de/politik/deutschland/article162616473/Bjoern-Hoecke-hat-eine-irritierende-Ansicht-zu-Adolf-Hitler.html

Kropotkin, Peter (1989): Gegenseitige Hilfe in der Tier- und Menschenwelt. Deutsche Ausgabe besorgt von Gustav Landauer. Wien

Krull, Mila (2020): Digitales Stalking: Wenn das Smartphone zur Gefahr wird. In: Redaktionsnetzwerk Deutschland, Artikel v. 24.10. Online unter: https://www.rnd.de/digital/digitales-stalking-wenn-das-smartphone-zur-gefahr-wird-5SDQSVSFCZCZPIMTPX3KKCC344.html (Zugriff am 24.11.2020)

Kubitza, Kathrin Nicole 2014: Cybermobbing – Eine Analyse sprachlicher Gewalt anhand ausgewählter Facebook-Accounts. Master-Thesis an der Technischen Universität Darmstadt. Online unter: https://www.linglit.tu-darmstadt.de/media/linglit/mitarbeitende/janich/abschlussarbeiten/Kubitza_MasterofEducation.pdf

Kulenkampff, Jens (1981): David Hume. In: Höffe, Otfried (Hg.): Klassiker der Philosophie. Erster Band. Von den Vorsokratikern bis David Hume. München, S. 434–456

Kunze, Thomas (2020): Russlands neue Verfassung. In: Konrad-Adenauer-Stiftung. Länderbericht. Auslandsbüro Russland. Online unter: https://www.kas.de/documents/252038/7938566/Russlands+neue+Verfassung.pdf/98a99078-4c44-87ac-bf83-a5f18d21df10?version=1.0&t=1593630876015

Kurz, Robert (1999): Schwarzbuch Kapitalismus. Ein Abgesang auf die Marktwirtschaft. Frankfurt/M.

Leakey, Richard (1997): Die ersten Spuren. Über den Ursprung des Menschen. München

Lehnert, Erik/Weißmann, Karlheinz (Hg.) (2019): Staatspolitisches Handbuch. Bd. 3: Vordenker. Schnellroda

Leping, E. I. et al. (1993): Russisch-Deutsches Wörterbuch. Moskau

Liebert, Artur (1912): Fichtes Reden an die deutsche Nation. Berlin

Lincoln, Abraham (1863): The Gettysburg Address. Online unter: https://www.history.com/topics/american-civil-war/gettysburg-address#section_4

Lobo, Sascha (2019): Realitätsschock. Zehn Lehren aus der Gegenwart. Köln

Locke, John (2012): The Second Treatise of Government. Über die Regierung. Englisch/Deutsch. Hg. v. Peter Cornelius Mayer-Tasch. Stuttgart

LpB (Landeszentrale für politische Bildung Baden-Württemberg) (o. J.): Regelsatz ALG II (ab 1. Januar 2022). Online unter: https://www.lpb-bw.de/regelsatz-hartziv#c40198

Lucke, Albrecht von (2016): Populismus schwergemacht. Die Dialektik des Tabubruchs und wie ihr zu begegnen wäre. In: Heitmeyer, Wilhelm (Hg.): Deutsche Zustände. Folge 10. Berlin, S. 310–341

Luhmann, Niklas (42012): Macht. Konstanz/München

Machiavelli, Niccolo (1966): Discorsi. Gedanken über Politik und Staatsführung. Stuttgart

MacIntyre, Alasdair (2001): Die Anerkennung der Abhängigkeit. Übermenschliche Tugenden. Hamburg

Mandela, Nelson (1964): „I Am Prepared To Die“. Nelson Mandela's statement at the opening of the defense case in the Rivonia Trial (Pretoria Supreme Court, April 20, 1964). Online unter: http://law2.umkc.edu/faculty/projects/ftrials/mandela/mandelaspeech.html

Mandela, Nelson (1994): Inaugural Speech, Pretoria. In: University of Pennsylvania. African Studies Center. Online unter: https://www.africa.upenn.edu/Articles_Gen/Inaugural_Speech_17984.html

Markenlexikon (o. J.): Slogans. Online unter: https://www.markenlexikon.com/slogans_a.html

Mau, Steffen (32018): Das metrische Wir. Über die Quantifizierung des Sozialen. Berlin

Maurer, Hartmut (2010): Staatsrecht I. Grundlagen Verfassungsorgane Staatsfunktionen. 6., überarbeitete und ergänzte Auflage. München

Meiritz, Annett (2016): Spitzenpolitiker entsetzt über Waffeneinsatz-Äußerungen von AfD-Frauen. In. Der Spiegel, Artikel v. 31.01. Online unter: https://www.spiegel.de/politik/deutschland/afd-beatrix-von-storch-schiessbefehl-aeusserung-loest-entsetzen-aus-a-1074937.html

Merton, Robert K. (2020): Die unvorhergesehenen Folgen zielgerichteter soziale Handlung. In: Neckel, Sighard/Mijić, Ana/ Scheve, Christian von/Titton, Monica (Hg.): Sternstunden der Soziologie. Wegweisende Theoriemodell des soziologischen Denkens. Frankfurt/M./New York, S. 71–82

Mikfeld, Benjamin/Turowski, Jan (2014): Sprache. Macht. Denken – Eine Einführung. In: Denkwerk Demokratie (Hg.) Sprache. Macht. Denken. Politische Diskurse verstehen und führen. Frankfurt/M./New York. S. 15–48. Online unter: https://www.denkwerk-demokratie.de/?p=730

Morin, Edgar (1987) : Penser l'Europe. Paris

Morin, Edgar (1991): Europa denken. Frankfurt/M./New York

Müller, Gerhard Ludwig (2005): Katholische Dogmatik: Für Studium und Praxis der Theologie. 6. Auflage. Freiburg/Br.

Müller-Armack, Alfred (1990): Wirtschaftslenkung und Marktwirtschaft. Sonderausgabe der Erstveröffentlichung von 1946. München

Münkler, Herfried (52018): Die Deutschen und ihre Mythen. Reinbek bei Hamburg

Munsberg, Hendrik (2012): Heute schon „gepitcht"? in: Süddeutsche Zeitung vom 30./31. Januar 2012, S. 21. Online unter: https://www.sueddeutsche.de/wirtschaft/sprache-anglizismen-unternehmen-1.5190067?reduced=true

Nachtwey, Oliver (2021): „Kommt zum Teil von links, geht aber eher nach rechts". In: Deutschlandfunk, Interview v. 21.01. Online unter: https//www.deutschlandfunk.de/studie-zur-querdenker-bewegung-kommt-zum-teil-von-links.1148.de.html?dram:article_id=491178

Neckel, Sighard (2006): Die Kultur des emotionalen Kapitalismus – eine Einleitung. In: Hochschild, Arlie Russell: Das gekaufte Herz. Die Kommerzialisierung der Gefühle. Frankfurt/M./New York, S. 13–24

Neckel, Sighard/Mijić, Ana/Scheve, Christian von/Titton, Monica (Hg.) (2020): Sternstunden der Soziologie. Wegweisende Theoriemodell des soziologischen Denkens. Frankfurt/M./New York

Nowak, Jürgen (1994): Europas Krisenherde. Nationalitätenkonflikte vom Atlantik bis zum Ural – Ein Handbuch. Reinbek bei Hamburg

Nowak, Jürgen (2011): Homo socialis. Politische Theorie Sozialer Arbeit. Lage

Nowak, Martin A. (2013): Kooperative Intelligenz. Das Erfolgsgeheimnis der Evolution. München

Nowak (2022). Linguae mundi. http://www.linguaemundi.info/sprichwörter und redensarten

o. A. (2013): DGB-Boss greift Beckenbauer wegen Katar-Verharmlosung an. In: Focus Online, Artikel v. 29.11. Online unter: https://www.focus.de/sport/fussball/wm-2014/wm-dgb-chef-sommer-kritisiert-beckenbauer_id_3443323.html

o. A. (2015a): Es spricht Markus Frohnmaier. In: YouTube, Video v. 28.10. Online unter: https://www.youtube.com/watch?v=6znCu1VMr5Q&t=266s

o. A. (2015b): Obskurer Verein: AfD-Politiker unter Druck. In: Märkische Allgemeine Online, Artikel v. 15.10. Online unter: https://www.maz-online.de/Brandenburg/Der-Brandenburger-

AfD-Landtagsabgeordnete-Andreas-Kalbitz-geraet-wegen-einer-Mitgliedschaft-in-einem-rechten-Verein-unter-Druck

o. A. (2016a): Gauland heißt NPD-Slogan gut. In: Die Zeit, Artikel v. 05.06. Online unter: https://www.zeit.de/politik/deutschland/2016-06/afp-alexander-gauland-zitat-npd-neonazi-band

o. A. (2016b): „Wir können uns nicht von Kinderaugen erpressen lassen"- In: Die Zeit, Artikel v. 24.02. Online unter: https://www.zeit.de/politik/deutschland/2016-02/alexander-gauland-afd-fluechtlingskrise-fluechtlingspolitik-grenzen.

o. A. (2017a): AfD-Mann Höcke löst mit Kritik an Holocaust-Gedenken Empörung aus. In: Frankfurter Allgemeine Zeitung, Artikel v. 18.01. Online unter: https://www.faz.net/aktuell/politik/inland/afd-geht-nach-umstrittener-rede-auf-distanz-zu-hoecke-14686499.html

o. A. (2017b): Björn Höcke in Zitaten. In: Welt, Artikel v. 13.02. Online unter: https://www.welt.de/newsticker/dpa_nt/afxline/topthemen/hintergruende/article162043246/Bjoern-Hoecke-in-Zitaten.html

o. A. (2017c): Von Storch irritiert mit Merkel-Tweet. In: ntv, Beitrag v. 19.12. Online unter: https://www.n-tv.de/politik/Von-Storch-irritiert-mit-Merkel-Tweet-article20194091.html

o. A. (2018a): AfD-Landeschef Kalbitz bei rechtsextremem Verein zu Besuch. In: Welt, Artikel v. 06.03. Online unter: https://www.welt.de/politik/deutschland/article174269822/Ich-sehe-da-kein-Problem-AfD-Landeschef-Kalbitz-bei-rechtsextremem-Verein-zu-Besuch.html).

o. A. (2018b): Brandenburgs AfD-Chef hatte Verbindung zur rechtsextremen HDJ. In: Die Zeit, Artikel v. 06.03. Online unter: https://www.zeit.de/politik/deutschland/2018-03/andreas-kalbitz-afd-heimattreue-deutsche-jugend-rechtsextremismus

o. A. (2020): Verfassungsreferendum in Russland. In: Bundeszentrale für politische Bildung: Politik. Hintergrund aktuell, Artikel v. 02.07. Online unter: https://www.bpb.de/politik/hintergrund-aktuell/312075/verfassung-russland

o. A. (2021a): Catcalling laut Studie weitverbreitet. In: Der Spiegel, Nr. 47, Artikel v. 19.11. Online unter: https://www.spiegel.de/panorama/catcalling-laut-studie-des-kriminologischen-forschungsinstituts-niedersachsen-weitverbreitet-a-f7ab2a44-4c71-464a-a25c-4f0c7cb5c7ef

o. A. (2021b): Forderung von Integrationsexperten: Begriff „Migrationshintergrund" soll weg. In: tagesschau.de, Beitrag v. 20.01. Online unter: https://www.tagesschau.de/inland/fachkommission-fordert-abschaffung-des-begriffs-migrationshintergrund-101.html

Ohse, Michael (Hg.) (2020): Goslarer Bündnis gegen Rechtsextremismus. Online unter: https://www.goslar-gegen-rechtsextremismus.de/html/impressum.php (Zugriff am 25.10.2020)

Pagenstecher, Cord (2016): Begriffe: Fremdarbeiter – Zwangsarbeiter – Sklavenarbeiter. In: Bundeszentrale für politische Bildung (Hg.): Dossier: NS-Zwangsarbeit. Online unter: https://www.bpb.de/geschichte/nationalsozialismus/ns-zwangsarbeit/227269/begriffe

Papst Franziskus (2020): Enzyklika Fratelli Tutti des Heiligen Vaters Papst Franziskus über die Geschwisterlichkeit und die soziale Freundschaft. Online unter: https://www.vatican.va/content/francesco/de/encyclicals/documents/papa-francesco_20201003_enciclica-fratelli-tutti.html

Paul, Gerhard (Hg.) (2008): Das Jahrhundert der Bilder. Bd. II: 1949 bis heute. Göttingen

Petter, Jan (2020): So sprechen „Flügel"-Anführer Höcke und seine Leute. In: Der Spiegel, Artikel v. 12.03. Online unter: https://www.spiegel.de/politik/deutschland/rechtsextreme-in-der-afd-so-sprechen-fluegel-anfuehrer-hoecke-und-seine-leute-a-98188c22-71b5-4b56-8d0c-a21f-4bcef2e1

Pfahl-Traugber, Armin (2011): Islamismus – Was ist das überhaupt? In: Bundeszentrale für Politische Bildung (Hg.) Dossier Islamismus, Artikel v. 09.09. Online unter: http://www.bpb.de/politik/extremismus/islamismus/36339/islamismus-was-ist-das-ueberhaupt (Zugriff am 22.02.2021)

Pfeifer, Wolfgang (21993): Etymologisches Wörterbuch des Deutschen. Berlin

Piketty, Thomas (2020): Kapital und Ideologie. München

Platon (2019): Kratylos. Ders.: Werke in acht Bänden. Griechisch und Deutsch. Dritter Band. Hg. v. Günther Eigler. Darmstadt, S 395–575

Pomerantsev, Peter (2020): Das ist keine Propaganda. Wie unsere Wirklichkeit zertrümmert wird. München

Pons (2003): Standardwörterbuch Russisch – Deutsch. Vollständige Neubearbeitung. Barcelona/Budapest/London/Posen/Sofia/Stuttgart

Pons (2014): Großwörterbuch Englisch. Neubearbeitung. Stuttgart

Popper, Karl R. (2003): Die offene Gesellschaft und ihre Feinde, Bd. 2: Falsche Propheten. Hegel, Marx und die Folgen, hg. von Kiesewetter, Hubert. Tübingen

Popper, Karl R. (2016): Wie ich Philosophie sehe. In: Popper, Karl R.: Auf der Suche nach einer besseren Welt. Vorträge und Aufsätze aus dreißig Jahren. München Berlin Zürich, S. 193-211

Popper, Karl R. (2003): Die offene Gesellschaft und ihre Feinde, Bd. 2: Falsche Propheten. Hegel, Marx und die Folgen, hg. von Kiesewetter, Hubert. Tübingen

Posselt, Gerald/Flatscher, Matthias (2018): Sprachphilosophie. Eine Einführung. 2., aktualisierte Auflage. Wien

Quent, Matthias (42019): Deutschland rechts außen. Wie die Rechten nach der Macht greifen und wie wir sie stoppen können. München

Recktenwald, Horst Claus (71996): Würdigung des Werkes. In: Smith, Adam: Der Wohlstand der Nationen. Eine Untersuchung seiner Natur und seiner Ursachen. München. S. XV–LXXIX

Rensmann, Lars (2020): Oswald Spengler. Autoritäre Anti-Aufklärung und der Mythos vom kulturellen Untergang des Abendlandes. In: Fücks, Ralf/Becker, Christoph (Hg.): Das alte Denken der Neuen Rechten. Die langen Linien der antiliberalen Revolte. Frankfurt/M., S. 64–90

Reuter, Hans-Richard (2015): Grundlagen und Methoden der Ethik. In: Huber, Wolfgang/Meireis, Torsten/Reuter, Hans-Richard (Hg.): Handbuch der Evangelischen Ethik. München, S. 9–123

Richter, Christoph (2017): Rede über linke Studenten. AfD-Vorstand befasst sich mit André Poggenburg. In: Deutschlandfunk, Beitrag v, 17.02. Online unter: https://www.deutschlandfunk.de/rede-ueber-linke-studenten-afd-vorstand-befasst-sich-mit-100.html

Richter, Christoph (2018): Politischer Aschermittwoch der AfD. Entsetzen über Poggenburgs Rede. In: Deutschlandfunk, Beitrag v. 18.02. Online unter: https://www.deutschlandfunk.de/politischer-aschermittwoch-der-afd-entsetzen-ueber-100.html

Röhrich, Lutz (1991): Das große Lexikon der sprichwörtlichen Redensarten. Bd. I. Freiburg/Br

Rousseau, Jean-Jacques (1755/1984): Diskurs über die Ungleichheit/Discours sur l'inégalité. Zweisprachige Ausgabe. Paderborn/München/Wien/Zürich

Rose, Jürgen (2014): Im Stern der Weltfirma: als Hungerlöhner bei Mercedes. In: Wallraff, Günter (Hg.): Die Lastenträger. Arbeit im freien Fall – flexibel schuften ohne Perspektive. Köln, S. 95–111

Ruhland, Sarah/Buhre, Jakob (2009): Es ist nicht schick, türkisch zu sein. In: Frankfurter Rundschau, Interview v. 29.01. Online unter: https://www.fr.de/panorama/nicht-schick-tuerkisch-sein-11475312.html

Russell, Bertrand (1999): Philosophie des Abendlandes. Ihr Zusammenhang mit der politischen und der sozialen Entwicklung. München/Wien

Schiebel, Christoph (2019): Framing macht Politik. AfD nutzt Kopfkino, um Angst in der Bevölkerung zu schüren. In: Politische Studien, 483. S. 51–59. Online unter: https://www.hss.de/download/publications/PS_483_ZUKUNFTSAUFGABE_PFLEGE_08.pdf

Schielicke, Anna-Maria (2016): Pegida im Spiegel ihrer Sprache. In: Sprache. Ein Lesebuch von A – Z. Perspektiven aus Literatur, Forschung und Gesellschaft, herausgegeben für das Deutsche Hygiene-Museum Dresden und die Deutsche Akademie für Sprache und Dichtung von Colleen M. Schmitz und Judith Elisabeth Weiss, Göttingen, S. 169–172. Ausschnitt online unter: https://www.dnn.de/Dresden/Lokales/Herbst-in-Dresden-Pegida-im-Spiegel-ihrer-Sprache.

Schirmer, Andreas (2017): Die Erfindung der Sozialen Marktwirtschaft. Online unter: www.ludwig-erhard.de/stichworte/die-erfindung-der-sozialen-marktwirtschaft (Zugriff am 25.09.2020)

Schirrmacher, Thomas (2021): Tabellarischer Vergleich zwischen dem Inspirationsverständnis von Bibel und Koran. Online unter: https://www.thomasschirrmacher.info/blog/tabellarischer-vergleich-zwischen-dem-inspirationsverstandnis-von-bibel-und-koran/ (Zugriff am 16.01.2021)

Schlieffen, Katharina von/Nolting, Jenny (2018): Rechtsphilosophie. Grundlagen für das Jurastudium. Paderborn

Schramm, Stefanie/Wüstenhagen, Claudia (52020): Das Alphabet des Denkens. Wie Sprache unsere Gedanken und Gefühle prägt. Reinbek bei Hamburg

Schwarz-Friesel, Monika (2013): Sprache und Emotion. 2., aktualisierte und erweiterte Auflage. Tübingen/Basel

Séville, Astrid (2019): Vom Sagbaren zum Machbaren? Rechtspopulistische Sprache und Gewalt. In: Aus Politik und Zeitgeschichte, 49–50. Online unter: http://www.bpb.de/apuz/301138/vom-sagbaren-zum-machbaren-rechtspopulistische-sprache-und-gewalt (Zugriff am 28.05.2020)

SGB (2020): Das gesamt Sozialgesetzbuch SGB I bis SGB XIV. Regensburg

Shifman, Limor (2014): Meme: Kunst, Kultur und Politik im digitalen Zeitalter. Berlin

Simon, Herbert A. (21966): Administrative Behavior. A Study of Decision-Making Processes in Administrative Organization. Second Printing. New York

Smith, Adam (1996): Theorie der ethischen Gefühle. Hamburg

Smith, Adam (71996): Der Wohlstand der Nationen. Eine Untersuchung seiner Natur und seiner Ursachen. München

Solnit, Rebecca (2017): Wenn Männer mir die Welt erklären. Essays. München

Sonntag, Roland (2001): Die Disziplinarmacht. Der Machtbegriff von Michel Foucault. Seminararbeit im Institut für Soziologie an der Albert-Ludwigs-Universität Freiburg. München

Speit, Andreas (2017): Protokolle eines AfD-Politikers. In: die tageszeitung, Artikel v. 31.08. Online unter: https://taz.de/Ruecktritt-nach-taz/NDR-Enthuellungen/!5444012/.

Spengler, Oswald (1922/1923): Der Untergang des Abendlandes. Umrisse einer Morphologie der Weltgeschichte. München

Stieglecker, Hermann (2021): Die Glaubenslehren des Islam. Neuedition der Auflage von 1983. Leiden/Boston/Singapur, Paderborn, S. 224–596

Stiglitz, Joseph/Walsh, Carl E. (2013): Makroökonomie. Bd. II zur Volkswirtschaftslehre. 4. überarbeite und aktualisierte Auflage. München

Stüben, Björn (2010): Hüterin der französischen Sprache. In: Deutschlandfunk, Beitrag v. 02.01. Online unter: https://www.deutschlandfunk.de/hueterin-der-franzoesischen-sprache-100.html (Zugriff am 22.12.2021)

Süddeutsche Zeitung (2018): https://www.sueddeutsche.de/politik/afd-im-bundestag-attackieren-ignorieren-argumentieren-1.3956502-4

Tacitus (2006): Germania. Zweisprachige Ausgabe Lateinisch-Deutsch. Köln

Thaler, Richard H./Sunstein, Cass R. (2017): Nudge. Wie man kluge Entscheidungen anstößt. Berlin

Thompson, Richard F. (32001): Das Gehirn. Von der Nervenzelle zur Verhaltenssteuerung. Heidelberg/Berlin

Tomasello, Michael (22017): Die Ursprünge der menschlichen Kommunikation. 4. Auflage. Aus dem Amerikanischen. Frankfurt/M.

Trabant, Jürgen (2020): Sprachdämmerung. Eine Verteidigung. München

Treibel, Annette (2006): Einführung in soziologische Theorien der Gegenwart. 7., aktualisierte Auflage. Wiesbaden

Tripolina, David (2017): Einzigartige Wörter. 333 Begriffe, die es nur in einer Sprache gibt – und was sie bedeuten. München

UNHCR (2021): https://www.unhcr.org/dach/de/ueber-uns/zahlen-im-ueberblick

Universitätsbibliothek Freiburg (2022): Heidegger

Universität Mannheim (2018): https://www.uni-mannheim.de/newsroom/presse/pressemitteilungen/2018/juli/max-versus-murat-schlechtere-noten-im-diktat-fuer-grundschulkinder-mit-tuerkischem-hintergrund/

Warkentin, Julia-Maria (2004): Euphemismen in der Sprache der Politik. Norderstedt

Watzlawick, Paul (2016): Man kann nicht nicht kommunizieren. Das Lesebuch. 2., unveränderte Auflage, hg. v. Trude Trunk. Bern

Weber, Max (1972): Wirtschaft und Gesellschaft. Grundriss der verstehenden Soziologie. 5., revidierte Auflage. Tübingen

Weber, Max (32000): Die protestantische Ethik und der „Geist" des Kapitalismus. Weinheim

Wehling, Elisabeth (2017): Politisches Framing. Wie eine Nation sich ihr Denken einredet – und daraus Politik macht. Köln

Weidel, Alice (32019): WIDERWORTE. Gedanken über Deutschland. Kulmbach

Weißmann, Karlheinz (2018): Staatspolitisches Handbuch. Bd. 1: Leitbegriffe, hg. v. Erik Lehnert und Karlheinz Weißmann. Schnellroda

Weltgeschichte der Neuzeit (2005). Herausgegeben von der Lexikonredaktion des Verlages F.A. Brockhaus. Lizenzausgabe für die Bundeszentrale für politische Bildung, Bonn

Wettig-Danielmeyer, Inge (2013) in: https://www.vorwaerts.de/artikel/damit-schnecke-fortschritt-kriechen-verlernt

Wineburg, Sam/Ziv, Nadav (2020): Op-Ed: Why can't a generation that grew up online spot the misinformation in front of them? In: Los Angeles Times, Artikel vom 6.11. Online unter:

https://www.latimes.com/opinion/story/2020-11-06/colleges-students-recognize-misinformation (Zugriff: 13.12.2021)

Wissenschaftliche Dienste des Deutschen Bundestags (2019): Zulässigkeit der Transkribierung und Auswertung von Mitschnitten der Sprachsoftware „Alexa" durch Amazon. Sachstand vom 29.05. Online unter: https://www.bundestag.de/resource/blob/650728/3f72e6abc1c524961e5809002fe20f21/WD-10-032-19-pdf-data.pdf

Wittgenstein, Ludwig (232019): Tractatus logico-philosophicus. Tagebücher 1914–1916. Philosophische Untersuchungen. Frankfurt/M.

Wolff, Marie-Luise (2020): Die Anbetung. Über eine Superideologie namens Digitalisierung. Frankfurt/M.

Wrohlich, Katharina/Zucco, Aline (2017): Gender Pay Gap innerhalb von Berufen variiert erheblich. In: DIW Wochenbericht, Nr. 43. S. 955–961. Online unter: https://www.diw.de/documents/publikationen/73/diw_01.c.567551.de/17-43-2.pdf

Wulf, Veronica (2020): Bis hierhin und nicht weiter. In: Süddeutsche Zeitung, Artikel v. 28.09. S. 8

Zastiral, Sascha (2017): Ermüdet und entnervt. In: Die Zeit, Artikel v. 31.08. Online unter: https://www.zeit.de/politik/2017-08/brexit-grossbritannien-eu-positionspapiere-forderungen/komplettansicht

Zeh, Juli (2009): Corpus Delicti. Frankfurt/M.

Zeh, Juli (2020): Fragen zu Corpus Delicti. München

Soweit nicht anders angegeben, alle Links letztmalig geprüft am 07.01.2022

Abbildungsnachweise

Wikimedia Commons/public domain: Aristoteles (S. 15), Cicero (S. 17), Wittgenstein (S. 24), Weber (S. 33), Machiavelli (S. 34), Popper (S. 94), Locke (S. 150), Smith (S. 145)

CC BY-SA 4.0: Arendt (S. 37, 1958, Foto: Barbara Niggl Radloff), Bourdieu (S. 49, 1996, Foto: Bernard Lambert), Heitmeyer (S. 60, 2003, Foto: FrerkB), Harari (S. 65, 2017, Foto: Daniel Naber), Pomerantsev (S. 95, 2019, Foto: Jindrich Nosek)

CC BY-SA 3.0: Habermas (S. 40, 2007, Foto: Wolfram Huke), des Beauvoir (S. 162, 1967, Foto: Moshe Milner)

CC BY-SA 2.0: Akyün (S. 86, 2019, Foto: Stephan Röhl), Piketty (S. 151, 2015, Gobierno de Chile), Bosetti (S. 164, Heinrich-Böll-Stiftung)

Schwarz-Friesel (S. 44, © JFDA)